STRATEGIA BŁĘKITNEGO OCEANU

STRATEGIA BŁĘKITNEGO OCEANU

WYDANIE ROZSZERZONE

W. CHAN KIM | RENÉE MAUBORGNE

Przekład
Anita Doroba

mt biznes

Tytuł oryginału: **Blue Ocean Strategy. How to Create Uncontested Market Space and Make the Competition Irrelevant. Expanded Edition**

Przekład: Anita Doroba
Redakcja: Anna Żółcińska
Korekta: Elżbieta Wojtalik-Soroczyńska
Projekt okładki: Stephani Finks
Adaptacja okładki: studio Karandasz
Skład: JOLAKS – Jolanta Szaniawska
Ilustracje: Robert Pereida

Dodruk. Warszawa 2018

MT Biznes Sp. z o.o.
www.mtbiznes.pl
handlowy@mtbiznes.pl

ISBN 978-83-8087-400-8

W imię przyjaźni i naszym rodzinom,
dzięki którym nasz świat
nabiera znaczenia

Spis treści

CZĘŚĆ III. Realizacja strategii błękitnego oceanu

Pomocy! Mój ocean czerwienieje

„POMOCY! MÓJ OCEAN CZERWIENIEJE". To zawołanie najlepiej oddaje uczucie bardzo często wyrażane przez menedżerów na całym świecie. Coraz więcej ludzi – menedżerów firm, szefów organizacji charytatywnych, przywódców rządów – zdaje sobie sprawę, że walczą z oceanem krwiożerczej konkurencji i chcieliby się z niego wydostać. Być może twoja firma również zauważa, że jej marże się kurczą. Być może konkurencja staje się coraz bardziej zaciekła, sprawiając, że twoja oferta powszednieje, a koszty rosną. Być może już wiesz, że będziesz musiał ogłosić brak podwyżek płac. To nie jest sytuacja, w jakiej ktokolwiek z nas chciałby się znaleźć, a jednak często musimy stawić czoła takim właśnie realiom.

W jaki sposób możesz odnieść się do tego wyzwania? Pomogą ci się zmierzyć z nim lekcje, narzędzia i konstrukcje przedstawione w *Strategii błękitnego oceanu* – niezależnie od branży czy sektora, w których działasz. Książka ta pokazuje, jak wydostać się z czerwonych wód krwawej konkurencji i wypłynąć na błękitne wody wolnej, niekwestionowanej przestrzeni rynkowej, charakteryzującej się nowym popytem i silnym, zyskownym wzrostem.

Pisząc *Strategię błękitnego oceanu*, użyliśmy metafory czerwonych i błękitnych wód, ponieważ pojęcie czerwonego oceanu wydaje się oddawać rzeczywistość, z jaką organizacje coraz częściej muszą się mierzyć, podczas gdy błękitne oceany symbolizują niekończące się możliwości, jakie mogą sobie one stworzyć. Potwierdza to cała historia przemysłu od samych jego początków. Dzisiaj, po dziesięciu latach, okazuje się, że sprzedaliśmy ponad trzy i pół miliona egzemplarzy tej książki. Stała się ona bestsellerem na pięciu kontynentach. Została przetłumaczona na rekordową liczbę czterdziestu trzech języków, a pojęcie „błękitnego oceanu" weszło na stałe do języka biznesu. Na temat tej strategii opublikowano ponad cztery tysiące artykułów i wpisów na blogach, a na całym świecie codziennie wciąż pojawiają się nowe.

Historie w nich opisane są fascynujące. Są artykuły o właścicielach małych firm i ludziach z całej kuli ziemskiej, którzy opowiadają o tym, jak ta książka w fundamentalny sposób zmieniła perspektywę, z jakiej patrzą na życie, i jak przeniosła ich zawodowe sukcesy na zupełnie nowe poziomy. W innych artykułach menedżerowie najwyższych szczebli mówią o tym, jak strategia błękitnego oceanu pomogła im znaleźć pomysł na wyprowadzenie firm z czerwonego oceanu i stworzenie zupełnie nowego popytu. Jeszcze inne artykuły opisują, jak przywódcy rządów wykorzystali strategię błękitnego oceanu do osiągnięcia dużych efektów małym kosztem, szybko uskuteczniając różne działania w obszarach o dużym znaczeniu społecznym, począwszy od poprawy jakości życia na wsi i w mieście, poprzez wzmocnienie bezpieczeństwa wewnętrznego i zewnętrznego, aż po przełamanie ministerialnych i regionalnych silosów[1].

Po publikacji pierwszego wydania *Strategii błękitnego oceanu* zwracaliśmy się do organizacji, które zastosowały nasze pomysły, i z wieloma z nich bezpośrednio współpracowaliśmy. Bardzo dużo

---

[1] Zob. *www.blueoceanstrategy.com*. Znajduje się tam wybór tych artykułów z całego świata. Można je znaleźć w umieszczonej na stronie bibliotece (eLibrary).

nauczyliśmy się, obserwując, jaką podróż odbyli ci ludzie dzięki tym ideom. Najbardziej palące pytania, jakie mieli w związku z wprowadzaniem swoich strategii, brzmiały: W jaki sposób ułożyć wszystkie działania zgodnie z naszą strategią błękitnego oceanu? Co robić, gdy nasz błękitny ocean czerwienieje? Jak unikać silnego ciążenia ku „myśleniu w kategoriach czerwonego oceanu", które pojawia się nawet wtedy, gdy podążamy ku niebieskiemu (zjawisko to nazywamy „pułapkami czerwonego oceanu")? To właśnie te pytania zachęciły nas do opracowania rozszerzonego wydania tej książki. W tym nowym wstępie przede wszystkim przedstawimy w zarysie to, co jest tu nowe. Potem krótko podsumujemy najważniejsze punkty definiujące i wyróżniające strategię błękitnego oceanu i powiemy, dlaczego wierzymy, że strategia ta jest dzisiaj bardziej niż kiedykolwiek indziej potrzebna i istotna.

Co nowego w tym rozszerzonym wydaniu?

W tym wydaniu pojawiają się dwa dodatkowe, nowe rozdziały, a trzeci został rozszerzony. Oto najważniejsze punkty, ukazujące istotę wyzwań i trudności, przed jakimi stają menedżerowie, i wskazówki, jak sobie z nimi radzić.

Wyrównanie: co to oznacza, dlaczego jest aż tak ważne i jak je osiągnąć. Problem, o którym nam mówiono i który obserwowaliśmy w różnych organizacjach, polegał na tym, jak ukierunkować i wyrównać system działań – w tym również potencjalną sieć zewnętrznych partnerów – by w praktyce stworzyć trwały błękitny ocean. Czy istnieje jakaś prosta, ale wszechstronna i uniwersalna metoda zapewnienia, by wszystkie kluczowe elementy organizacji, od wartości poprzez zyski po ludzi, były tak ułożone, by stanowić wsparcie dla strategicznego przeskoku, jakiego wymaga strategia błękitnego oceanu? To bardzo ważne, ponieważ często się zdarza, że firmy skupiają się na pewnych wymiarach swojej organizacji, mniejszą uwagę zwracając na inne, które też powinny stanowić wsparcie dla strategii, aby ta okazała się trwałym sukcesem. Odnosząc się do tego problemu w tym rozszerzonym wydaniu, w sposób szczególny analizujemy kwestię wyrównania w kontekście błękitnych oceanów. Przedstawiamy przykłady sukcesów i porażek w wyrównywaniu, aby pokazać nie tylko to, jak w praktyce można osiągnąć niezbędne wyrównanie, ale również to, jak można je utracić. Wyzwania związane z wyrównaniem omówione są w rozdziale 9.

Odnowa: kiedy i jak odnawiać z czasem błękitny ocean. Wszystkie firmy przeżywają wzloty i upadki wynikające z ruchów strategicznych, które wykonują lub których zaniechają. Wyzwaniem dla organizacji jest to, jak z czasem odnowić błękitny ocean, ponieważ każdy błękitny ocean znajdzie w końcu naśladowców i stanie się czerwony. Zrozumienie procesu odnowy ma kluczowe znaczenie dla zapewnienia, że błękitny ocean nie okaże się jednorazowym zdarzeniem, lecz zostanie zinstytucjonalizowany w formie powtarzalnego procesu odbywającego się w organizacji. W tym rozszerzonym wydaniu przyglądamy się, w jaki sposób przywódcy przekształcają stworzenie błękitnego oceanu ze statycznego osiągnięcia w dynamiczny proces odnowy zarówno na poziomie biznesowym, jak i korporacyjnym w firmach prowadzących różnorodną działalność. Opisujemy tutaj dynamiczny proces odnowy, służący trwałym dobrym wynikom ekonomicznym zarówno w firmie prowadzącej jeden rodzaj działalności, która sięgnęła do błękitnego oceanu, jak i organizacji o różnorodnej działalności, która musi zachować równowagę pomiędzy inicjatywami czerwonego i błękitnego oceanu. Podkreślamy również uzupełniające się role, jakie odgrywają strategie czerwonego i błękitnego oceanu w zarządzaniu zyskami firmy na dzisiaj, kiedy pracuje ona dla silnego wzrostu, i jutro, kiedy chciałaby mieć wartościową markę. Wyzwania związane z odnową omówione są w rozdziale 10.

Pułapki czerwonego oceanu: czym są i dlaczego trzeba ich unikać. Na koniec omawiamy dziesięć najczęściej spotykanych pułapek czerwonego oceanu. Widzieliśmy, jak wpadały w nie firmy starające się zastosować w praktyce strategię błękitnego oceanu. Pułapki te sprawiają, że firmy zakotwiczają się w czerwonym oceanie nawet wtedy, gdy usiłują żeglować na błękitny. Odniesienie się do tych pułapek jest niezmiernie istotne, by odpowiednio ukształtować ludzkie ramy pojęciowe, co pozwoli tworzyć błękitne oceany. Właściwe zrozumienie tego pojęcia pozwoli uniknąć pułapek oraz zastosować właściwe narzędzia i metodologię z taką dokładnością, że pojawią się odpowiednie działania strategiczne umożliwiające żeglowanie ku błękitnym wodom. Wyzwania związane z pułapkami czerwonego oceanu omówione są w rozdziale 11.

Jakie są główne punkty wyróżniające?

Cel strategii błękitnego oceanu jest prosty: umożliwienie każdej organizacji – dużej czy małej, nowej czy działającej od pewnego czasu – podjęcie wyzwania polegającego na stworzeniu błękitnego oceanu w sposób maksymalizujący szanse i minimalizujący ryzyko. Książka podważa pewne odwieczne przekonania w dziedzinie strategii. Gdybyśmy musieli skupić się tylko na pięciu punktach wyróżniających, sprawiających, że warto pochylić się nad tą książką, wyglądałyby one następująco:

Konkurencja nie powinna zajmować centralnego miejsca w strategicznym myśleniu. Wiele firm pozwala konkurencji sterować swoją strategią. Strategia błękitnego oceanu głosi natomiast, że takie skupianie się na konkurencji zbyt często sprawia, że firmy zakotwiczają się w czerwonym oceanie. Czynią z konkurencji, a nie z klienta, istotę swojej strategii. W konsekwencji firma poświęca swój czas i uwagę na skupianiu się na ocenie rywali, porównywaniu się z nimi i odpowiadaniu na ich posunięcia strategiczne zamiast na zrozumieniu, jak dostarczyć nabywcom znacząco wyższą wartość – a to *nie* jest to samo.

Strategia błękitnego oceanu pozwala wyrwać się z morderczego uścisku konkurencji. Istotą tej książki jest idea odejścia od konkurowania i przystąpienia do stworzenia nowej przestrzeni rynkowej, a przez to sprawienia, że konkurencja stanie się nieistotna. Po raz pierwszy zwróciliśmy na to uwagę w roku 1997 w artykule zatytułowanym *Value Innovation* (*Innowacja w sferze wartości*), pierwszym z naszej serii artykułów w „Harvard Business Review", które stworzyły podstawy dla tej książki[2]. Zaobserwowaliśmy, że firmy, które odrywają się od konkurencji, nie zwracają szczególnej uwagi na dostosowanie się do rywali albo pokonanie ich, czy też osiągnięcie korzystnej pozycji konkurencyjnej. Ich celem nie jest prześcignięcie konkurencji. Celem jest zaoferowanie konkretnego skoku wartości, który sprawi, że konkurencja stanie się nieistotna. Przez skupienie się na innowacji wartości, a nie na zajęciu określonej pozycji wobec konkurencji, firmy podważają wszystkie czynniki, którymi konkuruje się w ich branży. Nie zakładają też, że jeśli konkurenci coś robią, musi to oznaczać, że jest to związane z wartością dla nabywcy.

W ten sposób strategia błękitnego oceanu nadaje sens strategicznemu paradoksowi, z jakim spotyka się wiele organizacji: im bardziej skupiają się na stawieniu czoła konkurentom i starają się im dorównać, a nawet ich przewyższyć, tym bardziej – jak na ironię – zaczynają być do nich podobne. Strategia błękitnego oceanu odpowiada na to: przestań patrzeć na konkurencję. Skup się na innowacji wartości i niech konkurencja martwi się o ciebie.

Struktura branży nie jest zadana z góry; można ją kształtować. W dziedzinie strategii od dawna zakładano, że struktura branż jest z góry zadana. Postrzegając strukturę branży jako stałą, firmy starały się budować strategie oparte na tym założeniu. W ten sposób strategia, jak to się powszechnie praktykuje, przyjmuje za punkt wyjścia analizę branży – na przykład analizę pięciu sił Portera lub jej daleką poprzedniczkę, analizę SWOT – w której strategia po-

[2] Zob. Kim i Mauborgne (1997a, 1997b).

strzegana jest jako dopasowanie silnych i słabych stron firmy do jej szans i zagrożeń występujących w danej branży. Strategia staje się zatem grą o sumie zerowej, gdzie jedna firma zyskuje to, co traci inna, ponieważ wszystkie firmy są ograniczone istniejącą przestrzenią rynkową.

W przeciwieństwie do tego strategia błękitnego oceanu pokazuje, jak strategia może kształtować strukturę na korzyść organizacji i przyczyniać się do tworzenia nowej przestrzeni rynkowej. Bazuje ona na założeniu, że granice rynku i struktura branży nie są czymś zadanym z góry i że mogą zostać przebudowane przez działania i przekonania graczy z branży. Jak pokazuje historia przemysłu, codziennie są tworzone nowe przestrzenie rynkowe i są one tak płynne, jak tylko pozwala wyobraźnia. Dowodzą tego zaopatrzeniowcy, ponieważ dokonują zakupów w alternatywnych branżach, nie chcąc dać się zamknąć w granicach pojęciowych tworzonych przez same te branże. A firmy potwierdzają to, odkrywając nowe branże lub na nowo odkrywając stare branże, upadając, zmieniając się i wychodząc poza istniejące granice rynków, by stworzyć zupełnie nowy popyt. W ten sposób strategia przechodzi od gry o sumie zerowej do gry o sumie niezerowej i nawet nieatrakcyjne branże mogą stać się atrakcyjne dzięki świadomym wysiłkom różnych firm. Oznacza to, że czerwony ocean nie musi na zawsze pozostawać czerwony. W ten sposób dochodzimy do trzeciego punktu wyróżniającego.

Kreatywność strategiczną można systematycznie odblokowywać. Odkąd istnieje schumpeterowska wizja samotnego, kreatywnego przedsiębiorcy, innowacja i kreatywność są przede wszystkim postrzegane jako czarna skrzynka, nieznana i przypadkowa[3]. Nie jest więc zaskoczeniem, że przy takim postrzeganiu innowacji i kreatywności strategia skupia się głównie na tym, jak konkurować na ustanowionych już rynkach, i tworzy cały arsenał narzędzi i struktur mających pomóc to osiągnąć w umiejętny sposób. Czy jednak kreatywność

[3] Zob. Kim i Mauborgne (1999b).

jest naprawdę czarną skrzynką? Jeśli chodzi o kreatywność artystyczną lub przełomowe odkrycia naukowe – na przykład majestatyczne dzieła Gaudiego czy odkrycie radu przez Marię Skłodowską-Curie – odpowiedź może być twierdząca. Ale czy to samo odnosi się do kreatywności strategicznej, która prowadzi do innowacji wartości otwierającej nowe przestrzenie rynkowe? Pomyślmy o modelu T Forda w motoryzacji, o kawiarniach Starbucks w branży gastronomicznej lub Salesforce.com w branży oprogramowania CRM. Nasze badania sugerują, że w tym wypadku odpowiedź brzmi „nie". Pokazują, że za skutecznym stworzeniem błękitnych oceanów stoją wspólne prawidłowości strategiczne. Te prawidłowości umożliwiły nam stworzenie podstawowych struktur analitycznych, narzędzi i metodologii służących systematycznemu łączeniu innowacji z wartością i przesuwaniu granic branż w sposób maksymalizujący szanse i minimalizujący ryzyko. Szczęście oczywiście zawsze będzie odgrywało w tym swoją rolę, podobnie jak we wszystkich strategiach, ale narzędzia – takie jak kanwy strategii, cztery schematy działania czy sześć sposobów przesuwania granic rynku – nadają strukturę temu, co historycznie było nieustrukturyzowanym problemem w strategii, i pozwalają organizacjom systematycznie tworzyć błękitne oceany.

Wykonanie można zawrzeć w sformułowaniu strategii. Strategia błękitnego oceanu to strategia łącząca analitykę z wymiarem ludzkim organizacji. Uznaje i respektuje znaczenie ukierunkowania ludzkich umysłów i serc na nową strategię, zatem na poziomie indywidualnym ludzie jednomyślnie ją przyjmują i z entuzjazmem wychodzą poza ramy przymusowego wykonania, dobrowolnie współpracując przy jej realizacji. By to osiągnąć, strategia błękitnego oceanu nie oddziela sformułowania strategii od jej wykonania. Mimo że taka rozłączność może być charakterystyczna dla praktyk stosowanych w większości organizacji, nasze badania pokazują jednak, że jest ona również cechą charakterystyczną powolnego i wątpliwego wprowadzania w życie i w najlepszym wypadku mechanicznego wykończenia. Natomiast strategia błękitnego oceanu od samego początku zawiera w sobie realizację, kierując się praktyką uczciwego procesu w opracowywaniu i rozwijaniu strategii.

Przez ponad dwadzieścia pięć lat w wielu publikacjach akademickich i lekturach dla menedżerów pisaliśmy o wpływie uczciwego procesu na jakość wykonania decyzji[4]. Jak unaocznia to strategia błękitnego oceanu, uczciwy proces pomaga przygotować grunt dla wprowadzenia jej w życie, przywołując najbardziej fundamentalne podstawy działania: zaufanie, zaangażowanie i dobrowolną współpracę ludzi w organizacji. Zaangażowanie, zaufanie i dobrowolna współpraca to nie tylko nastawienie czy zachowanie. To również niematerialny kapitał umożliwiający firmom zapewnienie szybkości, jakości i spójności w wykonaniu i wprowadzeniu w życie zmian strategicznych – natychmiast i po niskich kosztach.

Model kolejnych kroków w tworzeniu strategii. Dziedzina strategii może pochwalić się ogromnym bogactwem wiedzy na ten temat. Milczy jednak w sprawie kluczowej: jak stworzyć strategię, od której można zacząć. Potrafimy oczywiście tworzyć plany, ale jak wszyscy wiemy, proces planowania nie prowadzi do powstania strategii. Krótko mówiąc, nie dysponujemy teorią tworzenia strategii.

Istnieje wprawdzie wiele teorii wyjaśniających, dlaczego firmy ponoszą porażki i odnoszą sukcesy, ale są one przede wszystkim opisowe, a nie normatywne. Nie istnieje model opisujący konkretnie, krok po kroku, w jaki sposób firmy mogłyby formułować i realizować swoje strategie, by osiągnąć bardzo dobre wyniki. Model taki został jednak wprowadzony w kontekście błękitnych oceanów, a jego celem jest pokazanie, jak firmy mogą uniknąć pułapek związanych z *konkurowaniem na rynku* i skutecznie wymyślać innowacje związane z *tworzeniem rynku*. Schemat tworzenia strategii, który tutaj

[4] Zob. np. Kim i Mauborgne (1996, 1997b, 1998a), jak również naszą serię innych artykułów na temat uczciwego procesu i sprawiedliwości proceduralnej w ujęciu akademickim w pozycjach wymienionych w bibliografii.

przedstawimy, jest oparty na naszych praktykach strategicznych, które przez ostatnie dwadzieścia lata rozwijaliśmy wspólnie z wieloma firmami. Pomoże on menedżerom w sformułowaniu innowacyjnych strategii, które przysporzą im konkretnych korzyści.

Dlaczego strategia błękitnego oceanu nabiera coraz większego znaczenia?

Gdy w roku 2005 po raz pierwszy opublikowaliśmy *Strategię błękitnego oceanu*, istniało wiele sił nadających ogromną wagę tworzeniu błękitnych oceanów. Na szczycie listy znajdował się fakt, że konkurencja w istniejących wówczas branżach stawała się coraz bardziej zaciekła, a presja na koszty i zyski wciąż rosła. Te siły nie ustąpiły, a wręcz przeciwnie – działają z jeszcze większą intensywnością. Oprócz tego przez ostatnie dziesięć lat dołożyło się do tego kilka nowych trendów, rozprzestrzeniających się z szybkością niewyobrażalną w czasach pojawienia się tej książki. Jesteśmy przekonani, że te trendy sprawiają, iż w przyszłości tworzenie błękitnych oceanów będzie jeszcze ważniejszym zadaniem strategicznym. Omówimy tutaj ogólnie kilka z nich, nie starając się jednak przedstawić ich w wyczerpujący, całościowy sposób.

Coraz większe oczekiwania co do tworzenia nowych kreatywnych rozwiązań. Wystarczy spojrzeć na szerokie spektrum branż, które mają dla nas fundamentalne znaczenie: opieka zdrowotna, szkolnictwo podstawowe, średnie i wyższe, usługi finansowe, energetyka, ochrona środowiska, sprawowanie władzy – to obszary, gdzie potrzeby są olbrzymie, a dostępne środki i budżety niewielkie. W ciągu ostatnich dziesięciu lat każda z tych branż spotkała się z ostrą krytyką. Chyba nigdy w historii nie było takiej sytuacji, kiedy strategie najważniejszych graczy w tak wielu dziedzinach i sektorach wymagałyby fundamentalnych zmian. Wszyscy ci gracze, chcąc zachować swoją pozycję, muszą na nowo przemyśleć swoje strategie tak, by osiągnąć innowacyjną wartość po niższych kosztach.

Coraz większy wpływ i wykorzystanie publicznych „megafonów”. Trudno w to uwierzyć, ale jeszcze dziesięć lat temu organizacje miały pełną kontrolę nad rozpowszechnianymi informacjami na temat ich produktów, usług i oferty. Dzisiaj to już historia. Olbrzymia fala popularności mediów społecznościowych, blogów, mikroblogów, usług udostępniania filmów, publikacji treści redagowanych przez użytkowników, rankingów i ocen internetowych, które stały się niemal wszechobecne na całym świecie, sprawiła, że decydujący głos na temat wiarygodności różnych ofert mają nie tyle organizacje, co indywidualni użytkownicy. Jeśli w tej nowej rzeczywistości chcesz być zwycięzcą, a nie zwyciężonym, twoja oferta musi być dużo lepsza niż dotychczas. Tylko wtedy użytkownicy Twittera będą zachwalać twoje produkty, zamiast wytykać ci błędy, będą przyznawać ci pięć gwiazdek, klikać ikonę z kciukiem skierowanym w górę, a nie w dół, dodawać twoją ofertę do ulubionych na portalach społecznościowych. Być może nawet poczują się zainspirowani do zamieszczenia pozytywnego wpisu o twojej ofercie na blogu. Nie możesz się ukryć ani przesadnie chwalić swojej oferty, gdy niemal każdy ma dostęp do tego globalnego megafonu.

Zmiana lokalizacji przyszłego popytu i wzrostu. Gdy ludzie na całym świecie mówią o rosnących rynkach przyszłości, rzadko wspomina się choćby mimochodem o Europie czy Japonii. Nawet Stany Zjednoczone, mimo że wciąż są największą gospodarką świata, coraz częściej zajmują drugorzędną pozycję w kategorii perspektyw przyszłego wzrostu. To raczej Chiny czy Indie, nie mówiąc już o Brazylii, zajmują czołowe miejsca na liście. Na przestrzeni ostatnich dziesięciu lat wszystkie trzy dołączyły do grupy największych gospodarek świata. Jednak ten nowy rodzaj dużych gospodarek jest zupełnie niepodobny do wielkich gospodarek znanych z historii świata pod względem tego, w jaki sposób korzysta z oferowanych na całym świecie dóbr i usług. W przeciwieństwie do krajów rozwiniętych, mogących pochwalić się najwyższymi dochodami per capita, te wielkie wschodzące rynki są wytworem bardzo niskiego, choć wciąż rosnącego dochodu na głowę w olbrzymich populacjach. To sprawia, że ważniejsze niż kiedykolwiek jest przedstawienie przez organizacje niskokosztowej oferty, na skorzystanie z której byłoby stać tych ludzi. Nie można jednak się oszukiwać. Niski koszt to nie wszystko. Ponieważ te olbrzymie populacje również mają coraz szerszy dostęp do internetu, telefonii komórkowej i globalnych kanałów telewizji, coraz większe są też ich oczekiwania, pragnienia i wyrafinowanie. Chcąc zawładnąć wyobraźnią i portfelami wyedukowanych klientów, trzeba zapewnić zarówno zróżnicowanie, jak i niski koszt.

Coraz szybsza i łatwiejsza możliwość stania się globalnym graczem. Historycznie największe globalne firmy pochodziły przede wszystkim ze Stanów Zjednoczonych, Europy lub Japonii. To się jednak zmienia z zawrotną szybkością. W ciągu ostatnich piętnastu lat liczba firm z Chin, które znalazły się na liście Global 500 czasopisma „Fortune", wzrosła ponad dwudziestokrotnie, liczba firm indyjskich wzrosła ośmiokrotnie, a liczba firm z Ameryki Łacińskiej co najmniej się podwoiła. To sugeruje, że te wielkie wschodzące gospodarki nie tylko reprezentują oceany nowego popytu do uwolnienia, ale również nowy potencjał konkurentów z globalnymi ambicjami, nie różniących się od Toyoty, General Electric czy Unilevera.

Jednak nie tylko firmy na tych wielkich wschodzących rynkach nabierają coraz większego rozpędu. To tylko wierzchołek góry lodowej tego, co zwiastuje przyszłość. W ostatniej dekadzie nastąpił fundamentalny przeskok w kosztach i łatwości stania się globalnym graczem dla kogokolwiek pochodzącego z dowolnego zakątka globu. To trend, na którego lekceważenie nie może sobie pozwolić żadna organizacja. Przyjrzyjmy się kilku faktom. Biorąc pod uwagę łatwość i niewielki koszt utworzenia strony internetowej, każda firma może sobie pozwolić na witrynę sklepową; dzisiaj ludzie z każdego miejsca mogą pozyskiwać pieniądze przez finansowanie społecznościowe, czyli tzw. crowdfunding; dzięki usługom takim jak Gmail czy Skype znacząco spadły koszty komunikacji; bezpieczeństwo transakcji można osiągnąć szybko i ekonomicznie przy wykorzystaniu takich usług jak np. PayPal, a firmy takie jak Alibaba.com umożliwiają relatywnie szybkie i łatwe znajdowanie i sprawdzanie dostawców z całego świata. Istnieją wyszukiwarki – coś na kształt globalnych firmowych książek teleadresowych – z których można korzystać za darmo. Do globalnej reklamy można wykorzystać Twittera czy YouTube i można tam bezpłatnie sprzedawać swoją ofertę. Przy tak niskich kosztach wejścia do grona globalnych graczy nowi gracze z dowolnego zakątka świata mogą na coraz większą skalę uczestniczyć w globalnych rynkach, oferując swoje towary i usługi. Te trendy oczywiście nie pozwalają ominąć wszystkich barier na drodze do miejsca na globalnym rynku, ale z całą pewnością przyczyniają się do intensyfikacji globalnej konkurencji. Chcąc wyróżnić się na tych przepełnionych rynkach, musisz okazać się kreatywny w innowacji wartości.

Dzisiaj zarówno wyzwania, jak i szanse, z jakimi się spotykamy, są naprawdę wielkie. Dostarczając metodologie i narzędzia, które mogą zastosować organizacje poszukujące błękitnych oceanów, mamy nadzieję, że nasze idee pomogą ci stawić czoła tym wyzwaniom i stworzyć szanse, dzięki którym wszyscy skorzystamy. Strategia nie jest przecież tylko dla biznesu. Jest dla każdego – dla artystów, dla organizacji charytatywnych, dla sektora publicznego, a nawet dla całych krajów. Zapraszamy cię do towarzyszenia nam w tej podróży. Jedno jest jasne: świat potrzebuje błękitnych oceanów.

Przedmowa do oryginalnego wydania

TO KSIĄŻKA O PRZYJAŹNI, o lojalności, o wzajemnym zaufaniu. Bo to właśnie dzięki tej przyjaźni i zaufaniu, jakie wytworzyły się w czasie, gdy zgłębialiśmy zawarte w tej książce idee, mogła ona zostać napisana.

Spotkaliśmy się dwadzieścia lat temu w szkole – jedno z nas było nauczycielem, drugie uczniem. I od tego czasu pracowaliśmy razem, często wpadając po drodze z deszczu pod rynnę. Ta książka nie jest zwycięstwem idei, lecz przyjaźni, która znaczyła dla nas więcej niż jakakolwiek idea w świecie biznesu. To ona sprawiła, że nasze życie jest bogatsze, a nasz świat piękniejszy. Nie jesteśmy sami.

Żadna podróż nie jest łatwa; żadna przyjaźń nie jest wypełniona wyłącznie radosnym śmiechem. Ekscytował nas jednak każdy dzień tej podróży, ponieważ naszą misją było zgłębianie i udoskonalanie. Gorąco wierzymy w idee zawarte w tej książce. Nie są one dla tych, których ambicją w życiu jest jedynie przetrwanie. To nigdy nas nie interesowało. Jeśli więc to cię zadowala, nie czytaj jej. Ale jeśli chcesz zmieniać świat, jeśli chcesz stworzyć firmę budującą swoją przyszłość tam, gdzie wygrywają klienci, pracownicy, akcjonariusze i społeczeństwo, zachęcamy do czytania. Nie twierdzimy, że jest to łatwe, ale na pewno warte zachodu.

Nasze badania potwierdzają, że nie ma firm permanentnie doskonałych, podobnie jak nie ma permanentnie doskonałych branż i sektorów. Jak sami się przekonaliśmy, przemierzając naszą niełatwą drogę, my wszyscy, podobnie jak firmy, robimy rzeczy mądre i mniej mądre. By osiągać jeszcze znakomitsze sukcesy, musimy analizować to, co już zrobiliśmy i co przyniosło pozytywne efekty, i starać się zrozumieć, jak systematycznie to powtarzać. To jest właśnie coś, co nazwiemy podejmowaniem sprytnych posunięć strategicznych i o czym przekonaliśmy się, że jest właśnie tym, co ma najistotniejsze znaczenie w tworzeniu błękitnych oceanów.

Strategia błękitnego oceanu rzuca firmom wyzwanie, by uciekły z krwawego, czerwonego oceanu zajadłej konkurencji, tworząc bezsporną przestrzeń rynkową, na której konkurencja się nie liczy. Zamiast dzielić się istniejącym – i nierzadko kurczącym się – popytem i porównywać się z konkurencją, strategia błękitnego oceanu odwołuje się do zwiększania popytu i odcinania się od konkurencji. Ta książka nie tylko rzuca firmom wyzwanie, ale również pokazuje, jak sobie z nim poradzić. Na początku wprowadzamy zestaw narzędzi analitycznych i schematów pokazujących, jak systematycznie starać się sprostać temu wyzwaniu. Potem opisujemy zasady definiujące strategię błękitnego oceanu i oddzielające ją od myślenia strategicznego bazującego na konkurencji.

Naszym celem jest sformułowanie i realizacja strategii błękitnego oceanu tak samo systematycznej i wykonalnej, jak konkurowanie na czerwonych wodach znanej przestrzeni rynkowej. Tylko wtedy firmy będą mogły sprostać wyzwaniu stworzenia błękitnego oceanu w sposób mądry i odpowiedzialny, pozwalający zarówno na maksymalizację szans, jak i na minimalizację ryzyka. Żadna firma – ani duża, ani mała, ani o ugruntowanej pozycji, ani wchodząca

– nie może sobie pozwolić na bycie nierozważnym hazardzistą. I nie powinna.

Treść tej książki powstała przy wykorzystaniu ponad piętnastoletnich badań, danych sięgających nawet stu lat wstecz oraz wielu artykułów publikowanych w „Harvard Business Review" i prac akademickich dotyczących różnych wymiarów tego zagadnienia. Idee, narzędzia i schematy tu prezentowane były przez wiele lat testowane i doskonalone w praktyce w Europie, w Stanach Zjednoczonych i w Azji. Ta książka bazuje na tych pracach i rozszerza poruszoną w nich tematykę – stanowi zbiór spójnie opowiedzianych idei i oferuje zunifikowany schemat działania. Schemat ten nie odnosi się wyłącznie do analitycznych aspektów tworzenia strategii błękitnego oceanu, lecz również do najważniejszych aspektów ludzkich – do tego, jak poprowadzić organizacje i jej ludzi w tej podróży, by chcieli zastosować te idee w działaniu. Szczególny nacisk został tu położony na zrozumienie, jak budować zaufanie i pozyskiwać zaangażowanie oraz jak ważne jest uznanie intelektualne i emocjonalne, gdyż to właśnie stanowi istotę tej strategii.

Szanse błękitnego oceanu są wszędzie wokół nas. Gdy je zbadamy, świat rynku się rozszerzy. Ta ekspansja, jak jesteśmy przekonani, stanowi podstawę wzrostu. Mimo to jednak – i w teorii, i w praktyce – mamy do czynienia ze słabym zrozumieniem, jak tworzyć i przechwytywać błękitne oceany. Zapraszamy do przeczytania tej książki; pozwoli ona Czytelnikowi dowiedzieć się, jak w przyszłości stać się siłą napędową tej ekspansji.

Podziękowania

PRZY AKTUALIZACJI TEJ KSIĄŻKI otrzymaliśmy ogromną pomoc. INSEAD zapewniło nam wyjątkowe warunki, w których mogliśmy prowadzić badania. Połączenie teorii z praktyką istniejące w INSEAD było dla nas niezwykle pomocne, podobnie jak prawdziwie globalny skład zespołu pracowników naukowych, studentów i menedżerów. Dziekani Antonio Borges, Gabriel Hawawini i Ludo Van der Heyden dodawali nam otuchy i od samego początku zapewnili wsparcie instytucjonalne, umożliwiając nam ścisłe połączenie naszej działalności badawczej i dydaktycznej. Firmy Pricewaterhouse-Coopers (PwC) i Boston Consulting Group (BCG) zapewniły dalsze finansowe wsparcie naszym badaniom, a szczególnie cennymi partnerami okazali się Frank Brown i Richard Baird z PwC oraz René Abate, John Clarkeson, George Stalk i Olivier Tardy z BCG.

Przez całe lata doświadczaliśmy pomocy ze strony licznej grupy wybitnie utalentowanych naukowców, ale na szczególne wyróżnienie zasługują nasi dwaj niezwykle oddani współpracownicy: Jason Hunter i Ji Mi, którzy przez ostatnich kilka lat prowadzili z nami badania. Ich zaangażowanie, wytrwałe wsparcie w pracach badawczych i perfekcjonizm odegrały kluczową rolę w stworzeniu tej książki. Ich obecność była dla nas błogosławieństwem.

Nasi koledzy z uczelni także mieli swój wkład w idee zawarte w tej książce. Pracownicy naukowi INSEAD, w szczególności Subramanian Rangan i Ludo Van der Heyden, pomogli nam właściwie wyrazić nasze idee, oferując cenne komentarze i wsparcie. Wielu pracowników dydaktycznych INSEAD opowiadało o ideach i schematach przedstawionych w tej książce uczestnikom programów dla menedżerów i studiów MBA, dostarczając nam cennej informacji zwrotnej, która pomagała nam w jeszcze bardziej konstruktywnym myśleniu. Inni zapewnili nam wsparcie intelektualne oraz energię płynącą z ich przychylności. Dziękujemy tu między innymi takim osobom jak: Ron Adner, Jean-Louis Barsoux, Ben Bensaou, Henri-Claude de Bettignies, Mike Brimm, Laurence Capron, Marco Ceccagnoli, Karel Cool, Arnoud De Meyer, Ingemar Dierickx, Gareth Dyas, George Eapen, Paul Evans, Charlie Galunic, Annabelle Gawer, Javier Gimeno, Dominique Héau, Neil Jones, Philippe Lasserre, Jean-François Manzoni, Jens Meyer, Claude Michaud, Deigan Morris, Quy Nguyen-Huy, Subramanian Rangan, Jonathan Story, Heinz Thanheiser, Ludo Van der Heyden, David Young, Peter Zemsky i Ming Zeng.

Mieliśmy szczęście zyskania dostępu do sieci praktyków i ludzi z całego świata zajmujących się pisaniem analiz przypadków. Ich ogromny wkład polegał na tym, że pokazali, jak idee zawarte w tej książce znajdują zastosowanie w działaniu, i pomogli nam dopracowywać materiały związane z analizami przypadków z naszych badań. Wśród tych ludzi na szczególne wyróżnienie zasługuje Marc Beauvois-Coladon, który pracował z nami od samego początku i wniósł istotny wkład do rozdziału 4, bazującego na jego doświadczeniach w zastosowaniu naszych idei w praktyce w różnych firmach. Do osób, którym także chcielibyśmy podziękować, należą między innymi: Francis Gouillart i jego współpracownicy, Gavin Fraser i jego współpracownicy, Wayne Mortensen, Brian Marks, Kenneth Lau,

Yasushi Shiina, Jonathan Landrey i jego współpracownicy, Junan Jiang, Ralph Trombetta i jego współpracownicy, Gabor Burt i jego współpracownicy, Shantaram Venkatesh, Miki Kawawa i jej współpracownicy, Atul Sinha i jego współpracownicy, Arnold Izsak i jego współpracownicy, Volker Westermann i jego współpracownicy, Matt Williamson oraz Caroline Edwards i jej współpracownicy. Bardzo cenna była dla nas również rozwijająca się współpraca z firmą Accenture, zainicjowana przez Marka Spelmana, Omara Abbosha, Jima Saylesa i ich zespół. Podziękowania za wsparcie należą się również firmie Lucent Technologies.

W trakcie naszych badań spotykaliśmy się z zarządzającymi w korporacjach i funkcjonariuszami publicznymi, którzy nie szczędzili nam swojego czasu i chętnie dzielili się swoimi spostrzeżeniami, istotnie wpływając w ten sposób na ostateczny kształt idei zaprezentowanych w tej książce. Jesteśmy im za to wdzięczni. Wśród wielu prywatnych i publicznych inicjatyw przełożenia naszych idei na praktykę głównymi źródłami inspiracji i nauki były dla nas inicjatywy podejmowane przez Value Innovation Program (VIP) Center w firmie Samsung Electronics i Value Innovation Action Tank (VIAT) z Singapuru w sektorach państwowych i prywatnych. Szczególnie cenionymi partnerami byli dla nas Jong-Yong Yun z Samsung Electronics i wszystkie osoby pełniące funkcje stałych sekretarzy w rządzie Singapuru. Gorące podziękowania należą się również członkom Value Innovation Network (VIN), globalnej społeczności praktyków koncepcji Value Innovation, szczególnie tym, których nie byliśmy w stanie wymienić tu z imienia i nazwiska.

Chcielibyśmy podziękować również Melindzie Merino, naszej redaktor, za jej mądre komentarze i uwagi redakcyjne, a także zespołowi Harvard Business School Publishing za ich zaangażowanie i entuzjastyczne wsparcie. Dziękujemy też naszym obecnym i byłym redaktorom z „Harvard Business Review", w szczególności Davidowi Championowi, Tomowi Stewartowi, Nan Stone i Joan Magretta. Mamy ogromny dług wdzięczności wobec uczestników programów

MBA i studiów doktoranckich w INSEAD oraz szkoleń dla wyższej kadry menedżerskiej. W sposób szczególny dziękujemy tu uczestnikom kursów Strategy oraz Value Innovation Study Group (VISG) za cierpliwość, gdy testowaliśmy idee zawarte w tej książce. Ich odważne pytania i przemyślane komentarze pomogły nam je rozjaśnić i dopracować.

Od czasu publikacji pierwszego wydania tej książki wielu ludzi, oprócz tych, o których w niej wspominaliśmy w naszych podziękowaniach, zasłużyło na wzmiankę o wsparciu i wkładzie, jaki wnieśli w ten projekt przez ostatnie dziesięć lat. Dziekan Frank Brown miał wizję założenia INSEAD Blue Ocean Strategy Institute (IBOSI), a dziekani Ilian Mihov i Peter Zemsky stale wspierali jego rozwój. Dzięki ich wizji i wsparciu mogliśmy stworzyć wiele programów strategii błękitnego oceanu (BOS) dla studentów podyplomowych kursów menedżerskich i studiów MBA w INSEAD, nagrać wiele filmów bazujących na teorii błękitnego oceanu, w których wykorzystaliśmy nowe podejście pedagogiczne mające być uzupełnieniem dla konwencjonalnych analiz przypadków w formie drukowanej lektury do dyskusji podczas zajęć. Jesteśmy wdzięczni wszystkim pracownikom dydaktycznym, którzy nauczali teorii strategii błękitnego oceanu, wykonywali symulacje i przygotowywali program studiów MBA, EMBA i kursów dla menedżerów. Wśród pracowników dydaktycznych, o których jeszcze nie wspomnieliśmy, chcielibyśmy wymienić takie osoby, jak profesorowie: Andrew Shipilov, Fares Boulous, Guoli Chen, Ji Mi, Michael Shiel, James Costantini i Lauren Mathys. Stypendyści i naukowcy również zasługujący na szczególne wyróżnienie to: Zunaira Munir, Oh Young Koo, Katrina Ling i Michael Olenick. Jesteśmy wdzięczni za ich wsparcie w tworzeniu materiałów, analiz sektorowych i aplikacji do strategii błękitnego oceanu.

Chcemy podziękować też Beaucourt Foundation za hojne wsparcie finansowe naszych badań.

Wśród przeróżnych inicjatyw publicznych i charytatywnych mających na celu praktyczne wprowadzenie naszych idei w życie wyróżniają się Malezyjski Instytut Strategii Błękitnego Oceanu (MBOSI) oraz White House Initiative on Historically Black Colleges and Universities prezydenta Obamy, które dostarczyły nam nowego impulsu do stosowania i rozwijania teorii strategii błękitnego oceanu w obszarach przywództwa, przedsiębiorczości i działalności charytatywnej. Jesteśmy wdzięczni również między innymi wszystkim zarządzającym publicznym i prywatnym sektorem w Malezji oraz Prezydenckiej Komisji Doradczej Historically Black Colleges and Universities. Podziękowania należą się też Jae Won Park i jego stypendystom w MBOSI, Robertowi Bongowi i jego współpracownikom oraz Peterowi Ng i jego współpracownikom. Chcielibyśmy podziękować także naszym przedstawicielom w MBOSI, Kasi Dudzie i Julii Lee, za entuzjastyczne wsparcie i nieustanne poświęcenie, jak również Craigowi Wilkie za wsparcie badawcze. I na koniec gorące podziękowania dla naszych pracowników pomocniczych w IBOSI, Mélanie Pipino i Marie-Françoise Piquerez, za ich stałą pomoc i zaangażowanie.

CZĘŚĆ I

Strategia błękitnego oceanu

ROZDZIAŁ 1

Tworzenie błękitnych oceanów

NIEGDYŚ AKORDEONISTA, człowiek chodzący na szczudłach, połykacz ognia, Guy Laliberté jest dziś dyrektorem generalnym Cirque du Soleil, jednego z największych kulturalnych produktów eksportowych Kanady. Przedstawienia cyrku obejrzało dotychczas około stu pięćdziesięciu milionów widzów w ponad trzystu miastach całego świata. W niespełna dwadzieścia lat od swojego powstania Cirque de Soleil osiągnął taki poziom przychodów, na jaki potrzebował ponad stu lat niegdyś globalny lider branży cyrkowej – Ringling Bros. and Barnum & Bailey.

Ten błyskawiczny wzrost jest tym bardziej zadziwiający, że nie został osiągnięty w jakimś atrakcyjnym sektorze, lecz w branży raczej schyłkowej, w której tradycyjna analiza strategiczna wykazuje ograniczony potencjał wzrostu. Siła dostawców w osobach największych gwiazd była ogromna. Taka też była siła nabywców usługi. Alternatywne formy zabawy – od różnego rodzaju miejskich rozrywek po wydarzenia sportowe i zabawy w domu – rzucają jednak coraz dłuższy cień. Marzeniem dzieci są raczej gry wideo niż wizyta w objazdowym cyrku. Dlatego między innymi branża ta cierpiała z powodu topniejącej publiczności, co z kolei przekładało się na coraz mniejsze przychody i zyski. Wzrastała też niechęć do wykorzystywania zwierząt w cyrkach, podsycana przez grupy obrońców praw zwierząt. Ringling Bros. and Barnum & Bailey ustalił standardy, które konkurujące z nim mniejsze cyrki zazwyczaj powielały w zminiaturyzowanych wersjach. Z perspektywy strategii opartej na konkurencji branża cyrkowa wydawała się zatem nieatrakcyjna.

Innym wymownym aspektem sukcesu Cirque du Soleil było to, że nie wygrał on dzięki przejęciu klientów z kurczącej się branży cyrkowej, historycznie zaspokajającej potrzeby dzieci. Cirque du Soleil nie konkurował z Ringling Bros. and Barnum & Bailey, lecz stworzył nową, bezsporną przestrzeń rynkową, co sprawiło, że konkurencja stała się nieistotna. Odwoływał się do zupełnie nowej grupy klientów: do dorosłych i do klientów korporacyjnych, gotowych zapłacić kilkakrotnie wyższą cenę niż w tradycyjnym cyrku za nową, bezprecedensową formę rozrywki. Zresztą trzeba podkreślić, że pierwsze przedstawienie Cirque du Soleil zostało zatytułowane „Odkrywamy cyrk na nowo".

Nowa przestrzeń rynkowa

Cirque du Soleil osiągnął sukces, ponieważ zrozumiał, że aby wygrywać w przyszłości, firmy muszą przestać konkurować ze sobą. Jedynym sposobem na pokonanie konkurencji jest zaprzestanie *prób* jej pokonania.

Aby zrozumieć, co osiągnął Cirque du Soleil, wyobraźmy sobie rynkowy wszechświat zbudowany z dwóch rodzajów oceanów: czerwonych i błękitnych. Czerwone oceany reprezentują branże dziś istniejące. To znana przestrzeń rynkowa. Błękitne oceany oznaczają branże dziś *nieistniejące*. To nieznana przestrzeń rynkowa.

W czerwonych oceanach granice branży są określone i przestrzegane, a reguły gry konkurencyjnej znane[1]. Tutaj firmy starają się prześcignąć swoich rywali i zagarnąć dla siebie większą część istniejącego popytu. W miarę jak przestrzeń rynkowa staje się coraz bardziej zatłoczona, kurczą się perspektywy zysku i wzrostu. Produkty stają się standardowymi towarami, a konkurencja na śmierć i życie zamienia czerwony ocean w morze krwi.

Przeciwieństwem takiej sytuacji są błękitne oceany, określane jako niewykorzystana przestrzeń rynkowa, kreowanie popytu i szansa na niezwykle zyskowny wzrost.

Niektóre błękitne oceany są wprawdzie kreowane poza istniejącymi granicami branż, jednak większość jest tworzona z części czerwonych oceanów poprzez rozszerzanie granic istniejących branż, tak jak to zrobił Cirque du Soleil. W błękitnych oceanach konkurencja jest nieistotna, ponieważ reguły gry mają dopiero zostać ustalone.

Pomyślne przepłynięcie czerwonego oceanu i zdystansowanie rywali zawsze będzie ważne. Czerwone oceany zawsze będą miały znaczenie i zawsze będą faktem w życiu gospodarczym. Jednak gdy podaż przewyższa popyt w coraz większej liczbie branż, konkurowanie o udział w kurczącym się rynku będzie konieczne, ale niewystarczające dla utrzymania wysokiego poziomu wyników[2]. Firmy muszą wyjść poza ramy konkurowania. Aby zgarnąć dla siebie nowe zyski i nowe szanse wzrostu, powinny tworzyć błękitne oceany.

Niestety, błękitne oceany są zazwyczaj niezbadane. Dominującym kierunkiem strategii w ciągu ostatnich trzydziestu lat była

---

1 Chcąc zapoznać się z dyskusją o tym, jak definiowane są granice rynku i jak ustalane są reguły gry konkurencyjnej, zob. Harrison C. White (1981) oraz Joseph Porac i José Antonio Rosa (1996).

2 Gary Hamel i C.K. Prahalad (1994) oraz James Moore (1996) zaobserwowali dwa trendy sprawiające, że dla firm chcących rosnąć tworzenie rynku jest sprawą kluczową. Te trendy to intensyfikacja konkurencji i coraz szybsze utowarowienie biznesu.

oparta na konkurowaniu strategia czerwonego oceanu[3]. Wynikiem tego jest dość dobre zrozumienie, jak umiejętnie konkurować w czerwonych wodach, poczynając od analizy podstaw struktury ekonomicznej istniejącej branży, poprzez wybór pozycji strategicznej opartej na niskich kosztach, zróżnicowaniu lub priorytetach, po analizę porównawczą konkurencji. Od czasu do czasu toczą się dyskusje na temat błękitnych oceanów[4]. Niewiele istnieje jednak praktycznych wskazówek, jak je tworzyć. Bez ram analitycznych dla stworzenia błękitnych oceanów i reguł skutecznego zarządzania ryzykiem tworzenie błękitnych oceanów pozostaje myśleniem życzeniowym i uważane jest przez menedżerów za zbyt ryzykowne, by stać się obraną strategią. Ta książka jest źródłem praktycznych i analitycznych schematów dla systematycznego poszukiwania i zajmowania błękitnych oceanów.

Nieustanne tworzenie błękitnych oceanów

Pojęcie *błękitnych oceanów* jest wprawdzie nowe, ale ich istnienie już nie. Są charakterystyczną cechą życia gospodarczego, zarówno dawniej, jak i dziś. Cofnijmy się myślami sto dwadzieścia lat wstecz i zadajmy sobie pytanie: Ile dzisiejszych branż było wówczas nieznanych? Odpowiedź: o wielu branżach tak podstawowych jak przemysł samochodowy, fonograficzny, lotniczy, petrochemiczny, opieka zdrowotna czy konsulting zarządczy nikt jeszcze nie słyszał albo właśnie dopiero zaczynały się rodzić. A teraz cofnijmy czas tylko o czterdzieści lat. I znów pojawia się nam przed oczami całe mnóstwo branż, wartych miliardy czy nawet biliony dolarów – jak choćby

---

[3] Od czasu opublikowania przełomowych prac Michaela Portera (1980, 1985) konkurencja stała się centralnym punktem myślenia strategicznego. Zob. również Paul Auerbach (1988) i George S. Day i in. (1997).

[4] Zob. np. Hamel i Prahalad (1994).

handel w sieci, telefonia komórkowa, laptopy, rutery, switche i inne urządzenia sieciowe, elektrownie na gaz, biotechnologia, sklepy dyskontowe, ekspresowe przesyłki kurierskie, minivany, snowboardy i nowy typ klubokawiarni – to tylko kilka przykładów. Jeszcze cztery dekady temu żadna z tych branż nie istniała w znaczący sposób.

A teraz przesuńmy zegar o dwadzieścia – albo nawet pięćdziesiąt – lat w przód i zadajmy sobie pytanie, jak wiele nieznanych dziś branż najprawdopodobniej będzie wtedy istniało. Jeśli historia jest w jakikolwiek sposób wyznacznikiem przyszłości, to odpowiedź brzmi: bardzo wiele.

Rzeczywistość jest taka, że branże nigdy nie pozostają niezmienne. Nieustannie ewoluują. Działania operacyjne są doskonalone, rynki się rozszerzają, ich gracze przychodzą i odchodzą. Historia uczy nas, że mamy zdecydowanie niedocenianą zdolność kreacji nowych branż i odtwarzania już istniejących. Faktycznie liczący sobie niewiele ponad pięćdziesiąt lat amerykański system klasyfikacji branżowej (Standard Industrial Classification – SIC), opublikowany przez amerykański urząd statystyczny (U.S. Census), został zastąpiony w roku 1997 nowym systemem – North American Industry Classification Standard (NAICS). Nowy system zwiększył liczebność sektorów przemysłowych z dziesięciu wymienionych w SIC do dwudziestu, mających być odzwierciedleniem nowej rzeczywistości i nowych terytoriów w gospodarce[5]. Na przykład istniejący w starym systemie sektor usługowy został obecnie rozwinięty w siedem sektorów gospodarki obejmujących takie dziedziny jak na przykład informatyka, opieka zdrowotna czy pomoc społeczna[6]. Ponieważ stworzenie tych systemów miało zapewnić standaryzację i ciągłość, na ich przykładzie możemy się przekonać, jak wielka jest ekspansja błękitnych oceanów.

---

[5] Zob. *Standard Industrial Classification Manual* (1987) oraz *North American Industry Classification System* (1998).

[6] Ibidem.

Mimo to jednak myślenie strategiczne wciąż koncentruje się przede wszystkim na strategiach konkurencji na czerwonych oceanach. Po części można to wytłumaczyć tak, że strategia korporacyjna ulega ze swej natury przemożnym wpływom strategii wojskowej, z której się wywodzi. Już sam język strategii jest na wskroś przepojony odwołaniami do języka wojskowego – dyrektorzy generalni są po angielsku nazywani „oficerami" w „sztabie", a „oddziały" działają na „linii frontu". Opisana w ten sposób strategia odwołuje się do konfrontacji z oponentem i walki o określony teren, który jest ograniczony i niezmienny[7]. Jednak, w przeciwieństwie do historii wojen, historia gospodarcza pokazuje nam, że wszechświat rynku nigdy nie był niezmienny; o błękitnych oceanach można raczej powiedzieć, że na przestrzeni wieków były nieustannie kreowane. Koncentracja na czerwonych oceanach jest zatem zaakceptowaniem głównych czynników ograniczających, charakterystycznych dla wojny – ograniczonego terenu i potrzeby pokonania wroga dla osiągnięcia sukcesu – i odrzuceniem wyjątkowego atutu świata biznesu: zdolności tworzenia nowych przestrzeni rynkowych, przestrzeni bezspornych i wolnych.

Wpływ tworzenia błękitnych oceanów na firmę

Możemy zatem przystąpić do skwantyfikowania wpływu tworzenia błękitnych oceanów na wzrost firmy, wzrost mierzony zarówno przychodami, jak i zyskami. Zrobimy to, analizując wejścia na rynek produktów 108 firm (zob. rysunek 1-1). Odkryliśmy, że 86% debiutów polegało na poszerzeniu linii, czyli na drobnych udoskonaleniach na terenie czerwonych oceanów w istniejącej przestrzeni rynkowej. Przyniosły one jednak tylko 62% całkowitych przychodów i zaledwie 39% całkowitych zysków. Pozostałe 14% debiutów

---

[7] Klasyka strategii wojskowej i jej fundamentalnej koncentracji na konkurowaniu o ograniczone terytorium, zob. Carl von Clausewitz (1993).

Rysunek 1-1. Zysk i wzrost wynikające z tworzenia błękitnych oceanów

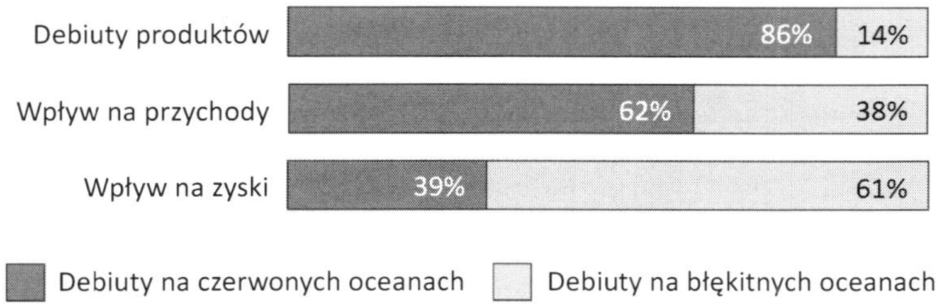

rynkowych miało za cel tworzenie błękitnych oceanów. Wygenerowały one 38% całkowitych przychodów i 61% całkowitych zysków. Zakładając, że te biznesowe debiuty obejmowały wszystkie inwestycje dokonane w celu stworzenia czerwonych i błękitnych oceanów (niezależnie od ich efektów w postaci późniejszych przychodów i zysków lub strat), korzyści ze stworzenia błękitnych wód, znajdujące swe odzwierciedlenie w wynikach, są ewidentne. Nie dysponujemy wprawdzie danymi na temat wskaźnika spektakularnych sukcesów różnych inicjatyw na terenach czerwonych i błękitnych oceanów, jednak globalne różnice w osiągnięciach będących wynikiem każdej z tych dwu strategii są wyraźnie widoczne.

Coraz pilniejsza potrzeba tworzenia błękitnych oceanów

Za coraz pilniejszą potrzebą tworzenia błękitnych oceanów stoi kilka sił napędowych. Coraz szybszy postęp technologiczny istotnie poprawił produktywność w przemyśle i umożliwił dostawcom oferowanie niespotykanego dotąd wyboru produktów i usług. W konsekwencji w coraz większej liczbie branż podaż przewyższa popyt[8].

[8] Dyskusja na ten temat, zob. Richard A. D'Aveni i Robert Gunther (1995).

Trend podążający ku globalizacji dodatkowo komplikuje sytuację. W miarę jak znikają bariery między krajami i regionami, a informacja o produktach i cenach staje się dostępna natychmiast i wszędzie, zanikają też nieustannie rynki niszowe i raje dla monopoli[9]. Podczas gdy podaż rośnie w miarę jak zaostrza się globalna konkurencja, globalny wzrost popytu nie jest wyraźnie zauważalny, a statystyki wskazują nawet na spadek populacji na wielu rozwiniętych rynkach[10].

Konsekwencją tego jest przyśpieszenie utowarowienia produktów i usług, zaostrzająca się wojna cenowa i kurczące się marże zysku. Badania obejmujące największe marki amerykańskie potwierdzają ten trend[11]. Wykazują, że w głównych kategoriach produktów i usług marki na ogół stają się coraz bardziej do siebie podobne, a w miarę jak to postępuje, ludzie coraz częściej dokonują wyborów na podstawie ceny[12]. Nie przywiązują się już, tak jak w przeszłości, do tego, by ich środek do prania nazywał się Tide. Nie będą też koniecznie trwać przy paście Colgate, gdy w wyprzedaży oferowany jest Crest – i vice versa. W zatłoczonych branżach różnicowanie marek jest coraz trudniejsze bez względu na to, czy gospodarka zmienia się na lepsze, czy na gorsze.

Wszystko to sugeruje, że środowisko biznesowe, w którym powstała większość strategii i podejść do zarządzania dominujących w dwudziestym wieku, zaczyna coraz szybciej zanikać. W miarę jak czerwone oceany są coraz bardziej krwawe, w zarządzaniu trzeba coraz silniej skupiać się na błękitnych oceanach, choć kohorty dzisiejszych menedżerów są przyzwyczajone do czegoś zupełnie innego.

---

[9] Więcej na temat globalizacji i jej skutków ekonomicznych, zob. Kenichi Ohmae (1990, 1995a, 1995b).

[10] United Nations Statistics Division (2002).

[11] Zob. np. Copernicus and Market Facts (2001).

[12] Ibidem.

Od przedsiębiorstwa i branży do strategicznego posunięcia

Jak firma może pokonać czerwony ocean krwawej konkurencji? Jak może stworzyć błękitny ocean? Czy istnieje systematyczne podejście do osiągania czegoś takiego i do trwałego utrzymania doskonałych wyników?

Pierwszym krokiem w naszych poszukiwaniach odpowiedzi na te pytania było określenie podstawowych jednostek analitycznych do naszych badań. Literatura biznesowa, chcąc pomóc w zrozumieniu źródeł wielkich osiągnięć, za podstawową jednostkę analityczną przyjmuje firmę. Ludzie przecież podziwiają to, jak firmy osiągają silny, zyskowny wzrost przy wykorzystaniu wybitnych zestawów komponentów strategicznych, operacyjnych i organizacyjnych. Nasze pytanie brzmi zatem: Czy istnieją *trwale* „doskonałe" lub „wizjonerskie" firmy, które nieustannie wyprzedzają rynek i powtarzalnie tworzą błękitne oceany?

Weźmy na przykład książki *W poszukiwaniu doskonałości w biznesie* (*In Search of Excellence*) oraz *Wizjonerskie organizacje* (*Built to Last*)[13]. Bestsellerowa książka *W poszukiwaniu doskonałości w biznesie* została opublikowana ponad trzydzieści lat temu. A już w ciągu dwóch lat od jej opublikowania niektóre z badanych firm zaczęły odchodzić w zapomnienie: Atari, Chesebrough-Pond's, Data General, Fluor, National Semiconductor. Jak udokumentowano w *Managing on the Edge*, dwie trzecie firm przedstawionych w tej książce jako wzory do naśladowania pospadało ze swoich pozycji liderów branżowych w ciągu pięciu lat od jej publikacji[14].

Książka *Wizjonerskie organizacje* podążała tymi samymi śladami. Odnalazła „zwyczaje wizjonerskich firm, pomagające w osiągnięciu

---

[13] Thomas J. Peters i Robert H. Waterman Jr. (1982) oraz Jim Collins i Jerry Porras (1994), odpowiednio.

[14] Richard T. Pascale (1990).

sukcesu" – firm mających długą historię najwyższych osiągnięć. Aby jednak uniknąć problemów, jakie napotkała książka *W poszukiwaniu doskonałości w biznesie*, okres, w jakim przeprowadzono badania dla *Wizjonerskich organizacji*, został rozciągnięty na cały czas życia firm, a analiza została ograniczona do firm liczących co najmniej czterdzieści lat. Książka *Wizjonerskie organizacje* również stała się bestsellerem.

Znów jednak, po bliższym zbadaniu, wyszły na jaw niedoskonałości i braki niektórych z firm ukazanych w świetle jupiterów w książce *Wizjonerskie organizacje*. Jak pokazano w opublikowanej ostatnio książce *Twórcza destrukcja* (*Creative Destruction*), wiele z sukcesu przypisywanego niektórym wzorcowym firmom z *Wizjonerskich organizacji* wynikało raczej z osiągnięć całego sektora niż z zasług samych firm[15]. Na przykład firma Hewlett-Packard (HP) spełniła kryterium *Wizjonerskich organizacji* wymagające długotrwałego osiągania wyników lepszych niż rynek. W rzeczywistości jednak HP co prawda przewyższał rynek, ale można to było powiedzieć o całej branży sprzętu komputerowego. Co więcej, HP nie zdołał nawet prześcignąć konkurencji w swojej branży. Posługując się tym i innymi przykładami, książka *Twórcza destrukcja* podała w wątpliwość, czy „wizjonerskie" firmy stale prześcigające rynek w ogóle kiedykolwiek istniały.

Jeśli zatem nie istnieje firma nieustannie odnotowująca najwyższe osiągnięcia i jeśli ta sama firma może być w jednej chwili olśniewająca, a w innej bardzo słaba, to wydaje się, że firma jako taka nie jest właściwą jednostką analityczną w badaniu źródeł wysokich osiągnięć i błękitnych oceanów.

Jak już wcześniej powiedziano, historia pokazuje również, że z upływem czasu nieustannie powstają i rozwijają się coraz to nowe sektory i branże, że warunki i granice tych sektorów i branż nie są zadane z góry, lecz mogą być kształtowane przez indywidualnych

---

[15] Richard Foster i Sarah Kaplan (2001).

aktorów. Firmy nie muszą ze sobą bezpośrednio konkurować w obszarze danego sektora; Cirque du Soleil stworzył nową przestrzeń rynkową w branży rozrywkowej, a w konsekwencji osiągnął silny, zyskowny wzrost. Okazuje się zatem, że ani firma, ani sektor czy branża nie są najlepszymi jednostkami analitycznymi w badaniu źródeł zyskownego wzrostu.

Potwierdzając tę obserwację, nasze badania pokazują, że to posunięcia strategiczne, a nie firma czy sektor, są właściwymi jednostkami analitycznymi dla wyjaśnienia zjawiska tworzenia błękitnych oceanów i trwałych wysokich osiągnięć. Posunięcie strategiczne jest zbiorem działań menedżerskich i decyzji związanych z wystąpieniem z poważną ofertą biznesową kreującą rynek. Na przykład firma Compaq została przejęta w roku 2001 przez Hewlett-Packarda i przestała być niezależnym podmiotem. Wiele osób może zatem pomyśleć, że poniosła ona porażkę. Nie umniejsza to jednak wartości strategicznych ruchów związanych z kreowaniem błękitnego oceanu w branży serwerów. Te posunięcia strategiczne nie tylko stały się elementem imponującego powrotu firmy w połowie lat dziewięćdziesiątych, ale otworzyły również wartą miliardy dolarów przestrzeń rynkową w technice obliczeniowej.

Dodatek A – „Szkic historycznych wzorców tworzenia błękitnych oceanów" – zawiera krótki rys historyczny trzech reprezentatywnych branż amerykańskich, zaczerpnięty z naszej bazy danych. Są to: branża samochodowa – determinująca to, jak dostajemy się do pracy; komputerowa – co wykorzystujemy w pracy; i kinowa – dokąd idziemy zabawić się po pracy. Jak pokazano w dodatku A, nie znaleziono żadnej firmy ani branży, która mogłaby poszczycić się nieustającą doskonałością. Wszystkie strategiczne posunięcia, które doprowadziły do stworzenia błękitnych oceanów i wytyczyły nowe drogi silnego, zyskownego wzrostu, mają jednak uderzającą wspólną cechę.

Posunięcia strategiczne, które omawiamy – posunięcia owocujące produktami i usługami, które otworzyły i pozwoliły zająć nową przestrzeń rynkową i cechowały się znaczącym skokiem popytu – to wspaniałe historie o zyskownym wzroście i prowokujące do myślenia opowieści o możliwościach utraconych przez firmy, które utknęły w czerwonych oceanach. Nasze badania opierają się na tych strategicznych posunięciach i mają na celu zrozumienie wzorców, według których tworzone są błękitne oceany i rodzą się wybitne osiągnięcia. Pierwsze badania przeprowadzone na potrzeby naszej książki objęły ponad sto pięćdziesiąt posunięć strategicznych dokonanych w latach 1880–2000 w ponad trzydziestu branżach. Prowadząc te badania, dokładnie przyjrzeliśmy się głównym graczom w każdym z tych wydarzeń. Badania objęły szeroki zakres branż, od hotelarstwa poprzez kino, handel detaliczny, linie lotnicze, energetykę, komputery, emisję programów radiowych i telewizyjnych, budownictwo, aż po przemysł samochodowy i stalowy. Przeanalizowaliśmy nie tylko zwycięzców, którzy stworzyli błękitne oceany, lecz również ich konkurentów, którym powiodło się gorzej.

Zarówno w poszczególnych posunięciach strategicznych, jak i w całym ich spektrum poszukiwaliśmy zbieżności w grupach, które stworzyły błękitne oceany, i w grupach tych, którym powiodło się gorzej, bo utknęli w czerwonych oceanach. Poszukiwaliśmy też różnic między tymi dwiema grupami. W ten sposób staraliśmy się znaleźć wspólne czynniki prowadzące do tworzenia błękitnych oceanów i kluczowe różnice oddzielające zwycięzców od tych, którym jedynie udało się przetrwać, oraz od przegranych, zagubionych na czerwonych oceanach.

Nasza analiza ponad trzydziestu branż potwierdza, że ani branża, ani cechy organizacyjne nie mogą stanowić wyjaśnienia różnic między tymi dwiema grupami. Przetwarzając zmienne dotyczące branż, organizacji i strategii odkryliśmy, że tworzenie i zajmowanie błękitnych oceanów było dziełem i małych, i dużych firm, i młodych, i starszych menedżerów, firm działających w atrakcyjnych i w nieatrakcyjnych branżach, firm nowych i o ugruntowanej pozycji, prywatnych i publicznych, zaliczanych zarówno do segmentu B2B, jak i B2C, wywodzących się z różnych krajów.

W naszej analizie nie udało się znaleźć żadnej nieustannie doskonałej firmy ani branży. To, czego doszukaliśmy się w na pozór jednostkowych historiach sukcesu, było jednak spójne i zawierało prawidłowości charakterystyczne dla wszystkich posunięć strategicznych służących tworzeniu i zajmowaniu błękitnych oceanów. Czy to Ford w roku 1908 ze swoim Modelem T, czy GM w 1924 z samochodami stylizowanymi tak, by odwoływać się do emocji, czy CNN w 1980 z wiadomościami w czasie rzeczywistym, 24 godziny na dobę, 7 dni w tygodniu, czy serwery Compaq, kawiarnie Starbucks, Southwest Airlines, czy Cirque du Soleil, ostatnio głośne Salesforce.com, czy też jakiekolwiek inne posunięcia prowadzące do błękitnego oceanu, objęte naszymi analizami – wszystkie reprezentowały spójne na przestrzeni czasu i niezależne od branży podejście do strategii jego tworzenia. Naszymi badaniami staraliśmy się objąć również słynne posunięcia strategiczne w sektorze publicznym. Tam również znaleźliśmy uderzające podobieństwo. Przez ostatnie dziesięć lat, jakie upłynęły od pierwszego wydania tej książki, nasza baza danych stale rosła, a badania były nieustannie rozszerzane. I wciąż obserwowaliśmy podobne prawidłowości.

Innowacja wartości: kamień węgielny strategii błękitnego oceanu

To, co zawsze odróżniało zwycięzców od przegranych w tworzeniu błękitnych oceanów, to podejście do strategii. Firmy uwięzione w czerwonym oceanie reprezentowały podejście konwencjonalne – prześcigały się w walce z konkurencją, zajmując pozycję obronną w istniejącym porządku w branży[16]. Zaskakujące jest to, że twórcy błękitnych oceanów nie traktowali konkurencji jako własnego

[16] Peter Drucker (1985) zauważa, że firmy mają skłonność do prześcigania się w patrzeniu na to, co robi konkurencja.

punktu odniesienia[17]. Posługiwali się zupełnie inną logiką strategiczną, którą nazywamy innowacją w dziedzinie wartości lub krótko *innowacją wartości*. Innowacja wartości jest kamieniem węgielnym strategii błękitnego oceanu. Określamy ją mianem innowacji wartości, ponieważ zamiast koncentrować się na pokonaniu konkurencji, stawia na koncentrację na tym, by konkurencja przestała być istotna, co jest możliwe przez stworzenie zupełnie innej, znacznie wyższej wartości dla nabywców i własnej firmy, a tym samym otwarcie nowej, bezspornej przestrzeni rynkowej.

Innowacja wartości kładzie jednakowy nacisk na wartość i na innowację. Wartość bez innowacji skupia się najczęściej na *budowie wartości* przez niewielkie przyrosty. Działanie takie zwiększa wprawdzie wartość, ale nie wystarcza do tego, by wyróżnić się na rynku[18]. *Innowacja* bez wartości jest zazwyczaj powodowana technologią, bywa pionierstwem rynkowym lub działaniem futurystycznym, często nietrafiającym w to, co są gotowi zaakceptować i za co chcą

---

[17] Kim i Mauborgne (1997a, 1997c, 1997d) twierdzą, że skupianie się na porównywaniu się i walce z konkurencją prowadzi do naśladowczego, nieinnowacyjnego podejścia do rynku i często skutkuje presją cenową i postępującym utowarowieniem. Twierdzą też, że zamiast tego firmy powinny dążyć do sprawiania, by konkurencja stała się nieistotna, przez oferowanie klientom znacząco wyższej wartości. Gary Hamel (1998) twierdzi, że sukces zarówno dla firm dopiero wchodzących do branży, jak i tych, które mają w niej już ugruntowaną pozycję, zależy od zdolności do unikania konkurencji i umiejętności stworzenia nowego modelu branży. Poźniej dowodzi też (2000), że przepisem na sukces nie jest zajęcie pozycji przeciwnej wobec konkurencji, ale raczej jej obejście.

[18] Innowacja wartości jako koncepcja strategii jest pojęciem zbyt szerokim, ponieważ żadne warunki brzegowe nie określają sposobu tworzenia wartości. Firma może na przykład tworzyć wartość, po prostu obniżając koszt o 2%. I jest to wprawdzie stworzenie wartości, ale nie jest innowacją wartości niezbędną do otwarcia nowej przestrzeni rynkowej. Można tworzyć wartość, robiąc po prostu podobne rzeczy w lepszy sposób, ale nie można tworzyć innowacji wartości bez zaprzestania robienia starych rzeczy i rozpoczęcia robienia nowych albo bez rozpoczęcia robienia starych rzeczy w zupełnie nowy sposób. Nasze badania pokazują, że firmy, obierając sobie za cel strategiczny tworzenie wartości, skupiają się na poprawianiu marż metodą małych przyrostów. Takie tworzenie wartości przez małe przyrosty może wprawdzie stanowić jakąś wartość samą w sobie, ale nie wystarcza, by firma wyróżniła się w tłumie i znacząco poprawiła swoje osiągnięcia.

płacić nabywcy[19]. W tym sensie ważne jest rozróżnienie między innowacją wartości a będącą jej przeciwieństwem innowacją technologiczną lub pionierstwem rynkowym. Nasze badania pokazują, że to, co w tworzeniu błękitnych oceanów odróżnia zwycięzców od przegranych, nie jest ani błyskotliwą technologią, ani „wejściem na rynek we właściwym czasie". Takie okoliczności czasami też się pojawiały; częściej jednak ich nie było. Z innowacją wartości mamy do czynienia tylko wtedy, gdy firmy łączą w jedną całość innowację z użytecznością, ceną i pozycjami kosztowymi. Jeśli innowacja nie zostanie połączona z wartością w taki właśnie sposób, może się okazać, że innowatorzy w dziedzinie technologii i pionierzy rynkowi zasiewają ziarno na gruncie, z którego zbierają inni.

Innowacja wartości jest nowym sposobem myślenia o strategii i nowym sposobem jej realizacji, w konsekwencji czego powstaje błękitny ocean i możliwość oderwania się od konkurencji. Co ważne, innowacja wartości zaprzecza jednemu z najpowszechniej uznawanych dogmatów strategii bazującej na konkurencji, jakim jest wybór kompromisu między wartością a kosztami[20]. Panuje powszechne, konwencjonalne przekonanie, że firmy albo mogą tworzyć większą wartość dla swoich klientów ponosząc wyższe koszty, albo rozsądną wartość przy niższych kosztach. Tutaj strategia jest pojmowana jako wybór między wyróżnieniem się czymś wyjątkowym a niskim kosztem[21]. Natomiast ci, którzy starają się tworzyć błękitne oceany, dążą równocześnie do wyjątkowości i do niskich kosztów.

---

[19] Przykłady pionierstwa na rynku, wykraczającego poza to, co nabywcy są gotowi zaakceptować i za co są gotowi zapłacić, zob. Gerard J. Tellis i Peter N. Golder (2002). W obejmujących dzesięcioletni okres badaniach pokazali oni, że mniej niż 10% pionierów rynkowych zostało zwycięzcami, a ponad 90% okazało się przegranymi.

[20] Wcześniejsze prace podważające ten dogmat, zob. np. Charles W.L. Hill (1988), jak również R.E. White (1986).

[21] Dyskusja na temat konieczności wyboru między wyróżnieniem się a niskim kosztem, zob. Porter (1980, 1985). Porter (1996) wykorzystuje krzywą ograniczeń produkcji do zilustrowania kompromisu między wartością a kosztem.

Powróćmy do przykładu Cirque du Soleil. Dążenie do wyjątkowości przy równoczesnym zachowaniu niskich kosztów stanowi istotę rodzaju rozrywki, jaką on stworzył. W czasach jego debiutu inne cyrki koncentrowały się na porównaniu ze swoimi konkurentami i maksymalizacji udziału w zaspokojeniu nieustannie malejącego popytu. Robiły to, powtarzając tradycyjne sztuki cyrkowe. Polegało to na przykład na zabieganiu o współpracę z najsławniejszymi klaunami czy pogromcami lwów. Taka strategia doprowadziła do zmiany struktury kosztów cyrków bez równoczesnego istotnego wpływu na ich odbiór przez publiczność. W konsekwencji następował wzrost kosztów bez równoczesnego wzrostu przychodów i nakręcała się spirala spadającego popytu.

Działania te okazały się zupełnie bez znaczenia, gdy pojawił się Cirque du Soleil. Nie będąc ani zwyczajnym cyrkiem, ani klasycznym teatrem, Cirque du Soleil zupełnie nie zważał na to, co robiła konkurencja. Zamiast kierować się konwencjonalną logiką pozostawiania w tyle konkurencji przez zaoferowanie lepszych rozwiązań określonego problemu – stworzenia cyrku dającego jeszcze więcej zabawy i mocnych wrażeń – starał się zaoferować ludziom zabawę i mocne wrażenia typowe dla cyrku *oraz* równocześnie wyszukaną rozrywkę intelektualną i bogactwo artystyczne typowe dla teatru. W ten sposób dokonał przedefiniowania samego problemu[22]. Przełamując rynkowe rozgraniczenie teatru i cyrku, Cirque du Soleil stworzył nową jakość nie tylko dla aktualnych klientów cyrku, ale również dla tych, którzy klientami cyrku nie byli: dla klientów teatru dla dorosłych.

To doprowadziło do stworzenia zupełnie nowej koncepcji całego cyrku, koncepcji, która przełamała przymus kompromisu między wartością a kosztem i stworzyła błękitny ocean nowej przestrzeni

---

[22] Nasze badania wykazały, że w innowacji wartości chodzi raczej o przedefiniowanie problemu, na którym skupia się branża, niż na znajdowaniu rozwiązań istniejących problemów.

rynkowej. Przyjrzyjmy się różnicom. Podczas gdy inne cyrki koncentrowały się na pokazach tresury zwierząt z udziałem znanych gwiazd, na oferowaniu równoczesnych pokazów na wielu arenach w formie trzech kręgów, na udostępnianiu powierzchni do sprzedaży butikowej, Cirque du Soleil nie przejmował się żadnym z tych elementów. A przecież elementy te przez długi czas były uznawane w tradycyjnym cyrku za oczywiste i nikt nie kwestionował ich trwałego znaczenia. Jednak publiczność była coraz mniej przychylna zjawisku nie zawsze etycznego wykorzystywania zwierząt. Co więcej, pokazy z udziałem zwierząt były jednymi z najkosztowniejszych elementów programu. Chodziło tutaj nie tylko o koszt samych zwierząt, ale również o koszt ich tresury, opieki medycznej, zapewnienia im bytu, ubezpieczenia i transportu.

Podobnie, podczas gdy branża cyrkowa skupiała się na pozyskiwaniu największych gwiazd areny, w świadomości publiczności te niby-gwiazdy były bardzo pospolite w porównaniu z gwiazdami filmowymi czy sławnymi piosenkarzami. I znów, był to istotny element kosztów, ale niewiele znaczący dla widza. Spalonym pomysłem były też przedstawienia na trzech arenach. Takie porządki nie tylko wywoływały zniecierpliwienie u widzów, którzy musieli szybko przerzucać wzrok z jednej areny na drugą, ale również zwiększały zapotrzebowanie na aktorów, co pociągało za sobą oczywiste implikacje kosztowe. Sprzedaż butikowa na udostępnionej powierzchni, choć wydawała się być rzeczywiście dobrym sposobem na generowanie przychodów, w praktyce powodowała, że wysokie ceny zniechęcały publiczność do zakupu i sprawiała, że widzowie czuli się nabijani w butelkę.

Wciąż jeszcze jednak żywy urok cyrku został ograniczony tylko do trzech kluczowych czynników: namiotu, klaunów i klasycznych pokazów akrobatycznych, takich jak ekwilibrystyka czy występy kaskaderów. Cirque du Soleil zachował więc klaunów, ale ich komizm nie był już slapstickowy, lecz zyskał wiele uroku i wyszukania. Dodano świetności namiotowi, elementowi, który – jak na ironię

– wiele cyrków zamieniało na wynajęte sale widowiskowe. Widząc, że to wyjątkowe miejsce przez swoją symbolikę przechowuje magię cyrku, Cirque du Soleil wykorzystał klasyczny symbol cyrku, nadając mu wspaniały wygląd zewnętrzny, zapewniając większy komfort. Jego namioty były naprawdę imponujące i przypominały o niegdysiejszej świetności cyrku. Nie było w nim już jednak trocin ani twardych ławek. Akrobaci i inni ekscytujący aktorzy pozostali, ale ich role zostały ograniczone i były teraz dużo elegantsze, dzięki dodaniu ich występom artystycznego charakteru i elementu intelektualnego.

Patrząc na rynkowe granice teatru, zauważymy, że Cirque du Soleil zaoferował również nowe elementy, nietypowe dla cyrku, takie jak fabuła, a wraz z nią bogactwo intelektualne, artystyczne, muzyczne i taneczne oraz zróżnicowanie wystawianych spektakli. Czynniki te, zupełnie nowe w branży cyrkowej, zostały zaczerpnięte z alternatywnej dziedziny branży rozrywkowej, jaką jest teatr.

W przeciwieństwie do tradycyjnych przedstawień cyrkowych złożonych z szeregu niepowiązanych ze sobą pokazów, każdy występ Cirque du Soleil miał jakiś motyw przewodni i fabułę, co przypominało raczej przedstawienie teatralne. Mimo że motyw przewodni był dość ogólnikowy (w sposób zupełnie zamierzony), wnosił jednak do przedstawienia harmonię i element intelektualny – nie ograniczając równocześnie potencjału występów. Cirque du Soleil czerpie również pewne pomysły z przedstawień broadwayowskich. Na przykład gra różne przedstawienia zamiast dawać tradycyjne pokazy „takie same dla wszystkich”. Podobnie jak w przedstawieniach broadwayowskich, również każde przedstawienie Cirque du Soleil ma swoją oryginalną partyturę i aranżację muzyczną, za którą podążają wrażenia wizualne, oświetlenie i układ czasowy, w którym poszczególne występy nie są przypadkowe. Przedstawienia zawierają taniec abstrakcyjny i spirytualny – to elementy zaczerpnięte z teatru i baletu. Wprowadzając te nowe czynniki do swojej oferty,

Cirque du Soleil stworzył bardziej wyrafinowane przedstawienia, niż oferował tradycyjny cyrk.

Co więcej, wprzęgając w to koncepcję zróżnicowania spektakli i dając ludziom powody do częstszych wizyt w cyrku, Cirque du Soleil przyczynił się do radykalnego wzrostu popytu.

Krótko mówiąc, Cirque du Soleil oferuje to, co najlepsze i w cyrku, i w teatrze, eliminując lub ograniczając do minimum wszystko inne. Oferując bezprecedensową wartość użyteczną, stworzył błękitny ocean i wynalazł nową formę rozrywki na żywo, formę wyraźnie różną od tradycyjnego cyrku i tradycyjnego teatru. Równocześnie, eliminując wiele najkosztowniejszych elementów cyrku, radykalnie poprawił swoją strukturę kosztową, osiągając i wyjątkowość, i niskie koszty. Cirque du Soleil strategicznie ukształtował ceny swoich biletów na poziomie zbliżonym raczej do cen biletów do teatru, wielokrotnie przebijając cenę przyjętą w branży cyrkowej, zachowując równocześnie możliwość przyciągnięcia całej masy dorosłych klientów przyzwyczajonych już do cen biletów do teatru.

Na rysunku 1-2 przedstawiamy dynamikę wyjątkowości i niskich kosztów, sprzyjającą innowacji wartości.

Jak pokazano na rysunku 1-2, w tworzeniu błękitnego oceanu chodzi o obniżanie kosztów i równoczesne podwyższanie wartości dla nabywców. W taki właśnie sposób osiągany jest skok wartości zarówno dla firmy, jak i dla jej klientów. Ponieważ wartość dla nabywcy wynika z użyteczności i ceny, które firma oferuje nabywcy, i ponieważ wartość dla firmy wynika z jej cen i struktury kosztów, innowacja wartości jest osiągana tylko wtedy, gdy cały system składający się z użyteczności, ceny i kosztów działalności jest odpowiednio ułożony. By innowacja wartości okazała się trwała, zarówno ludzie pracujący dla firmy, jak i z firmą, powinni ją wspierać. By innowacja wartości okazała się trwałą strategią, niezbędne jest odpowiednie ułożenie takich elementów, jak użyteczność, cena, koszt i ludzie w firmie. To właśnie takie całościowe podejście, traktujące te ele-

Rysunek 1-2. Innowacja wartości: kamień węgielny strategii błękitnego oceanu

Innowacja wartości jest tworzona w obszarze, w którym działania firmy korzystnie wpływają zarówno na strukturę kosztów, jak i na wartość oferowaną nabywcom. Oszczędności kosztowe są czynione przez eliminację i ograniczanie tych czynników, o które rozgrywa się konkurencja w branży. Wartość dla nabywcy jest podnoszona poprzez wywoływanie i tworzenie elementów, których branża wcześniej nie oferowała. Z upływem czasu następuje dalsza redukcja kosztów dzięki efektowi skali osiąganemu w miarę jak rośnie wolumen sprzedaży generowanej przez tę powiększoną wartość.

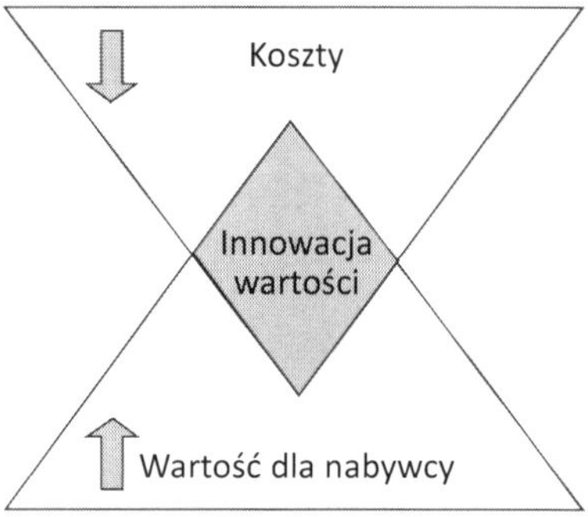

Równoczesne dążenie do wyjątkowości i niskich kosztów

menty jako jeden system, sprawia, że innowacja wartości ma raczej *strategiczny* niż *operacyjny* lub *funkcjonalny* charakter.

Natomiast takie innowacje, jak na przykład innowacyjna metoda produkcji, mogą zostać osiągnięte na poziomie podsystemu, bez zasadniczego wpływu na całościową strategię firmy. Innowacja w procesie produkcyjnym może na przykład poprawić strukturę kosztów firmy i tym samym wzmocnić jej istniejącą strategię lidera niskich kosztów, nie zmieniając oferowanej przez nią użyteczności. Tego rodzaju innowacje mogą wprawdzie pomóc w ugruntowaniu, a nawet w poprawieniu pozycji firmy w istniejącej przestrzeni rynkowej, jednak takie podejście podsystemowe rzadko prowadzi do stworzenia błękitnego oceanu nowej przestrzeni rynkowej.

W tym sensie innowacja wartości jest czymś zupełnie innym. Jest *strategią* obejmującą cały system działań firmy[23]. Innowacja wartości wymaga, by firmy przekierowały cały swój system na osiągnięcie *skoku* wartości zarówno dla nabywców, *jak i* dla nich samych. Jeśli zabraknie tego integralnego podejścia, innowacja pozostanie odległa od istoty strategii[24]. Rysunek 1-3 przedstawia kluczowe cechy określające strategie czerwonych i błękitnych oceanów.

Bazująca na konkurencji strategia czerwonego oceanu zakłada, że uwarunkowania strukturalne branży są z góry zadane i że firmy są zmuszone do walki w ramach tych ograniczeń. Takie poglądy określane są w środowisku akademickim mianem *strukturalizmu* lub *determinizmu środowiskowego*[25]. Natomiast innowacja wartości bazuje na poglądzie, że granice rynku i struktura branży nie są zadane z góry i mogą zostać przebudowane (zrekonstruowane) przez działania i przekonania aktorów tej branży. To pogląd *rekonstrukcjonistyczny*. W czerwonym oceanie wyjątkowość kosztuje, ponieważ firmy konkurują, stosując te same zasady dobrych praktyk. Tutaj strategiczne wybory, jakich muszą dokonywać firmy, to wybory między dążeniem do wyjątkowości i dążeniem do obniżki kosztów. W świecie rekonstrukcjonistycznym celem strategicznym jest jednak tworzenie nowych dobrych praktyk poprzez łamanie istniejących kompromisów między wartością i kosztem, a więc przez tworzenie błękitnego oceanu. (W celu zapoznania się z dalszą dyskusją na ten temat zob. dodatek B: „Innowacja wartości. Rekonstrukcjonistyczny pogląd na strategię").

---

[23] Dyskusja na temat, co jest, a co nie jest strategią, zob. Porter (1996). Twierdzi on, że pomimo iż strategia powinna obejmować cały system działań prowadzonych przez firmę, udoskonalenia operacyjne mogą pojawiać się na poziomie podsystemu.

[24] Ibidem. Tak więc innowacje pojawiające się na poziomie podsystemu nie mają charakteru strategicznego.

[25] Joe S. Bain jest prekursorem poglądu strukturalistycznego. Zob. Bain (1956, 1959).

Rysunek 1-3. Porównanie strategii czerwonego oceanu i błękitnego oceanu

Strategia czerwonego oceanu	**Strategia błękitnego oceanu**
Konkurowanie w istniejącej przestrzeni rynkowej	Kreowanie bezspornej przestrzeni rynkowej
Zwalczanie konkurencji	Konkurencja przestaje być istotna
Wykorzystanie istniejącego popytu	Tworzenie i przechwytywanie nowego popytu
Konieczność znajdowania kompromisu między wartością a kosztem	Przełamanie przymusu kompromisu między wartością a kosztem
Wyrównanie całego systemu działań firmy zgodnie z jej strategicznym wyborem między wyjątkowością a niskimi kosztami	Wyrównanie całego systemu działań firmy zgodnie z jej dążeniem do wyjątkowości i niskich kosztów

Cirque du Soleil złamał zasady dobrych praktyk branży cyrkowej, osiągając i wyjątkowość, i niskie koszty dzięki przebudowie różnych elementów, które rozdzielały granice branż. Czy zatem Cirque du Soleil, w którym wyeliminowano, ograniczono, wprowadzono i stworzono różne elementy, nadal jest prawdziwym cyrkiem? A może teatrem? A jeśli jest teatrem, to jakiego rodzaju – broadwayowskim, operą, baletem? Nie jest to jasne. Cirque du Soleil przebudował elementy zaczerpnięte z każdego z tych rodzajów sztuki i w efekcie końcowym jest równocześnie każdym z nich po trosze i żadnym z nich w całości. Stworzył błękitny ocean nowej, bezspornej przestrzeni rynkowej.

Formułowanie i wprowadzanie w życie strategii błękitnego oceanu

Mimo że warunki ekonomiczne wskazują na coraz silniejszą konieczność tworzenia błękitnych oceanów, panuje powszechne przekonanie, że szanse na sukces są niższe, gdy firmy próbują sięgać poza istniejącą przestrzeń branżową[26]. Tak naprawdę chodzi jednak o to, jak osiągnąć sukces w błękitnym oceanie. W jaki sposób firmy mogą systematycznie maksymalizować szanse, minimalizując równocześnie ryzyko związane z formułowaniem i wprowadzaniem w życie strategii błękitnego oceanu? Jeśli zabraknie nam zrozumienia zasad maksymalizacji szans i minimalizacji ryzyka związanego z tworzeniem i zajmowaniem błękitnych oceanów, zmaleją szanse na powodzenie naszej inicjatywy błękitnego oceanu.

Nie istnieje oczywiście coś takiego jak strategia zupełnie pozbawiona ryzyka[27]. Strategia zawsze będzie nosiła w sobie zarówno szanse, jak i ryzyko, niezależnie od tego, czy będzie dotyczyła inicjatyw odnoszących się do czerwonego, czy błękitnego oceanu. Obecnie jednak istnieje w tej dziedzinie ogromna nierównowaga z przewagą po stronie narzędzi i schematów analitycznych mających służyć osiąganiu sukcesów w czerwonych oceanach. Jak długo pozostanie to prawdą, czerwone oceany wciąż będą dominować w planach strategicznych firm, mimo że wydaje się, iż w dzisiejszych czasach tworzenie błękitnych oceanów jest biznesową koniecznością. Być może tak właśnie należy wyjaśniać to, że firmy, mimo że dostrzegają konieczność wyjścia poza istniejącą przestrzeń branżową, wciąż jeszcze wiele mają do zrobienia, by poważnie na nią zareagować.

Ta książka jest próbą odniesienia się do tej nierównowagi poprzez zaproponowanie metodologii wspierającej naszą tezę. Przedstawiamy tutaj zasady i schematy analityczne służące osiąganiu sukcesu w błękitnych oceanach.

---

[26] Wprawdzie w innym kontekście, ale podejmowanie nowej działalności było postrzegane jako przedsięwzięcie ryzykowne. Steven P. Schnaars (1994), zauważa na przykład, że pionierzy rynku zajmują niekorzystną pozycję w stosunku do naśladowców. Chris Zook (2004) twierdzi, że dywersyfikacja i podejmowanie przez firmę dzialalności innej niż główna jest ryzykowne i ma małe szanse na sukces.

[27] Inga S. Baird i Howard Thomas (1990) twierdzą na przykład, że każda decyzja strategiczna wiąże się z podejmowaniem ryzyka.

W rozdziale 2 wprowadzamy narzędzia i schematy analityczne kluczowe dla stworzenia i zajęcia błękitnych oceanów. Co prawda w innych rozdziałach wprowadzamy jeszcze w miarę potrzeby dodatkowe narzędzia, jednak te właśnie są wykorzystywane w całej książce. Firmy mogą same dokonywać zmian w swoich branżach lub w fundamentach rynku poprzez celowe stosowanie narzędzi i schematów błękitnych oceanów, które uwzględniają zarówno związane z tym szanse, jak i ryzyka. W następnych rozdziałach wprowadzamy zasady służące skutecznemu formułowaniu i wprowadzaniu w życie strategii błękitnego oceanu i wyjaśniamy, jak łącznie z analityką mogą być zastosowane w działaniu.

Istnieją cztery podstawowe zasady skutecznego formułowania strategii błękitnego oceanu. W rozdziałach od 3 do 6 po kolei je omawiamy. W rozdziale 3 identyfikujemy ścieżki, którymi podążając, możemy systematycznie tworzyć bezsporną przestrzeń rynkową w różnych domenach branżowych, neutralizując w ten sposób *ryzyko poszukiwań*. Uczymy, jak sprawić, by konkurencja stała się nieistotna, odnosząc się do sześciu konwencjonalnych granic konkurencji i pokazując, jak otworzyć sobie drogę do ważnych z komercyjnego punktu widzenia błękitnych oceanów. Na tych sześciu ścieżkach koncentrujemy się na poszukiwaniu alternatywnych branż, grup strategicznych, grup nabywców, oferty komplementarnych produktów i usług oraz funkcjonalnej i emocjonalnej orientacji branży, a nawet ram czasowych.

W rozdziale 4 pokazujemy, jak poradzić sobie z procesem planowania strategicznego w firmie, by wznieść się ponad drobne udoskonalenia i stworzyć innowację wartości. Prezentujemy alternatywę dla istniejącego procesu planowania strategicznego, który jest często krytykowany jako ćwiczenie polegające na przetwarzaniu liczb i przywiązujące firmy do drobnych udoskonaleń. Reguła ta pozwala zapanować nad *ryzykiem planowania*. Wykorzystując podejście oparte na wizualizacji, skłaniające nas do koncentrowania się raczej na szerszej wizji niż na wikłaniu się w liczby i żargon, rozdział ten proponuje czteroetapowy proces umożliwiający zbudowanie strategii prowadzącej do stworzenia i wykorzystania szans czekających w błękitnych oceanach.

Rozdział 5 pokazuje, jak maksymalizować rozmiar błękitnego oceanu. W rozdziale tym podważamy konwencjonalną praktykę polegającą na coraz bardziej szczegółowej segmentacji w celu lepszego zaspokojenia potrzeb istniejących klientów. To nie jest droga do stworzenia maksymalizacji rozmiarów rynku związanego z nowym popytem, gdyż praktyka ta często prowadzi do zawężania rynków docelowych. W rozdziale tym pokazujemy natomiast, jak – w przeciwieństwie do tych konwencjonalnych działań – agregować popyt nie poprzez koncentrowanie się na różnicach dzielących konsumentów, ale poprzez sięgnięcie do niezwykle ważnych wspólnych cech nieklientów i maksymalizowanie rozmiaru stworzonego przez nas błękitnego oceanu i wyzwolonego nowego popytu, a zatem minimalizowanie *ryzyka skali*.

Rozdział 6 przedstawia szkic strategii umożliwiającej nie tylko skok wartości dla całej masy nabywców, ale również zbudowanie realnego modelu biznesowego zapewniającego osiągnięcie i utrzymanie zyskownego wzrostu. Rozdział ten pokazuje też, jak zapewnić to, że firma stworzy model biznesowy czerpiący korzyści z kreowanego przez siebie błękitnego oceanu. W ten sposób odniesiemy się tu do *ryzyka modelu biznesowego*. W rozdziale tym przedstawiamy kolejność, w jakiej powinieneś budować strategię, by zapewnić sobie to, że tworząc nowe terytorium biznesowe, wygrasz zarówno ty sam, jak i twoi klienci. Taka strategia odpowiada następującej sekwencji: użyteczność, cena, koszt i adaptacja.

Rozdziały od 7 do 10 odnoszą się do zasad, dzięki którym możliwa jest skuteczna realizacja strategii błękitnego oceanu. W szczególności rozdział 7 wprowadza pojęcie *przywództwa w punkcie krytycznym*. Pokazuje ono menedżerom, jak mobilizować organizację do przezwyciężania głównych problemów organizacyjnych blokujących wdrożenie strategii błękitnego oceanu i odnosi się do *ryzyka organizacyjnego*. Rozdział ten pokazuje, jak przywódcy i menedżerowie mogą wspólnie przezwyciężać przeszkody poznawcze związane ze środkami i zasobami, motywacją i polityką w firmie, pomimo ograniczeń czasu i środków na realizację strategii błękitnego oceanu.

Rozdział 8 przedstawia argumenty za integracją realizacji i tworzenia strategii, co ma na celu motywowanie ludzi do działania. Dzięki temu możliwe jest też wdrożenie strategii błękitnego oceanu w sposób wpisujący się głęboko w całą organizację. W rozdziale tym zostaje wprowadzone pojęcie *rzetelnego procesu*. Ponieważ strategia błękitnego oceanu siłą rzeczy jest odejściem od status quo, w rozdziale tym pokażemy, jak rzetelny proces ułatwia zarówno tworzenie, jak i wdrażanie strategii przez mobilizację ludzi do dobrowolnego współdziałania niezbędnego do realizacji strategii błękitnego oceanu. Odnosi się to do *ryzyka zarządzania* związanego z zachowaniami i postawami ludzkimi. Mówiąc o ludziach, mamy tu na myśli zarówno interesantów wewnętrznych, jak i zewnętrznych, pracujących dla organizacji i z organizacją.

Rozdział 9, który w tym rozszerzonym wydaniu książki jest nowy, odnosi się do całościowego pojęcia wyrównania i kluczowej roli, jaką odgrywa ono w zachowaniu zrównoważenia i trwałości strategii. Przedstawiamy tutaj prosty, ale wyczerpujący schemat pełnego rozwinięcia i wyrównania trzech elementów strategicznych w organizacji: wartości, zysku i ludzi. Pokazujemy, jak zarządzać *ryzykiem zrównoważenia i trwałości*. Punktem wyjściowym tego rozdziału jest znaczenie wyrównania dla trwałości i równowagi każdej strategii, zarówno czerwonej, jak i błękitnej. Następnie pokazujemy, jak działa wyrównanie w kontekście strategii błękitnego oceanu, ilustrując to przykładami sukcesów i porażek.

W rozdziale 10 omawiamy kwestie odnawialności i dynamiczne aspekty strategii błękitnego oceanu zarówno na poziomie określonego rodzaju aktywności, jak i na poziomie korporacyjnym firmy prowadzącej działalność w różnych liniach biznesowych. Rozszerzamy tutaj dyskusję o tym, jak zarządzać w czasie pojedynczą działalnością, jak ją monitorować i jak robić to samo w odniesieniu do całego portfela korporacji, by nieustannie cieszyć się wybitnymi osiągnięciami. W ten sposób rozdział ten odnosi się do sprawy zarządzania *ryzykiem odnawialności*, tak aby strategia błękitnego oceanu stała się zinstytucjonalizowanym procesem, a nie jednorazowym zdarzeniem. W rozdziale tym pokazujemy w kontekście zarządzania w czasie całym portfelem korporacji, jak strategie czerwonego i błękitnego oceanu współistnieją i uzupełniają się wzajemnie.

Na rysunku 1-4 prezentujemy osiem zasad skutecznego formułowania i realizacji strategii błękitnego oceanu oraz ryzyka, których łagodzeniu te zasady służą.

Poszerzone wydanie tej książki kończymy nowym rozdziałem, w którym przybliżamy najczęściej spotykane pułapki czerwonego oceanu, sprawiające, że firmy tkwią w nim mocno zakotwiczone, nawet jeśli tak naprawdę zamierzają żeglować ku błękitnym wodom. Konkretnie podpowiadamy, jak uniknąć każdej z tych pułapek. Po-

Rysunek 1-4. Osiem zasad strategii błękitnego oceanu

Zasady związane z formułowaniem strategii	**Czynnik ryzyka neutralizowany przez każdą z tych zasad**
Przebudowa granic rynku	↓ Ryzyko poszukiwania
Koncentracja na szerszej wizji, a nie na liczbach	↓ Ryzyko planowania
Sięganie poza granice istniejącego popytu	↓ Ryzyko skali
Właściwa kolejność elementów strategicznych	↓ Ryzyko modelu biznesowego
Zasady dotyczące realizacji strategii	**Czynnik ryzyka neutralizowany przez każdą z tych zasad**
Przezwyciężanie głównych przeszkód organizacyjnych	↓ Ryzyko organizacyjne
Wbudowanie realizacji w strategię	↓ Ryzyko zarządzania
Wyrównanie wartości, zysków i ludzi	↓ Ryzyko równowagi i trwałości
Odnawianie błękitnych oceanów	↓ Ryzyko odnawialności

kazujemy i wyjaśniamy, jakie błędne przekonania kryją się za tymi pułapkami czerwonego oceanu, i podpowiadamy, jak zapewnić, by ludzie nie tylko otrzymali odpowiednie ramy do działania, ale również by potrafili właściwie wykorzystać narzędzia strategii błękitnego oceanu i osiągnąć sukces w praktyce.

Przejdźmy zatem do rozdziału 2, w którym przedstawiamy podstawowe narzędzia i schematy analityczne wykorzystywane później w całej tej książce do sformułowania i realizacji strategii błękitnego oceanu.

ROZDZIAŁ 2

Narzędzia i schematy analityczne

PRZEZ OSTATNIE DZIESIĘĆ LAT zajmowaliśmy się stworzeniem zestawu narzędzi i schematów analitycznych, dzięki którym sformułowanie i realizacja strategii błękitnego oceanu stałyby się tak samo wykonalne jak konkurowanie w czerwonych wodach znanej przestrzeni rynkowej. Analizy te wypełniają główną lukę w dziedzinie strategii, w której stworzono imponujący pakiet narzędzi i schematów służących konkurowaniu w czerwonych oceanach – takich jak na przykład pięć sił do analizy istniejących warunków branżowych czy trzy strategie ogólne – ale która milczy jednak w sprawach praktycznych narzędzi służących osiąganiu doskonałości w błękitnych oceanach. Zamiast tego menedżerowie wysłuchują zachęt do odwagi i przedsiębiorczości, do uczenia się na błędach i do poszukiwania rewolucjonistów. Prowokują one co prawda do myślenia, ale nie są w stanie zastąpić analiz umożliwiających skuteczną nawigację na wodach błękitnych oceanów. Wobec braku takich analiz trudno oczekiwać od menedżerów, by swoimi działaniami odpowiadali na wezwania do oderwania się od istniejącej konkurencji. Efektywna strategia błękitnego oceanu powinna odnosić się do minimalizacji ryzyka, a nie do podejmowania ryzyka.

Aby odnieść się do tej nierównowagi, przeanalizowaliśmy firmy z całego świata i stworzyliśmy praktyczną metodologię poszukiwania błękitnych oceanów. Następnie zastosowaliśmy i przetestowaliśmy te narzędzia i schematy w praktyce, współpracując z firmami w ich poszukiwaniach błękitnych oceanów, wzbogacając i doskonaląc nasze pomysły w trakcie tego procesu. Narzędzia i schematy tutaj prezentowane są wykorzystywane w całej tej książce, gdy omawiamy osiem zasad formułowania i realizacji strategii błękitnych oceanów. Tytułem krótkiego wstępu do tych narzędzi i schematów przyjrzyjmy się jednej branży – amerykańskiej branży winiarskiej – i zobaczmy, jak te narzędzia i schematy mogą zostać zastosowane w praktyce w tworzeniu błękitnych oceanów.

Oto jak wygląda sytuacja. Do roku 2000 Stany Zjednoczone zajmowały trzecie miejsce na świecie pod względem całkowitej konsumpcji wina, którego sprzedaż była szacowana na 20 miliardów dolarów. Mimo to branża była wysoce konkurencyjna. Na rynku krajowym dominowały wina kalifornijskie, stanowiące dwie trzecie całej sprzedaży wina w Stanach Zjednoczonych. Wina te konkurowały bezpośrednio z winami importowanymi z Francji, Włoch, Hiszpanii i krajów Nowego Świata, takich jak Chile, Australia i Argentyna, które coraz silniej nastawiały się na rynek amerykański. W tym samym czasie rosła podaż win ze stanów Oregon, Waszyngton i Nowy Jork, a w Kalifornii powstawały coraz to nowe winnice, w wyniku czego lawinowo rosła liczba gatunków win. Równocześnie jednak baza konsumentów w Stanach Zjednoczonych pozostawała w zasadzie niezmienna. Stany Zjednoczone wciąż tkwiły na trzydziestym pierwszym miejscu na świecie pod względem konsumpcji wina na głowę mieszkańca.

Intensywna konkurencja napędzała konsolidację branży. Osiem wiodących firm produkowało ponad 75% całego wina w Stanach Zjednoczonych, a około tysiąca sześciuset innych wytwórni win pozostałe 25%. Dominująca pozycja kilku czołowych graczy umożliwiała im wpływanie na dystrybutorów, uzyskiwanie miejsc na półkach i przeznaczanie milionów dolarów na reklamę konwencjonalną. Równocześnie zachodziła konsolidacja detalistów i dystrybutorów w Stanach Zjednoczonych, co podwyższało ich pozycję przetargową wobec mrowia producentów win. Toczono tytaniczne boje o przestrzeń w handlu detalicznym i dystrybucji. Trudno się zatem dziwić, że słabe, źle zarządzane firmy coraz częściej były eliminowane. Pojawiła się presja na obniżkę cen win.

Krótko mówiąc, amerykańska branża winiarska w roku 2000 była świadkiem ostrej konkurencji, nasilającej się presji cenowej, rosnącej pozycji przetargowej ze strony detalistów i właścicieli kanałów dystrybucji oraz płaskiego popytu, pomimo wprost przytłaczającego wyboru. Podążając konwencjonalnym tokiem myślenia strategicznego, można dojść do wniosku, że branżę tę trudno nazwać atrakcyjną. Dla strategów krytycznym pytaniem jest pytanie o to, jak wydostać się z tego czerwonego oceanu krwawej konkurencji i sprawić, że stanie się ona nieistotna. Jak otworzyć i przechwycić błękitny ocean bezspornej przestrzeni rynkowej?

W poszukiwaniu odpowiedzi na te pytania przejdźmy do *kanwy strategii*, głównego schematu analitycznego innowacji wartości i tworzenia błękitnych oceanów.

Kanwa strategii

Kanwa strategii to zarówno schemat diagnostyczny, jak i schemat działań zmierzających do zbudowania atrakcyjnej strategii błękitnego oceanu. Służy ona dwóm celom. Przede wszystkim pozwala uchwycić aktualną sytuację w znanej przestrzeni rynkowej. Dzięki temu można zrozumieć, w co obecnie inwestuje konkurencja, jakie są najważniejsze czynniki konkurencji w branży w zakresie produktów, usług i dostawy oraz co otrzymują klienci w ramach konkurencyjnej oferty na rynku. Na rysunku 2-1 przedstawiamy wszystkie te informacje w formie graficznej. Na osi poziomej umieściliśmy kolejno czynniki będące przedmiotem konkurencji i inwestowania w branży.

W przypadku amerykańskiego przemysłu winiarskiego przez długi czas było to siedem głównych czynników:

- cena butelki wina;
- ekskluzywne, wyrafinowane opakowanie, w tym również etykiety z informacjami o zdobytych medalach i wykorzystujące ezoteryczną, enologiczną terminologię dla podkreślenia artystycznych i naukowych aspektów produkcji wina;
- marketing konwencjonalny, mający na celu zwiększenie świadomości klientów na zatłoczonym rynku i zachęcenie dystrybutorów i detalistów do docenienia tej, a nie innej winnicy;
- jakość leżakowania wina;
- prestiż winnicy, z której pochodzi wino, i jej dziedzictwo (stąd biorą się określenia w rodzaju „estate" czy „château" i odniesienia do historii ich wprowadzenia);
- bogactwo i wyrafinowanie smaku wina, na przykład posmak taniny czy dębu;
- szeroki wybór win, obejmujący różne gatunki winogron i różne preferencje konsumentów, od Chardonnaya do Merlota itp.

Czynniki te są uważane za kluczowe w promocji wina jako napoju wyjątkowego, skierowanego do dobrze poinformowanego konsumenta i przeznaczonego na szczególne okazje.

Tak ogólnie wygląda struktura amerykańskiej branży winiarskiej z perspektywy rynku. Przejdźmy teraz do osi pionowej kanwy strategii, która prezentuje poziom oferty kierowanej do nabywców z punktu widzenia każdego z tych kluczowych czynników konkurencyjności. Wysoka nota oznacza, że firma oferuje nabywcy więcej, a zatem również więcej inwestuje w dany czynnik konkurencyjności. W przypadku ceny wyższa nota oznacza wyższą cenę. Następnie możemy nanieść na wykres punkty odpowiadające ofercie poszczególnych producentów win w odniesieniu do każdego z tych czynników. Pozwoli nam to zrozumieć strategiczny profil takiego producenta lub jego krzywą wartości. *Krzywa wartości*, podstawowy element kanwy strategii, to graficzne przedstawienie relatywnych osiągnięć firmy pod względem każdego z branżowych czynników konkurencyjności.

Rysunek 2-1 pokazuje, że chociaż w roku 2000 w amerykańskiej branży winiarskiej działało ponad tysiąc sześćset firm, to z punktu widzenia nabywcy można zaobserwować ogromną zbieżność ich krzywych wartości. Pomimo niezliczonej liczby konkurentów możemy jednak zauważyć, że jeśli narysujemy kanwę strategii producentów win z wyższej półki, pokaże ona, że z punktu widzenia rynku

Rysunek 2-1. Kanwy strategii amerykańskiego przemysłu winiarskiego w końcu lat dziewięćdziesiątych

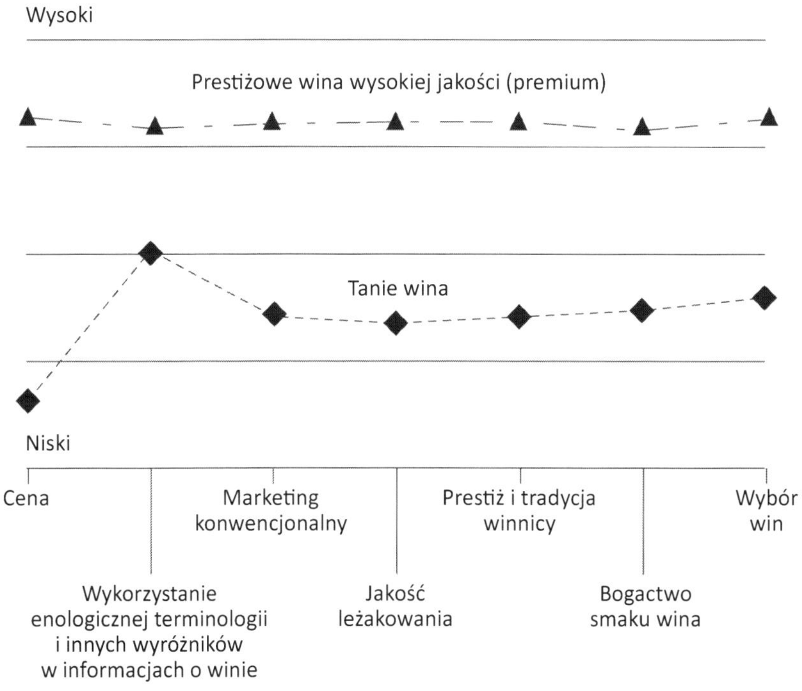

wszyscy oni mieli w zasadzie taki sam profil strategiczny. Oferowali za wysoką cenę wysoki poziom oferty mierzony wszystkimi kluczowymi czynnikami konkurencyjności. Ich profil strategiczny odpowiadał klasycznej strategii różnicowania. Z punktu widzenia rynku wszyscy oni byli jednak zróżnicowani w ten sam sposób. Z drugiej strony tanie wina również mają identyczny profil strategiczny. Ich cena jest niska i podobny jest poziom oferty ze względu na każdy z czynników konkurencyjności. Są klasycznymi graczami niskokosztowymi. Co więcej, kształt krzywej wartości dla win luksusowych i tanich jest w zasadzie taki sam. Strategie tych dwóch grup strategicznych zmierzają dokładnie w tym samym kierunku, a ich oferta różni się jedynie poziomem.

W takich warunkach branżowych, aby wyznaczyć dla firmy drogę silnego wzrostu powiązanego z zyskownością, nie wystarczy oprzeć się na wskaźnikach porównawczych konkurentów i próbować ich prześcignąć, oferując nieco więcej za nieco mniej. Taka strategia może być bodźcem pobudzającym większą sprzedaż, ale raczej nie pomoże firmie w otwarciu dla siebie bezspornej przestrzeni rynkowej. Drogą do błękitnego oceanu nie jest też prowadzenie szerokich badań wśród klientów. Nasze badania pokazały, że klienci nawet nie za bardzo potrafią sobie wyobrazić, jak można by stworzyć bezsporną przestrzeń rynkową. Ich pomysły również mają tendencję do koncentrowania się na znajomym już oczekiwaniu „dajcie mi więcej za mniej". A to, czego na ogół konsumenci chcą więcej, to cechy produktów i usług aktualnie oferowane już przez branżę.

Fundamentalna zmiana kanwy strategii branży wymaga, byś w pierwszej kolejności przeorientował własną strategię z *konkurentów* na *alternatywy* i z *klientów* na *nieklientów* branży[1]. Chcąc zyskać zarówno na wartości, jak i na kosztach, powinniśmy oprzeć

---

[1] Alternatywy to pojęcie szersze od substytutów. Na przykład restauracja jest alternatywą dla kina. Konkuruje o potencjalnych nabywców, którzy chcą miło spędzić wieczór, mimo że nie jest ani bezpośrednim konkurentem kina, ani substytutem z punktu widzenia oferty funkcjonalnej. Są trzy warstwy nieklientów,

się starej logice porównywania z konkurencją w istniejącym obszarze i dokonywania wyboru pomiędzy różnicowaniem i pozycją lidera w dziedzinie kosztów. Gdy skoncentrujemy naszą strategię nie tyle na aktualnej konkurencji, co na alternatywach i nieklientach, będziemy mogli szukać pomysłów, jak przedefiniować problem, na którym skupia się branża, a tym samym przebudować elementy wartości nabywcy przenikające przez granice branż. Natomiast konwencjonalna logika strategiczna nakazuje nam oferowanie lepszych niż rywale rozwiązań istniejących problemów, definiowanych przez branżę.

W przypadku amerykańskiego przemysłu winiarskiego konwencjonalna mądrość nakazywała producentom win skupianie się na wyższej podaży prestiżu i jakości wina, stosownie do jego ceny. Wyższa podaż oznacza tu większe bogactwo smaku oferowanego wina, stosownie do znanych wśród winiarzy profili smaków, których postrzeganie było wzmacniane przez system ocen podczas pokazów win. Producenci win, jurorzy na pokazach i znający się na rzeczy konsumenci zgodnie twierdzą, że bogactwo smaku, złożoność i cechy odzwierciedlające wyjątkowość gleby, pogody oraz umiejętności przeprowadzenia procesu taninowania, dodawania aromatu dębu, dojrzewania – to właśnie jakość.

Analizując alternatywy, firma Casella Wines, australijski producent win, przedefiniowała problem branży winiarskiej. Teraz chodziło o to, jak przyrządzić dobre nietradycyjne wino, które mógłby polubić każdy. Dlaczego tak właśnie? Przyglądając się po stronie popytowej alternatywom w postaci piwa, wódki oraz gotowych koktajli, których sprzedaż w Stanach Zjednoczonych była trzykrotnie większa niż ówczesna sprzedaż wina, firma doszła do wniosku, że przeciętny dorosły Amerykanin odczuwał niechęć do wina jako napoju onieśmielającego i pretensjonalnego, a złożoność smaku wina

---

którym powinna przyjrzeć się firma. Szersze omówienie zagadnień alternatyw i nieklientów, zob. odpowiednio rozdział 3 i rozdział 5 tej książki.

była dla przeciętnego konsumenta problemem i wyzwaniem, mimo że to właśnie w dziedzinie doskonalenia smaku toczyła się walka w branży. Z tym spostrzeżeniem firma Casella Wines była gotowa do podjęcia prób innego ujęcia profilu strategicznego amerykańskiej branży winiarskiej i stworzenia błękitnego oceanu. By to osiągnąć, sięgnęła po drugie podstawowe narzędzie analityczne błękitnego oceanu: schemat czterech działań.

Schemat czterech działań

W celu przebudowy elementów wartości dla nabywcy i stworzenia nowej krzywej wartości opracowaliśmy *schemat czterech działań*. Jak pokazano na rysunku 2-2, istnieją cztery kluczowe pytania kwestionujące strategiczną logikę i model biznesowy branży i przełamujące konieczność znajdowania kompromisu między zróżnicowaniem i niskim kosztem:

- Który z czynników uważanych w branży za pewnik można *wyeliminować*?
- Które z czynników można *zredukować znacznie* poniżej standardów branży?
- Które z czynników należy *wzmocnić znacznie* powyżej standardów branży?
- Jakie czynniki nigdy dotychczas nieoferowane przez branżę należy *stworzyć*?

Pierwsze pytanie zmusza nas do rozważenia możliwości wyeliminowania czynników, w których firmy z naszej branży od długiego czasu konkurują. Często czynniki takie są przyjmowane za pewnik, chociaż straciły już na wartości, a nawet powodują jej uszczuplenie. Czasami następuje fundamentalna zmiana tego, co cenią nabywcy, ale firmy skoncentrowane na wzajemnym porównywaniu się nie podejmują w związku z tą zmianą żadnych działań albo nawet w ogóle jej nie zauważają.

Rysunek 2-2. Schemat czterech działań

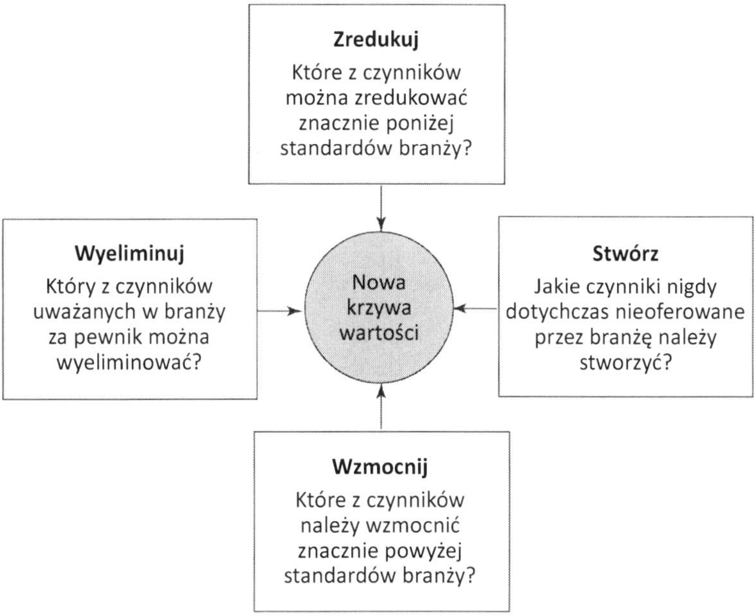

Drugie pytanie skłania nas do oceny, czy w pogoni za spełnieniem najwyższych oczekiwań i pokonaniem konkurencji produkty lub usługi nie stały się zbyt wyrafinowane. W tym wypadku firmy często przesadnie wychodzą naprzeciw oczekiwaniom klienta, zwiększając swoje koszty i nie odnosząc przy tym żadnych korzyści.

Trzecie pytanie zachęca nas do wyszukania i wyeliminowania kompromisów, które nasza branża wymusza na klientach. Czwarte pytanie pomaga w odkryciu zupełnie nowych źródeł wartości dla nabywców i wykreowaniu nowego popytu oraz zmiany polityki cenowej w branży.

Poszukując odpowiedzi na dwa pierwsze pytania (o eliminację i redukcję), można znaleźć odpowiedź na pytanie, jak korzystnie w stosunku do konkurencji zmienić własną strukturę kosztów. Nasze badania wykazały, że menedżerowie rzadko podejmują systematyczne działania zmierzające do wyeliminowania lub ograniczenia inwestycji w odniesieniu do czynników, o które toczy się konkurencja w branży. Prowadzi to do spiętrzania struktury kosztów i komplikowania modelu biznesowego. W przeciwieństwie do tego dwa pozostałe pytania kierują nasze przemyślenia na to, jak zwiększyć wartość dla nabywcy i jak stworzyć nowy popyt. Łącznie odpowiedzi na te pytania otwierają nam drogę do systematycznego poszukiwania możliwości przebudowy elementów wartości dla nabywcy z różnych branż w celu zaoferowania im zupełnie nowych doświadczeń przy równoczesnym utrzymaniu struktury kosztów na niskim poziomie. Szczególnie ważne są działania polegające na eliminowaniu i tworzeniu, które pozwalają firmom wznieść się ponad próby maksymalizacji wartości w ramach istniejących czynników konkurencyjności. Eliminacja i tworzenie skłaniają firmy do zmieniania tych czynników, co sprawia, że istniejące reguły konkurencji stają się nieistotne.

Sprzęgając schemat czterech działań z kanwą strategii branży, zyskamy nowe spojrzenie na stare i znane prawdy. W przypadku amerykańskiej branży winiarskiej dzięki myśleniu w kategoriach tych czterech działań wbrew aktualnej logice branży oraz poszukiwaniu alternatyw i koncentracji na nieklientach, Casella Wines stworzyła [yellow tail], wino, którego profil strategiczny pozwolił jej oderwać się od konkurencji i stworzyć błękitny ocean. Zamiast oferować wino jako wino, Casella stworzyła popularny napój alkoholowy dostępny dla każdego: dla amatorów piwa, dla amatorów koktajli i dla tradycyjnych miłośników wina. W ciągu zaledwie dwóch lat przyjemny, lekki napój alkoholowy [yellow tail] okazał się najszybciej rosnącą marką w historii zarówno australijskiego, jak i amerykańskiego przemysłu winiarskiego i wiodącym winem importowanym do Stanów Zjednoczonych, znacznie wyprzedzającym wina z Francji czy Włoch. Do sierpnia 2003 roku stało się ono czerwonym winem numer jeden, sprzedawanym w Stanach Zjednoczonych w butelkach 750 ml, i znacznie wyprzedziło kalifornijskie marki win. Do połowy roku 2003 średnia krocząca rocznej sprzedaży [yellow tail] osiągnęła 4,5 miliona skrzynek. Sprzedaż [yellow tail] rosła bardzo szybko, dotrzymując kroku globalnemu zalewowi wina. Dziś, dziesięć lat później, wino [yellow tail] jest dostępne w ponad pięćdziesięciu krajach i na całym świecie codziennie jest wypijanych ponad 2,5 miliona jego kieliszków. W ciągu dekady marka [yellow tail] stała się jedną z pięciu najpotężniejszych marek wina na świecie[2].

Co więcej, podczas gdy wielkie firmy winiarskie budowały swoją markę przez dziesięciolecia inwestowania w marketing, [yellow tail] przeskoczył swoją wielką konkurencję bez żadnej kampanii promocyjnej, bez udziału mediów i bez reklamy kierowanej do klientów w pierwszych latach wchodzenia na rynek. Nie było to jednak takie zwyczajne zagarnięcie sprzedaży konkurentów – to było stworzenie, powiększenie rynku. [yellow tail] przyciągnął na rynek konsumentów niegustujących dotychczas w winie – amatorów piwa i gotowych koktajli. Co więcej, początkujący konsumenci win stołowych zaczęli częściej spożywać wino, konsumenci taniego wina poczuli się w pewnym sensie awansowani, a amatorzy droższych win spuścili z tonu, by stać się konsumentami [yellow tail].

Rysunek 2-3 pokazuje, jak bardzo zastosowanie tych czterech działań doprowadziło do zdystansowania konkurencji w amerykańskiej branży winiarskiej. Możemy tutaj graficznie porównać strategię błękitnego oceanu [yellow tail] z ponad tysiącem sześciuset konkurującymi równocześnie producentami win w Stanach Zjednoczonych. Jak pokazano na rysunku 2-3, krzywa wartości [yellow tail] znacznie odbiega od pozostałych. Casella Wines wykonała wszystkie cztery działania – eliminację, redukcję, wzmocnienie i stworzenie – zmierzające do otwarcia bezspornej przestrzeni rynkowej,

---

[2] W raporcie „The Power 100 – The World's Most Powerful Spirits & Wine Brands" [yellow tail] znalazł się na liście pięciu najsilniejszych globalnych marek winiarskich w latach 2008–2013. Więcej, zob. na *http://www.drinkspowerbrands.com/*. W tym samym raporcie [yellow tail] nieustannie zajmuje w tych latach pozycję najsilniejszej australijskiej marki w branży wina i napojów alkoholowych.

która w ciągu zaledwie dwóch lat zmieniła oblicze amerykańskiej branży winiarskiej.

Śledząc alternatywy, jakimi było piwo i gotowe koktajle, oraz myśląc w kategoriach nieklientów, Casella Wines stworzyła trzy nowe czynniki w amerykańskim przemyśle winiarskim – wina, które przyjemnie się pije, łatwe w wyborze, dające przyjemność i nowe wrażenia – eliminując lub redukując wszystkie pozostałe. Casella Wines zauważyła, że przeciętny Amerykanin odrzucał wino ze względu na zbyt skomplikowany smak, który trudno było docenić. Na przykład piwo i gotowe koktajle były znacznie słodsze i przyjemniejsze w piciu. Tak więc [yellow tail] stanowił zupełnie nową kombinację cech wina, cech dających nieskomplikowaną strukturę, która

Rysunek 2-3. Kanwa strategii [yellow tail]

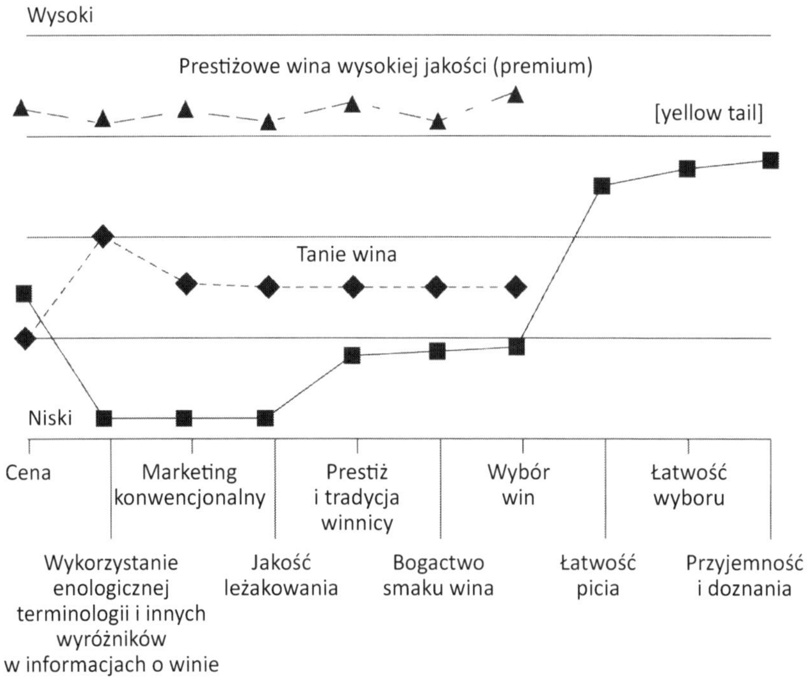

natychmiast przypadła do gustu całej masie konsumentów napojów alkoholowych. Wino miało łagodny smak i było tak samo przystępne jak gotowe koktajle czy piwo, miało atrakcyjny pierwszy zapach i wyraźny owocowy aromat. Słodki, owocowy smak wina był orzeźwiający dla podniebienia, sprawiał, że konsumenci chętnie sięgali po następną szklankę wina, wcale się nad tym nie zastanawiając. Tak powstało łatwe do picia wino, niewymagające wieloletniego wysiłku, by w końcu ktoś je docenił.

Oferując prosty słodko-owocowy smak w [yellow tail] równocześnie znacząco zredukowano lub wręcz wyeliminowano wszystkie czynniki, ze względu na które przez długie lata toczyła się konkurencja w branży – tanina, dąb, bogactwo smaku i leżakowanie – przy produkcji win zarówno tych z wyższych półek, jak i tych tańszych. Wraz z wyeliminowaniem potrzeby leżakowania obniżyło się w Casella Wines zapotrzebowanie na kapitał obrotowy – produkcja wina szybciej się zwracała. Branża winiarska krytykowała słodki owocowy smak [yellow tail], twierdząc, że obniża on znacząco jakość wina i działa na szkodę wartości czynnika jakości winogron oraz historycznej sztuki produkcji wina. Te zarzuty mogły być nawet słuszne, ale wszelkiego rodzaju klienci po prostu uwielbiali to wino.

Amerykańskie firmy zajmujące się detalicznym handlem winem oferowały nabywcom całe alejki różnorodnych win, ale dla zwykłego, przeciętnego konsumenta ten wybór był przytłaczający i onieśmielający. Butelki wyglądały tak samo, etykiety były skomplikowane i zawierały enologiczną terminologię zrozumiałą tylko dla koneserów lub hobbystów, a wybór był tak szeroki, że sprzedawcy w sklepach mieli taki sam problem ze zrozumieniem i poleceniem właściwego wina zdezorientowanym potencjalnym nabywcom.

Co więcej, rzędy różnorodnych win męczyły i zniechęcały klientów, sprawiając, że wybór był trudnym procesem, w którym przeciętny nabywca odchodził z poczuciem niepewności co do trafności wyboru.

[yellow tail] zmienił to wszystko, dając łatwość wyboru. Dramatycznie zredukował szerokość oferty win, na początek tworząc tylko dwa: Chardonnay – najpopularniejsze w Stanach Zjednoczonych białe wino – oraz czerwone Shiraz. Usunięto z butelek cały techniczny żargon i w zamian stworzono przykuwającą uwagę, prostą i nietradycyjną etykietę z kangurem w jaskrawych, żywych kolorach – pomarańczowym i żółtym na czarnym tle. Pudełka [yellow tail] były w takich samych żywych kolorach, a nazwa [yellow tail] była wydrukowana z obu stron dużą, wyraźną czcionką. Pudełka odgrywały dwojaką rolę – miały przyciągać wzrok i umożliwiać prezentację w przyjazny, nieonieśmielający sposób.

[yellow tail] okazał się strzałem w dziesiątkę dzięki łatwości wyboru. Gdy wprowadzano wino na rynek, pracownicy sklepów stali się jego ambasadorami. Do pracy zostali oni ubrani w typowe australijskie stroje, nosili buszmeńskie kapelusze i błyszczące wdzianka. Ta markowa odzież inspirowała ich, podobnie jak wino, wobec którego nie czuli się już onieśmieleni, dlatego chętnie polecali [yellow tail] swoim klientom. Krótko mówiąc, zachęcanie do zakupu [yellow tail] było dla nich przyjemnością.

Prostota oferty składającej się na początku jedynie z dwóch win – białego i czerwonego – przyczyniła się do uproszczenia modelu biznesowego Casella Wines. Minimalizacja zapasów przełożyła się na maksymalizację obrotów i minimalizację inwestycji w składy hurtowe. Takie ograniczenie różnorodności odnosiło się również do butelek pakowanych do skrzynek. [yellow tail] złamał branżowe zwyczaje. Casella Wines była pierwszą firmą rozlewającą i czerwone, i białe wino do butelek o takim samym kształcie. Praktyka ta spowodowała dalsze uproszczenie produkcji i zakupów, a w konsekwencji dalsze niezwykłe uproszczenie sposobu prezentacji wina.

Światowa branża winiarska szczyciła się promowaniem wina jako napoju wyrafinowanego, mającego długą historię i tradycję. Znajdowało to odzwierciedlenie w docelowym rynku w Stanach Zjednoczonych; wino było adresowane do ludzi wykształconych, o wysokim statusie zawodowym i materialnym. Stąd nieustająca koncentracja na jakości i prestiżu winnicy, historycznej tradycji posiadłości (zwanej „château" lub „estate") oraz na zdobytych medalach. Strategie wzrostu głównych graczy amerykańskiej branży winiarskiej były ukierunkowane na najbardziej prestiżowe segmenty rynku, a w reklamę, mającą na celu kreowanie i umacnianie wizerunku marki, inwestowano dziesiątki milionów dolarów. Jednak przyglądając się konsumentom piwa i gotowych koktajli, producent [yellow tail] odkrył, że ten elitarny wizerunek nie oddziaływał na szeroką, przeciętną publiczność, dla której był on po prostu onieśmielający. [yellow tail] złamał zatem tę tradycję i stworzył osobowość wpisującą się w amerykańską kulturę: śmiały, swobodny, przyjemny i odważny. Przystępność była mantrą: „Esencja wielkiego kraju... Australii". Nie był to tradycyjny wizerunek wytwórni win. Użycie małych liter w nazwie [yellow tail], połączone z żywymi kolorami i motywem kangura brzmiało Australią, wywoływało uśmiech. Na butelce nie było jednak żadnego odniesienia do winnicy. Można było odnieść wrażenie, że wino wyskoczy ze szklanki niczym australijski kangur.

Dzięki temu wszystkiemu [yellow tail] przypadł do gustu szerokiej rzeszy konsumentów napojów alkoholowych. Oferując taki skok wartości, producent [yellow tail] mógł podwyższyć cenę swojego wina, kształtując ją na poziomie wyższym niż w segmencie tanich win. Butelkę wyceniono na 6,99 dolara, czyli ponad dwa razy więcej niż najtańsze wino. Od lipca 2001 roku, kiedy to wino po raz pierwszy trafiło na półki sklepowe, sprzedaż wciąż rośnie. Dziś, ponad dziesięć lat później, jego cena w Stanach Zjednoczonych wynosi 7,49 dolara.

Diagram eliminuj-redukuj-wzmocnij-stwórz

Oto trzecie kluczowe narzędzie w tworzeniu błękitnych oceanów. Stanowi uzupełnienie schematu analitycznego czterech działań i nazywane jest *diagramem eliminuj-redukuj-wzmocnij-stwórz* (zob. rysunek 2-4). Użycie takiego diagramu skłania firmy nie tylko do postawienia sobie czterech pytań o cztery działania, ale również do *podjęcia* tych czterech działań w celu stworzenia nowej krzywej wartości. Skłaniając firmy do wypełnienia tabeli działaniami związanymi z eliminacją i redukcją, jak również ze wzmocnieniem i stworzeniem, diagram zapewnia im cztery natychmiastowe korzyści:

- Zmusza je do równoczesnego zabiegania zarówno o różnicowanie, jak i o niskie koszty w celu przełamania rywalizacji wartości i kosztów.
- Pozwala natychmiast zidentyfikować firmy skoncentrowane wyłącznie na wzmacnianiu i tworzeniu, a więc windujące swoją strukturę kosztów i często oferujące przesadnie wyrafinowane produkty i usługi – co jest powszechnym kłopotem wielu firm.
- Menedżerom wszystkich szczebli łatwo jest go zrozumieć, dzięki czemu są oni w stanie mocno zaangażować się w jego zastosowanie.
- Wypełnienie diagramu jest nie lada wyzwaniem, dlatego zmusza on firmy do energicznego zajęcia się analizą każdego

Rysunek 2-4. Diagram eliminuj-redukuj-wzmocnij-stwórz: przypadek [yellow tail]

Eliminuj Enologiczna terminologia i wyróżniki Marketing konwencjonalny Jakość leżakowania	**Wzmocnij** Cena porównywalna z tanimi winami
Redukuj Prestiż i tradycja winnicy Złożoność wina Wybór win	**Stwórz** Przyjemność picia Łatwość wyboru, również przy wsparciu ze strony sklepów detalicznych Zabawa i przygoda

z czynników konkurencyjności branży i odkrywaniem całej gamy założeń, które nieświadomie przyjmują, podejmując konkurencję.

Rysunek 2-5, przedstawiający diagram eliminuj-redukuj-wzmocnij-stwórz dla Cirque du Soleil, to następny rzut oka na zastosowanie tego narzędzia w praktyce, pokazujący, do jakich możemy dojść wniosków. Warto zwrócić uwagę na szeroki zakres czynników, ze względu na które przez długi czas konkurowano w branży i które – jak się okazało – mogły zostać wyeliminowane lub zredukowane. W przypadku Cirque du Soleil wyeliminowano kilka czynników tradycyjnych cyrków, takich jak tresura zwierząt, występy gwiazd czy kilka równoczesnych pokazów na arenie. Te czynniki przez długi czas były w tradycyjnej branży cyrkowej przyjmowane za pewnik i przez długi czas nigdy nie kwestionowano ich istotności. Jednak coraz częściej tresura zwierząt nie była mile widziana przez publiczność. Co więcej, występy zwierząt były jednymi z najkosztowniejszych

Rysunek 2-5. Diagram eliminuj-redukuj-wzmocnij-stwórz: przypadek Cirque du Soleil

Eliminuj Występy gwiazd Pokazy ze zwierzętami Towarzysząca sprzedaż butikowa Kilka równoczesnych pokazów	**Wzmocnij** Cena Wyjątkowość miejsca
Redukuj Zabawa i humor Napięcie i niebezpieczeństwo	**Stwórz** Motyw przewodni Przyjazne otoczenie Szerszy repertuar Artystyczna muzyka i taniec

elementów; w grę wchodziły nie tylko koszty samych zwierząt, ale również ich tresury, opieki weterynaryjnej, zapewnienia im schronienia, ubezpieczenia i transportu. Podobnie było z koncentrowaniem się branży cyrkowej na znanych gwiazdach, podczas gdy w odczuciu publiczności tak zwane gwiazdy cyrkowe były banalne w porównaniu z gwiazdami filmowymi czy sławnymi piosenkarzami. I znów był to bardzo istotny element kosztów, nieprzekładający się w istotny sposób na odczucia widzów. Poszły też w odstawkę areny z kilkoma równoczesnymi pokazami. Nie tylko drażniły widzów, którzy musieli szybko przenosić wzrok z jednego ringu na drugi, ale również wymagały większej liczby aktorów, co w sposób oczywisty przekładało się na koszty.

Trzy cechy dobrej strategii

[yellow tail], podobnie jak Cirque du Soleil, stworzył jedyną w swoim rodzaju, wyjątkową krzywą wartości, by otworzyć błękitny ocean. Jak pokazano w kanwie strategii, krzywa wartości [yellow tail] miała *punkt skupienia*; firma w swoich staraniach nie rozpraszała się na wszystkie kluczowe czynniki konkurencyjności. Kształt krzywej wartości [yellow tail] *odbiega* od krzywej innych graczy, co jest skutkiem tego, że firma nie starała się porównywać z konkurentami, lecz raczej przyglądała się alternatywom. *Puenta* profilu strategicznego [yellow tail] jest jasna: przyjemne i proste wino, którym można się cieszyć na co dzień.

Tak więc efektywna strategia błękitnego oceanu, na przykład taka, jaką wybrał [yellow tail], wyrażona krzywą wartości, ma trzy wzajemnie uzupełniające się cechy: punkt skupienia, rozbieżność i chwytliwe hasło reklamowe, czyli puentę. Bez tych cech strategia firmy najprawdopodobniej byłaby mętna, niewyróżniająca się i trudna do pogodzenia ze zbyt wygórowaną strukturą kosztów. Cztery działania zmierzające do stworzenia nowej krzywej wartości powinny zatem być ukierunkowane na zbudowanie profilu strategicznego firmy mającego te cechy. Te trzy cechy posłużą nam za wstępne kryterium oceny komercyjnej wykonalności naszych pomysłów na błękitny ocean.

Profil strategiczny Southwest Airlines pokazuje, w jaki sposób te trzy cechy stały się dla firmy podstawą efektywnej strategii odkrycia innowacji wartości dla linii lotniczej obsługującej krótkie trasy (zob. rysunek 2-6). Southwest Airlines stworzyły błękitny ocean, eliminując konieczność wyboru, jakiego musiał dokonywać klient – wyboru między szybkością samolotu a ekonomicznością i elastycznością transportu samochodowego. Southwest Airlines osiągnęły to, oferując szybki transport z częstymi i elastycznymi godzinami odlotów po cenach atrakcyjnych dla masowego nabywcy. Eliminując lub redukując niektóre czynniki konkurencyjności i wzmacniając inne, charakterystyczne dla tradycyjnej branży połączeń lotniczych,

Rysunek 2-6. Kanwa strategii Southwest Airlines

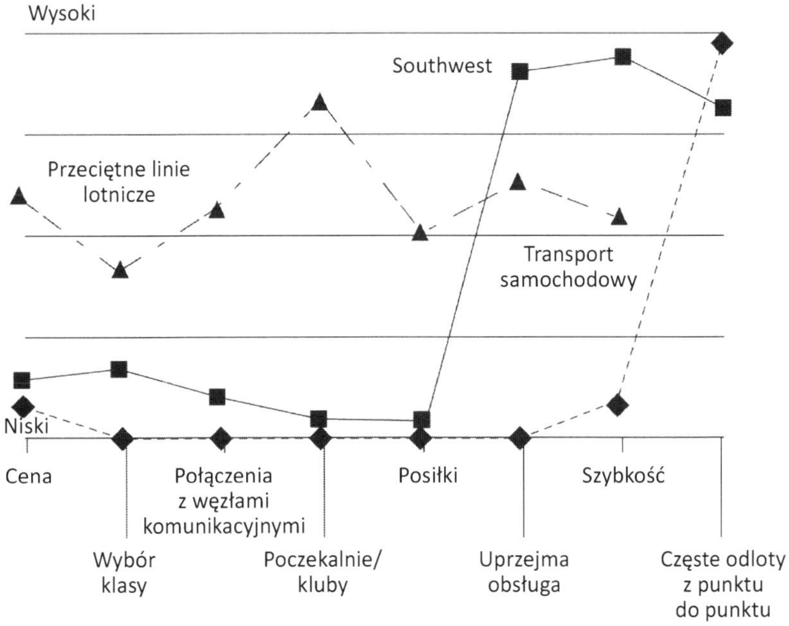

oraz kreując nowe czynniki, zaczerpnięte z alternatywnej branży transportu samochodowego, Southwest Airlines były w stanie zaoferować bezprecedensową użyteczność podróżowania samolotem, osiągając skok wartości przy niskokosztowym modelu biznesowym.

Krzywa wartości Southwest Airlines istotnie różni się od krzywej wartości kanwy strategii ich konkurentów. Profil strategiczny Southwest Airlines jest typowym przykładem atrakcyjnej strategii błękitnego oceanu.

Punkt skupienia

Każda wybitna strategia ma punkt skupienia, a profil strategiczny firmy lub jej krzywa wartości powinny jasno ten punkt wskazywać. Patrząc na profil strategiczny Southwest, natychmiast zauważymy, że firma kładzie duży nacisk tylko na trzy czynniki: uprzejmą obsługę, szybkość i częstotliwość odlotów z jednego punktu do drugiego. Taki wybór umożliwił liniom Southwest zaoferowanie cen porównywalnych z transportem samochodowym; firma nie musi dodatkowo inwestować w posiłki, własne kluby-poczekalnie czy wybór miejsc i klasy. W przeciwieństwie do Southwest ich konkurenci inwestują we wszystkie czynniki konkurencyjności branży, co znacznie utrudnia im konkurowanie cenami z Southwest Airlines. Inwestując we wszystko, firmy te pozwalają konkurentom wpływać na ich własne plany. Wynikiem tego jest kosztowny model biznesowy.

Rozbieżność

Jeśli strategia jest tworzona reaktywnie w miarę jak firma próbuje dotrzymać kroku konkurentom, to traci swoją wyjątkowość. Zwróćmy uwagę na podobieństwo posiłków i klubów-poczekalni w klasie biznes w większości linii lotniczych. Na kanwie strategii firmy przyjmujące strategie reaktywne mają zazwyczaj podobny profil strategiczny. W przypadku Southwest krzywe wartości ich konkurentów na kanwie strategii są niemal identyczne; można je wszystkie zsumować i zaprezentować za pomocą jednej krzywej.

W przeciwieństwie do takich krzywych krzywe wartości firm przyjmujących strategie błękitnego oceanu zawsze od nich odbiegają. Stosując cztery działania polegające na eliminacji, redukcji, wzmacnianiu i tworzeniu, firmy wyróżniają swoje profile wśród przeciętnych profili branży. Na przykład Southwest jest pionierem w bezpośrednich połączeniach między średniej wielkości miastami; wcześniej branża działała na zasadzie systemów sieci gwiaździstej (hub-and-spoke).

Atrakcyjna puenta

Dobra strategia ma jasno wypowiedzianą i atrakcyjną puentę. „Szybkość samolotu za cenę samochodu – zawsze, gdy tylko potrzebujesz". Taka jest lub przynajmniej mogłaby być puenta Southwest Airlines. Co mogą na to powiedzieć ich konkurenci? Nawet najlepsza agencja reklamowa miałaby problemy z włożeniem w chwytliwe hasło ograniczenia konwencjonalnej oferty posiłków, wyboru miejsc, klubów-poczekalni i połączeń z węzłami komunikacyjnymi wraz ze standardową obsługą, mniejszą szybkością i wyższymi cenami. Dobra puenta musi nie tylko nieść w sobie jasne przesłanie, ale również rzetelnie reklamować ofertę. W przeciwnym wypadku firma straci zaufanie i zainteresowanie klientów. Dobrym sposobem sprawdzenia, jak efektywna i mocna jest nasza strategia, jest pytanie o mocną i autentyczną puentę.

Jak pokazano na rysunku 2-7, profil strategiczny Cirque du Soleil również spełnia te trzy kryteria definiujące strategie błękitnego oceanu: punkt skupienia, rozbieżność i atrakcyjna puenta. Kanwa strategii Cirque du Soleil umożliwia nam graficzne porównanie jego profilu strategicznego z profilem strategicznym konkurentów. Kanwa wyraźnie pokazuje, w czym Cirque du Soleil odszedł od konwencjonalnej logiki cyrku. Na rysunku widać, że krzywa wartości

Ringling Bros. and Barnum & Bailey ma taki sam kształt jak podobna krzywa dla mniejszych cyrków regionalnych. Główna różnica polega na tym, że cyrki regionalne w każdym z czynników konkurencyjności oferują nieco mniej ze względu na swoje ograniczone zasoby.

W przeciwieństwie do nich krzywa wartości Cirque du Soleil znacznie odbiega od krzywych wartości pozostałych cyrków. Zawiera nowe, niecyrkowe czynniki, takie jak motyw przewodni, zróżnicowany repertuar, bardziej przyjazne warunki na widowni oraz artystyczna muzyka i taniec. Te czynniki, byty zupełnie nowe w branży cyrkowej, zostały zaczerpnięte z alternatywnej żywej rozrywki, jaką jest teatr. W ten sposób kanwa strategii pozwala na wyraźne

Rysunek 2-7. Kanwa strategii Cirque du Soleil

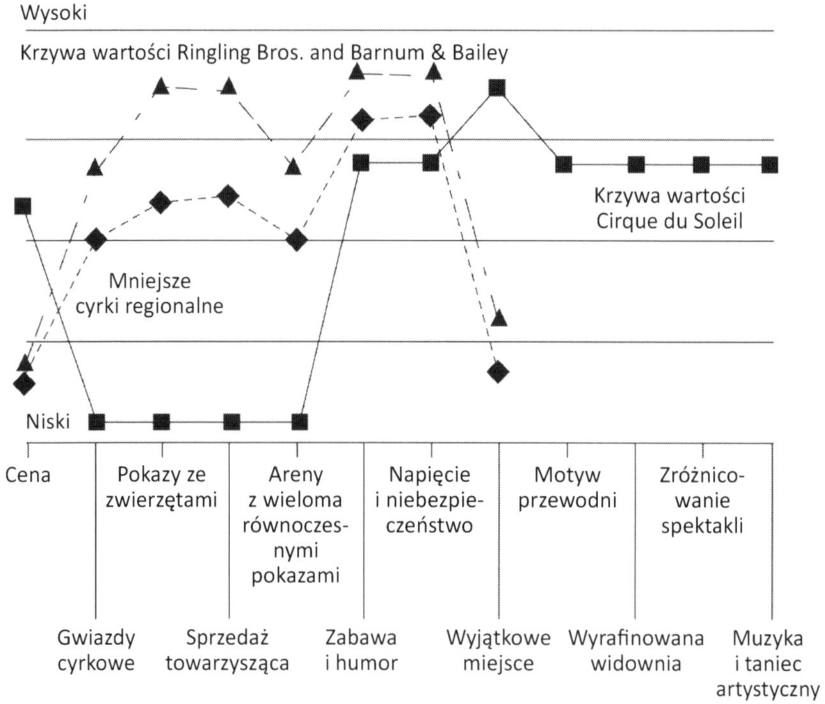

odróżnienie tradycyjnych czynników konkurencji w branży oraz nowych czynników, prowadzących do stworzenia nowej przestrzeni rynkowej i zmiany kanwy strategii branży.

[yellow tail], Cirque du Soleil i Southwest Airlines stworzyły błękitne oceany w różnych sytuacjach biznesowych i branżowych. Jednak ich profile strategiczne miały trzy wspólne cechy: punkt skupienia, rozbieżność i atrakcyjną puentę. Te trzy kryteria są drogowskazami dla firm prowadzących proces przebudowy i przełomu w wartości dla nabywców i dla siebie samych.

Jak czytać krzywe wartości

Kanwa strategii umożliwia firmom spojrzenie w przyszłość już dziś. Firmy, które chcą to osiągnąć, muszą zrozumieć, jak czytać krzywe wartości. Krzywa wartości branży zawiera w sobie całe bogactwo wiedzy strategicznej na temat obecnego i przyszłego stanu przedsiębiorstwa.

Strategia błękitnego oceanu

Pierwsze pytanie, na które odpowiada krzywa wartości, to pytanie o to, czy firma zasługuje na zwycięstwo. Jeśli krzywa wartości firmy lub jej konkurentów ma trzy cechy definiujące dobrą strategię błękitnego oceanu – punkt skupienia, rozbieżność i atrakcyjną puentę – firma jest na właściwej drodze. Te trzy elementy stanowią wstępne kryteria oceny komercyjnej realności naszych pomysłów na błękitny ocean.

Z drugiej jednak strony, gdy krzywej wartości firmy brakuje punktu skupienia, jej struktura kosztów będzie miała tendencje zwyżkowe, a model biznesowy będzie skomplikowany we wdrożeniu i realizacji. Gdy brakuje jej rozbieżności, strategia firmy polega na równaniu do innych, bez niczego, co mogłoby ją wyróżnić na rynku. Gdy brakuje jej atrakcyjnej, przemawiającej do nabywców puenty, najprawdopodobniej w swoich działania opiera się tylko na przesłankach wewnętrznych lub jest klasycznym przykładem innowacji dla innowacji bez wielkiego potencjału komercyjnego i bez naturalnej zdolności wybicia się.

Firma uwięziona w czerwonym oceanie

Gdy krzywa wartości firmy jest zbieżna z krzywymi konkurentów, jest to sygnał, że prawdopodobnie uwięzła w czerwonym oceanie krwawej konkurencji. Jej ukryta lub jawna strategia zmierza do wyeliminowania konkurentów ze względu na koszty lub jakość. To spowalnia wzrost, o ile przez szczęśliwy przypadek firma nie korzysta przy tym z zalet działania w rosnącej branży. Taki wzrost nie wynika jednak z jej strategii, lecz ze zwykłego szczęścia.

Nadmierna podaż nieprzynosząca korzyści

Gdy krzywa wartości firmy na kanwie strategii wskazuje na zamiar osiągania wysokiego poziomu oferty mierzonego wszystkimi tymi czynnikami, rodzi się pytanie: Czy jej udział w rynku i zyskowność odzwierciedlają te inwestycje? Jeśli nie, kanwa strategii sygnalizuje nadpodaż w sensie oferowania klientom zbyt dużo w każdym z elementów, co jednak dla nabywcy jest jedynie niewielką dodatkową wartością. Firma, chcąc tworzyć innowację wartości, musi zdecydować, które z tych czynników wyeliminować lub zredukować – a tylko pozostałe wzmacniać i tworzyć – by jej krzywa wartości wyróżniała się.

Strategiczna sprzeczność

Czy mamy do czynienia ze strategicznymi sprzecznościami? Te sprzeczności to obszary, w których oferta firmy prezentuje wysoki poziom ze względu na jeden z czynników, przy równoczesnym ignorowaniu innych, które normalnie powinny być dla niego wsparciem. Przykładem może być intensywne inwestowanie w łatwość obsługi firmowej strony internetowej bez usunięcia przyczyn jej wolnego działania. Strategiczne niespójności można też znaleźć, porównując poziom oferty z poziomem cen. Może się na przykład okazać, że stacja benzynowa oferuje „mniej za więcej": mniej usług niż konkurent przy wyższych cenach tych usług. Trudno się dziwić, że ktoś taki szybko straci udział w rynku.

Firma opierająca się na przesłankach wewnętrznych

W jaki sposób firma nazywa czynniki konkurencyjności branż, tworząc swoją kanwę strategii? Czy na przykład używa słowa *megaherc* zamiast *szybkość*, albo *temperatura wody termalnej* zamiast *gorąca woda*? Czy czynniki konkurencyjności są wyrażane językiem nabywcy, pozwalającym mu zrozumieć i docenić wartość oferty, czy też operacyjnym żargonem? Rodzaj języka użytego w kanwie strategii pozwala stwierdzić, czy wizja strategiczna firmy została zbudowana z perspektywy „z zewnątrz do wewnątrz" na podstawie popytu czy z perspektywy „z wewnątrz na zewnątrz" na podstawie założeń operacyjnych. Analiza języka kanwy strategii pomoże firmie zrozumieć, jak jest daleka od kreowania popytu w branży.

Narzędzia i schematy tu wprowadzone stanowią podstawę analiz wykorzystywanych w całej tej książce. Dodatkowe narzędzia wprowadzimy w następnych rozdziałach, w miarę pojawiających się potrzeb. Stanowią one punkty wspólne z tymi technikami analitycznymi i ośmioma regułami formułowania i wprowadzania w życie strategii błękitnego oceanu, które umożliwiają firmom oderwanie się od konkurencji i otwarcie bezspornej przestrzeni rynkowej.

Teraz przejdziemy do pierwszej reguły przebudowy granic rynku. W następnym rozdziale omówimy ścieżki maksymalizacji szans i minimalizacji ryzyka, prowadzące do stworzenia błękitnego oceanu.

CZĘŚĆ II

Formułowanie strategii błękitnego oceanu

ROZDZIAŁ 3

Przebudowa granic rynku

PIERWSZĄ ZASADĄ STRATEGII błękitnego oceanu jest przebudowa granic rynku, pozwalająca oderwać się od konkurencji i stworzyć błękitne oceany. Ta zasada odnosi się do ryzyka poszukiwania, z którym zmaga się wiele firm. Wyzwaniem jest znalezienie, niczym igły w stogu siana, istniejących możliwości, które stwarzają szansę na komercyjnie atrakcyjne błękitne oceany. Jest to sprawą kluczową, gdyż menedżerowie nie mogą sobie pozwolić na uprawianie hazardu, na intuicyjną budowę strategii albo przypadkowe błądzenie.

Prowadząc nasze badania, staraliśmy się sprawdzić, czy istnieją systematyczne prawidłowości w przebudowywaniu granic rynku w celu tworzenia błękitnych oceanów. Gdyby się okazało, że tak, to chcieliśmy wiedzieć, czy prawidłowości te stosują się do wszystkich sektorów gospodarki – od dóbr konsumpcyjnych poprzez produkty przemysłowe, finanse, usługi, telekomunikację i techniki informatyczne aż po farmaceutyki i usługi B2B – czy też ograniczają się tylko do pewnych branż.

Znaleźliśmy wyraźne prawidłowości dotyczące tworzenia błękitnych oceanów. W szczególności znaleźliśmy sześć podstawowych podejść do przekształcania granic rynku. Nazywamy je *schematem sześciu ścieżek*. Ścieżki te są generalnie słuszne w odniesieniu do wszystkich sektorów przemysłu i prowadzą firmy do korytarzy wiodących ku komercyjnie realnym pomysłom na błękitne oceany. Żadna z tych ścieżek nie wymaga jakiejś szczególnej wizji czy zdolności przewidywania przyszłości. Wszystkie bazują na spojrzeniu na znajome dane z nowej perspektywy.

Każda z tych sześciu ścieżek stanowi podważenie sześciu fundamentalnych założeń, leżących u podstaw strategii wielu firm. Te sześć założeń, na których większość firm na ślepo buduje swoje strategie, sprawia, że firmy te wpadają w pułapki konkurowania w czerwonych oceanach. Konkretnie polega to na tym, że firmy wykazują tendencje do działania według następujących schematów:

- Podobnie jak inni definiują swoją branżę i koncentrują się na tym, by być w niej najlepszym.
- Patrzą na swoją branżę przez pryzmat ogólnie akceptowanych grup strategicznych (jak na przykład samochody luksusowe, samochody ekonomiczne czy samochody rodzinne) i usiłują wybić się w tej grupie strategicznej, w której się znalazły.
- Koncentrują się na tej samej grupie nabywców: czy to zaopatrzeniowców (na przykład w branży wyposażenia biur), czy użytkowników (na przykład w branży odzieżowej), czy wpływowych środowisk opiniotwórczych (na przykład w branży farmaceutycznej).
- Podobnie jak inni określają gamę produktów i usług oferowanych przez swoją branżę.
- Akceptują funkcjonalną lub emocjonalną orientację swojej branży.
- Formułując strategię, skupiają się na tym samym punkcie czasowym i często również na aktualnych zagrożeniach ze strony konkurentów.

Im mocniej firmy przyjmują tę konwencjonalną mądrość, tym większa jest między nimi zbieżność w podejściu do konkurowania.

Chcąc wyrwać się z czerwonego oceanu, firmy muszą przełamać te powszechnie akceptowane granice, które określają sposób ich konkurowania ze sobą. Nie można zamykać swojego pola widzenia wewnątrz tych granic – by tworzyć błękitne oceany, menedżerowie muszą systematycznie sięgać wzrokiem poza nie. Powinni przyglądać się branżom alternatywnym, różnym grupom strategicznym, różnym grupom nabywców, ofertom produktów i usług komplementarnych oraz temu, co jest poza funkcjonalno-emocjonalną orientacją ich branży, a nawet wybiegać myślami w czasie. Dopiero to daje firmom właściwy pogląd na możliwości przebudowy realiów rynkowych w celu otwarcia błękitnych oceanów. Przyjrzyjmy się, jak działa tych sześć ścieżek.

Ścieżka 1. Przyglądaj się alternatywnym branżom

W szerszym sensie firma konkuruje nie tylko z innymi firmami we własnej branży, ale również z firmami z innych branż, oferującymi alternatywne produkty lub usługi. Alternatywa to pojęcie szersze niż substytut. Produkty lub usługi przyjmujące różne formy, ale oferujące to samo pod względem funkcjonalności lub użyteczności, są często dla siebie *substytutami*. Z kolei *alternatywy* obejmują produkty lub usługi różne pod względem funkcjonalności i formy, ale służące tym samym celom.

Na przykład w celu zarządzania osobistymi finansami ludzie mogą zainstalować sobie w komputerze odpowiednie oprogramowanie, zatrudnić profesjonalnego doradcę finansowego lub użyć kartki i ołówka. Dzisiaj dostępne są również aplikacje na różne urządzenia elektroniczne, które też mogą w tym pomóc. Oprogramowanie, profesjonalny doradca finansowy, ołówek czy aplikacja są w zasadzie substytutami. Są to różne formy, ale służą wykonywaniu tej samej funkcji: pomagają ludziom zarządzać swoimi sprawami finansowymi.

Produkty lub usługi mogą przyjmować też różne formy i spełniać różne funkcje, ale służyć temu samemu celowi. Rozważmy przykład kina i restauracji. Restauracje mają niewiele cech fizycznych wspólnych z kinem i służą innym funkcjom: umożliwiają czerpanie przyjemności z konwersacji i jedzenia. Zupełnie innych wrażeń dostarcza rozrywka wizualna oferowana przez kino. Pomimo różnicy w formie i funkcjonalności ludzie chodzą do restauracji w tym samym celu, w jakim chodzą do kina: by miło spędzić wieczór. Nie są to substytuty, ale możliwości, pomiędzy którymi można wybierać.

Podejmując każdą decyzję o zakupie, nabywcy oceniają alternatywne możliwości, czyniąc to niezauważalnie, a często nawet nieświadomie. Chcesz miło spędzić dwie godziny? Co powinieneś zrobić? Pójść do kina, na masaż, czy może poczytać ulubioną książkę w pobliskiej kawiarni? Proces myślowy jest dla każdego intuicyjny, niezależnie od tego, czy mówimy o indywidualnym konsumencie, czy o kliencie instytucjonalnym.

Z pewnych powodów, stając się sprzedawcami, często odchodzimy od tego intuicyjnego myślenia. Sprzedawcy rzadko świadomie myślą o tym, jakich wyborów dokonują ich klienci i na jakie kompromisy się godzą, wybierając w ofercie różnych branż. Zmiana ceny, modelu, a nawet nowa kampania reklamowa mogą wywołać silny odzew ze strony rywali w branży, ale takie same działania w branżach alternatywnych na ogół pozostają niezauważone. Czasopisma branżowe, wystawy i raporty z ocen konsumentów jeszcze bardziej umacniają mury dzielące branże. Często jednak przestrzeń dzieląca alternatywne branże stwarza szanse na innowację wartości.

Rozważmy przykład firmy NetJets, która stworzyła błękitny ocean w dziedzinie współwłasności prywatnych odrzutowców. W ciągu niespełna dwudziestu lat od powstania NetJets swoją skalą przerósł wiele linii lotniczych, mając ponad pięćset samolotów, obsługując ponad dwieście pięćdziesiąt tysięcy lotów do ponad stu czterdziestu krajów. Dziś liczby te są jeszcze większe, a flota firmy liczy ponad siedemset maszyn latających do ponad stu siedemdziesięciu krajów.

Zakupiona w 1998 roku przez Berkshire Hathaway firma NetJets, warta miliardy dolarów, jest firmą posiadającą największą prywatną flotę na świecie. Sukces firmy NetJets przypisywano jej elastyczności, skróceniu czasu przelotu, możliwości bezproblemowego podróżowania, wysokiej niezawodności i strategicznej ofercie cenowej. Rzeczywistość jest jednak taka, że NetJets dokonała przebudowy granic rynku, stwarzając swój błękitny ocean na bazie alternatywnych branż.

Najbardziej lukratywną grupą klientów branży lotniczej jest klient korporacyjny. NetJets przyjrzała się istniejącym możliwościom i odkryła, że w przypadku lotniczych podróży służbowych klienci mają do wyboru zasadniczo dwie możliwości. Pierwsza to podróżowanie klasą biznes lub pierwszą klasą w liniach komercyjnych. Druga to zakup samolotu na własne potrzeby związane z podróżami służbowymi. Strategiczne pytanie brzmi: Dlaczego firmy muszą wybierać między tymi dwiema branżami? Skupiając się na kluczowych czynnikach skłaniających firmy do wyborów między branżami oraz eliminując lub redukując wszystkie pozostałe czynniki, NetJets stworzyła swoją strategię błękitnego oceanu.

Rozważmy taki przykład: Dlaczego firmy do podróży służbowych wolą wybierać linie komercyjne? Na pewno nie ze względu na długi czas odprawy i czasochłonność procedur bezpieczeństwa, gorączkowe przesiadki, noclegi w trasie i zatłoczone lotniska. Powód takiego wyboru jest raczej tylko jeden: koszty. Loty komercyjne pozwalają uniknąć wysokich wydatków ponoszonych z góry, kosztów stałych inwestycji polegającej na zakupie odrzutowca kosztującego wiele milionów dolarów. Co roku firma kupuje tylko określoną liczbę biletów lotniczych, stosownie do swoich rzeczywistych potrzeb, obniżając w ten sposób koszty zmienne i eliminując koszty związane z niewykorzystanym czasem gotowości maszyny, co często ma miejsce w przypadkach, gdy jest ona własnością firmy.

Rozumując w ten sposób, firma NetJets zaoferowała swoim klientom sprzedaż udziału we własności odrzutowca. W Stanach Zjednoczonych udział taki może wynosić już jedną szesnastą, z którą wiąże się prawo do wykorzystania w każdym roku pięćdziesięciu godzin lotu. Zaczynając od 400 000 dolarów (plus koszty pilota, serwisu i inne miesięczne koszty utrzymania), współwłaściciele mogą nabyć udział we własności samolotu wartego 7 milionów dolarów[1]. Klienci zyskują wygodę podróżowania taką jak w przypadku prywatnego odrzutowca po cenie porównywalnej z komercyjnymi cenami biletów lotniczych w klasie pierwszej lub biznes. Porównując podróż pierwszą klasą z podróżą prywatnym samolotem, stowarzyszenie branżowe National Business Aviation Association obliczyło, że jeśli weźmiemy pod uwagę wszystkie koszty bezpośrednie i pośrednie – hoteli, posiłków, czasu podróży – koszt przelotu pierwszą klasą okaże się wyższy[2]. NetJets unika ponoszenia kosztów stałych, które linie komercyjne starają się skompensować, zapełniając pasażerami coraz to większe samoloty. NetJets posiada mniejsze maszyny, korzysta z mniejszych, regionalnych portów lotniczych i zatrudnia mniejszą załogę, co pozwala utrzymać koszty na niższym poziomie.

Aby zrozumieć do końca formułę NetJets, zastanówmy się nad drugą stroną: dlaczego ludzie wybierają prywatne samoloty zamiast podróży komercyjnymi liniami? Na pewno nie po to, by wydać miliony dolarów na zakup samolotu. Ani nie po to, by stworzyć u siebie specjalny dział odpowiedzialny za planowanie i organizację podróży lotniczych i inne sprawy administracyjne. Na pewno też nie po to, by ponosić koszty przelotu samolotu bez pasażerów z miejsca jego postoju do miejsca, w którym jest on potrzebny (ang. *deadhead costs*). Korporacje i zamożne osoby kupują prywatne samoloty raczej po to, by wyraźnie skrócić całkowity czas podróży, ograniczyć niewygody wynikające z korzystania z zatoczonych

---

[1] Dostępne online na *http://www.fractionalnews.com/comparisons/fractional-program-comparison.html.*

[2] J. Balmer (2001).

lotnisk, umożliwić bezpośredni lot do celu podróży i zapewnić sobie możliwość bardziej produktywnej i energicznej pracy, dzięki temu, że szybciej mogą zająć się swoimi sprawami. W ten sposób NetJets zbudowała swoją pozycję w oparciu o swoje wyjątkowe silne strony. Podczas gdy 70% lotów komercyjnych dociera tylko do trzydziestu portów lotniczych w Stanach Zjednoczonych, NetJets oferuje dostęp do ponad dwóch tysięcy portów lotniczych w Stanach Zjednoczonych i pięciu i pół tysiąca portów lotniczych na całym świecie, dogodnie położonych w pobliżu centrów biznesowych i w popularnych miastach. W przypadku lotów międzynarodowych prosto z samolotu można się udać do punktu odprawy celnej.

Dzięki bezpośrednim połączeniom i rosnącej lawinowo liczbie portów, w których samoloty mogły lądować, zostały wyeliminowane przesiadki, więc podróże, które przedtem wymagały zatrzymania się na noc, teraz mogły zamknąć się w jednym dniu. Czas od opuszczenia samochodu do startu samolotu liczył się już w minutach, nie w godzinach. Na przykład podróż z Waszyngtonu do Sacramento komercyjnymi liniami trwała dziesięć i pół godziny, podczas gdy samolot NetJets potrzebował tylko pięciu godzin z niecałym kwadransem; z Palm Springs do Cabo San Lucas podróż liniami komercyjnymi to sześć godzin, a NetJets dwie godziny i sześć minut. NetJets umożliwia zatem znaczne oszczędności w kosztach, wynikające ze skrócenia całkowitego czasu podróży.

Najatrakcyjniejsze jest chyba jednak to, że samolot jest zawsze dostępny – wystarczy poinformować o zamiarze skorzystania z niego z czterogodzinnym wyprzedzeniem. Jeśli akurat jest zajęty, NetJets wyczarteruje zastępczy. I na tym nie koniec. NetJets w bardzo znaczący sposób ogranicza problemy związane z zapewnieniem bezpieczeństwa oraz oferuje swoim klientom przystosowaną do ich potrzeb obsługę lotu, a wybrane posiłki i napoje są gotowe do spożycia zaraz po wejściu na pokład.

Oferując to, co najlepsze w lotach komercyjnych i w lotach samolotami prywatnymi, a eliminując lub redukując wszystko inne, firma NetJets otworzyła wart wiele miliardów dolarów błękitny ocean, w którym klienci zyskują wygodę i szybkość prywatnego samolotu przy niskich kosztach stałych i zmiennych w porównaniu z podróżą liniami komercyjnymi w klasie pierwszej lub biznes (zob. rysunek 3-1). A konkurencja? Teraz, niemal trzydzieści lat później, udział firmy NetJets w błękitnym oceanie, który stworzyła, wciąż pozostaje imponujący – jest pięciokrotnie wyższy od udziału następnego w kolejności konkurenta[3].

Największy sukces telekomunikacyjny w Japonii, jaki miał miejsce od lat osiemdziesiątych, również zawdzięcza swoje istnienie „ścieżce 1". Mówimy tu o wprowadzonej w roku 1999 usłudze i-mode oferowanej przez firmę NTT DoCoMo. Usługa i-mode zmieniła sposób komunikowania się ludzi i dostępu do informacji w Japonii. Pomysł firmy NTT DoCoMo na stworzenie błękitnego oceanu wziął się z przemyśleń nad tym, dlaczego trzeba wybierać między telefonem komórkowym a internetem. Przy znacznej deregulacji japońskiej telekomunikacji na rynek ten wchodziły coraz to nowe firmy, więc konkurencja cenowa i technologiczna była niejako normą. W konsekwencji rosły koszty, podczas gdy przychody w przeliczeniu na użytkownika malały. NTT DoCoMo przełamała ten czerwony ocean krwawej konkurencji, tworząc błękitny ocean bezprzewodowej transmisji, co zmieniło obraz branży telefonii mobilnej i internetu.

Firma NTT DoCoMo zadała pytanie: Jakie są szczególne cechy decydujące o wyższości telefonów komórkowych nad internetem i vice versa? Internet oferował co prawda niewyczerpane morze informacji i usług, jednak największym przebojem okazały się takie aplikacje jak poczta elektroniczna, proste serwisy informacyjne (na przykład wiadomości, prognoza pogody czy książki telefoniczne) i rozrywka (w tym gry, wydarzenia i muzyka). Główną wadą internetu była znacznie wyższa cena sprzętu komputerowego niezbęd-

[3] Berkshire Hathaway Inc., 2010 Annual Report.

Rysunek 3-1. Kanwa strategii NetJets

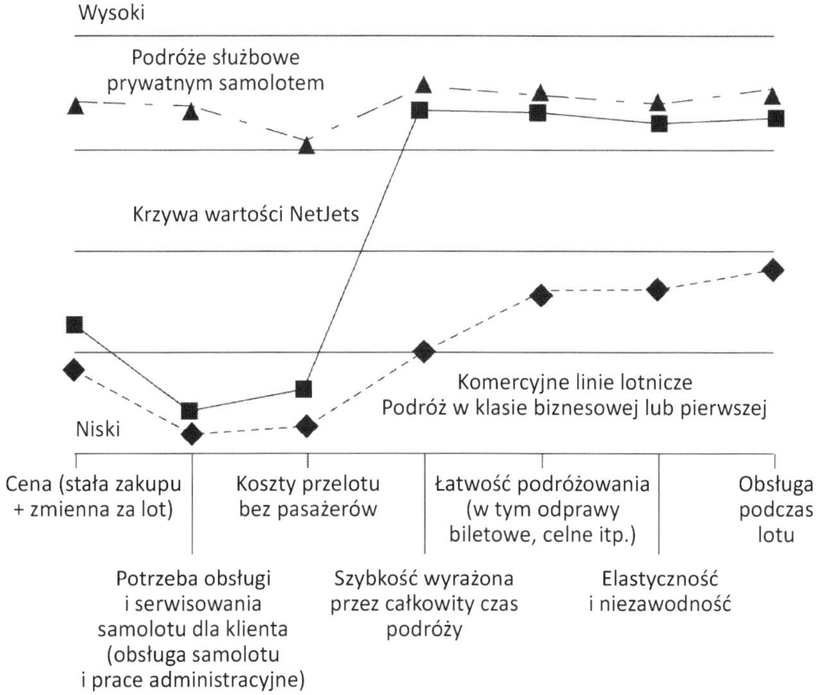

nego wówczas do połączenia się z internetem, przeładowanie informacjami, niedogodność wynikająca z konieczności logowania się do sieci oraz obawa przed udostępnianiem w internecie informacji o kartach kredytowych. Z drugiej jednak strony wyjątkowymi zaletami telefonów komórkowych były: ich mobilność, możliwość transmisji głosu i łatwość użytkowania.

NTT DoCoMo udało się wyeliminować potrzebę wybierania między tymi dwiema alternatywnymi możliwościami nie przez stworzenie nowej technologii, lecz przez skupienie się na tym, co decydowało o przewadze internetu nad telefonem komórkowym i vice versa. Firma wyeliminowała lub zredukowała wszystkie inne czynniki. Przyjazna platforma użytkownika ma jeden prosty przycisk, zwany przyciskiem i-mode (*i* jest pierwszą literą słów interaktywny, internet, informacja oraz w języku angielskim zaimkiem osobowym „I", czyli „ja"), który użytkownik naciska, by uzyskać bezpośredni dostęp do najpopularniejszych aplikacji internetowych. Jednak zamiast przytłaczać nas zalewem informacji, tak jak jest to w internecie, przycisk i-mode działa jak portier w hotelu i łączy nas tylko z wcześniej wybranymi i zaakceptowanymi stronami internetowymi, umożliwiając skorzystanie z najpopularniejszych aplikacji. To sprawia, że nawigacja jest szybka i łatwa. Równocześnie, mimo że telefon wyposażony w i-mode kosztuje o 25% więcej niż zwykły telefon komórkowy, jego cena i tak jest zdecydowanie niższa niż cena komputera osobistego lub laptopa, a w tamtych czasach to komputer osobisty lub laptop był głównym urządzeniem umożliwiającym dostęp do internetu. Telefon zapewnia też znacznie większą mobilność.

Co więcej, oprócz możliwości transmisji głosu i-mode wykorzystuje prostą usługę billingową, polegającą na wliczaniu wszystkich usług sieciowych, z których korzystał posiadacz telefonu z i-mode, do jednego miesięcznego rachunku. To znacznie obniża liczbę rachunków otrzymywanych przez użytkownika i eliminuje potrzebę podawania danych o kartach kredytowych w internecie. A ponieważ usługa i-mode zostaje włączona automatycznie w chwili włączenia telefonu, użytkownicy są zawsze „w sieci" i nie muszą trudzić się „logowaniem".

Ani standardowy telefon komórkowy, ani komputer osobisty nie mogą konkurować z i-mode, mającym zupełnie inną krzywą wartości. Do końca roku 2009, dziesięć lat po wprowadzeniu tej usługi, liczba abonentów i-mode osiągnęła niemal 50 milionów, a przychody z transmisji danych, obrazów i tekstu wzrosły z 295 milionów jenów (2,6 miliona dolarów) w roku 1999 do 1,589 miliarda jenów (17 miliardów dolarów). Usługa i-mode pozwoliła nie tylko w prosty sposób odebrać klientów konkurencji. Spowodowała też imponujący wzrost rynku, rynku ludzi młodych i starszych, którzy z użytkowników wyłącznie transmisji głosu stali się użytkownikami transmisji głosu i danych. I-mode był pierwszym na świecie smartfonem, który przyjął się w jakimś kraju na masową skalę. Dopiero w roku 2007 pojawił się iPhone, rzucając i-mode poważne wyzwanie i przez wprowadzenie aplikacji stwarzając nowy, jeszcze większy błękitny ocean (zob. ścieżka 4).

Wiele słynnych historii sukcesu wzięło się z obserwacji alternatywnych możliwości w celu stworzenia nowych rynków. Firma The Home Depot oferuje najwyższy profesjonalizm w dziedzinie wyposażenia gospodarstw domowych po cenach znacznie niższych od oferowanych w zwykłych sklepach ze sprzętem gospodarstwa domowego. Oferując zdecydowane korzyści obu alternatywnych branż, a eliminując lub redukując wszystko inne, firma The Home Depot przekształciła olbrzymi ukryty popyt na usprawnienia w gospodarstwie domowym w rzeczywisty popyt, dzięki czemu zwykli domownicy stali się mistrzami „zrób to sam". Dziś Home Depot jest największą na świecie siecią sklepów oferujących sprzęt dla gospodarstw domowych. Southwest Airlines skupiły się na alternatywie dla przelotów samolotem, jaką są podróże samochodem, i zaoferowały szybkość podróży lotniczych w cenie podróży samochodem, tworząc w ten sposób błękitny ocean w podróżowaniu na niewielkie (w kategoriach globalnych) dystanse. Podobnie firma Intuit spojrzała na ołówek jako główną alternatywę dla oprogramowania finansowego, tworząc zabawny i intuicyjny program Quicken. Dziś, ponad trzydzieści lat później, Quicken wciąż pozostaje numerem jeden na liście programów do finansów osobistych, choć firma Intuit prowadzi badania nad stworzeniem nowych błękitnych oceanów w dziedzinie internetowych serwisów online i aplikacji finansowych.

Jakie są branże alternatywne do naszej branży? Dlaczego klienci wybierają właśnie między nimi? Skupiając się na kluczowych czynnikach skłaniających nabywców do wyborów między alternatywnymi branżami i eliminując lub redukując wszystko inne, możemy stworzyć błękitny ocean nowej przestrzeni rynkowej.

Ścieżka 2.
Przyjrzyj się grupom strategicznym w branżach

Można tworzyć błękitne oceany, przyglądając się alternatywnym branżom, można też otwierać je, przyglądając się różnym *grupom strategicznym*. Określenie to odnosi się do grup firm działających w tej samej branży według tej samej strategii. W większości branż fundamentalne różnice strategiczne między graczami branżowymi znajdują swoje odzwierciedlenie w podziale na niewielką liczbę grup strategicznych.

Z grubsza grupy strategiczne można ułożyć w pewnym hierarchicznym dwuwymiarowym porządku: według ceny i osiąganych wyników. Każdy skok ceny pociąga zazwyczaj za sobą odpowiedni skok w osiąganych wynikach. Większość firm skupia się na poprawie swojej pozycji konkurencyjnej *w ramach* grupy strategicznej. Na przykład firmy Mercedes, BMW i Jaguar skupiają się na wzajemnym konkurowaniu w segmencie samochodów luksusowych, podczas gdy producenci tańszych samochodów koncentrują się na doskonaleniu i zyskiwaniu przewagi w swojej grupie strategicznej. Żadna z grup strategicznych nie przywiązuje jednak dużej wagi do tego, co robi inna grupa, ponieważ z punktu widzenia podaży nie wydają się one konkurować ze sobą.

Kluczem do stworzenia błękitnego oceanu ponad istniejącymi grupami strategicznymi jest przełamanie tej wąskiej wizji i zrozumienie, jakie czynniki wpływają na decyzje klientów przy przechodzeniu z jednej grupy do innej.

Rozważmy to na przykładzie teksańskiej firmy Curves prowadzącej kluby fitness dla kobiet, która rozpoczęła działalność w roku 1995, funkcjonując na zasadzie franczyzy. Przez dziesięć lat udało jej się pozyskać ponad dwa miliony członkiń. Co więcej, ten wzrost zawdzięczała niemal wyłącznie marketingowi szeptanemu, choć na początku wydawało się, że Curves stara się wejść na bardzo mocno nasycony rynek, nastawiając się na oferowanie swoich usług klientkom, które być może wcale ich nie chcą, i przedstawiając swoją ofertę w sposób dużo mniej atrakcyjny od konkurentów. W rzeczywistości jednak firma Curves wykreowała w Stanach Zjednoczonych zupełnie nowy rodzaj popytu w branży fitness i otworzyła olbrzymi, nie zajęty przez nikogo rynek, prawdziwy błękitny ocean kobiet starających się z większymi lub mniejszymi sukcesami utrzymać formę przez rozsądne korzystanie z klubów fitness. Curves wykorzystała decydujące zalety dwóch grup strategicznych amerykańskiej branży fitness – tradycyjnych klubów zdrowego stylu życia i programów ćwiczeń domowych – eliminując lub redukując wszystko inne.

Na jednym biegunie amerykańska branża fitness jest zalana tradycyjnymi klubami zdrowego stylu życia, zaspokajającymi potrzeby zarówno kobiet, jak i mężczyzn i oferującymi pełną gamę możliwości uprawiania ćwiczeń i różnych dyscyplin sportu. Kluby te są zazwyczaj zlokalizowane w większych i bardziej prestiżowych miastach. Ich podążające za najnowszymi trendami mody lokale są zaprojektowane tak, by przyciągnąć najbardziej prestiżowych klientów klubów fitness. Mają pełny wybór przyrządów do aerobiku i ćwiczeń siłowych, bar z sokami, instruktorów, w pełni wyposażone szatnie z natryskami i sauną, ponieważ ich celem jest skłonienie klientów do spędzania tam wolnego czasu, który chcą oni poświęcić zarówno na życie towarzyskie, jak i ćwiczenia. Klienci, którzy pokonali już w mieście drogę do klubu, spędzają w nim zazwyczaj przynajmniej godzinę, a najczęściej dwie. Opłaty członkowskie za to wszystko kształtują się zazwyczaj na poziomie około 100 dolarów miesięcznie. Nie jest to tanio, ale daje gwarancję, że rynek ten pozostanie ekskluzywny i niewielki. Klienci tradycyjnych klubów zdrowego stylu życia reprezentują tylko 12% całej populacji – jej część mocno skupioną w dużych miastach. Koszty inwestycji w tradycyjny, oferujący pełny zakres usług klub to od pół miliona do miliona dolarów, w zależności od lokalizacji w stosunku do centrum miasta.

Na drugim biegunie znajduje się grupa strategiczna programów ćwiczeń domowych, na przykład instruktażowych filmów wideo, książek i czasopism. W tym wypadku koszty są znikome, programy realizowane są w domu i na ogół wymagają niewyszukanych urządzeń do ćwiczeń lub nie wymagają ich wcale. Instruktaż jest ograniczony do minimum, zazwyczaj jest to film wideo z jakąś gwiazdą fitness lub książki i czasopisma z wyjaśnieniami i ilustracjami.

Można zapytać: co skłania kobiety do dokonania takiego, a nie innego wyboru między tradycyjnymi klubami fitness i programami ćwiczeń domowych? Większość kobiet nie wybiera tradycyjnych klubów zdrowego stylu życia ze względu na mnóstwo urządzeń do ćwiczeń, bary z sokami, szatnię z sauną, basen czy możliwość spotkania się z mężczyznami. Przeciętna kobieta niebędąca sportowcem nie chce nawet przypadkowo spotkać mężczyzny w czasie, gdy z wysiłkiem ćwiczy i to niekoniecznie w najbardziej reprezentacyjnym stroju. Nie zachwyca jej czekanie w kolejce do urządzeń, w których musi zmieniać obciążenia i dostosowywać ich ustawienia do swoich potrzeb. Dla przeciętnej kobiety najbardziej deficytowym towarem jest czas. Tylko nieliczne kobiety mogą sobie pozwolić na spędzanie jednej czy dwóch godzin w klubie przez kilka dni w tygodniu. Dla całej masy kobiet lokalizacja w centrum miasta oznacza również problemy komunikacyjne, czyli coś, co dodatkowo stresuje i zniechęca do pójścia na ćwiczenia.

Okazuje się, że większość kobiet wybiera klub z jednego zasadniczego powodu. Gdy są w domu, zbyt łatwo jest im znaleźć sobie jakąś wymówkę, by nie ćwiczyć. Trudno się zdyscyplinować we własnym zaciszu domowym, jeśli z natury nie jest się entuzjastą sportu. Podjęcie wspólnego, a nie indywidualnego wysiłku jest bardziej motywujące i inspirujące. Z kolei kobiety wybierające program ćwiczeń domowych czynią to ze względu na oszczędność czasu, niższe koszty i prywatność.

Firma Curves zbudowała swój błękitny ocean, wykorzystując szczególne zalety tych dwóch grup strategicznych oraz eliminując lub redukując wszystko inne (zob. rysunek 3-2). Curves wyeliminowała wszystkie cechy charakterystyczne tradycyjnego klubu, które nie były przedmiotem większego zainteresowania masowych klientek. Zrezygnowano z niezliczonej ilości urządzeń do ćwiczeń, baru, spa, basenu, a nawet wyszukanej szatni, którą zastąpiono kilkoma oddzielonymi zasłoną przebieralniami.

Wrażenia z Curves są zupełnie inne niż z typowego klubu fitness. Członkinie klubu wchodzą do sali, w której urządzenia do ćwiczeń (zwykle jest ich około dziesięciu) nie są ustawione w rzędzie przed telewizorami, tak jak to jest w typowych klubach fitness, lecz w kręgu, by ułatwić kontakt z innymi ćwiczącymi. Dzięki temu ćwiczenia sprawiają im większą przyjemność. Urządzenia treningowe QuickFit wykorzystują systemy hydrauliczne, które nie wymagają ustawiania, oraz są bezpieczne, łatwe w użyciu i nie wzbudzają lęku. Zaprojektowane specjalnie dla kobiet, urządzenia te redukują wstrząsy i pozwalają rozwijać siłę mięśni. Ćwicząc, członkinie klubu mogą ze sobą rozmawiać i nawzajem sobie pomagać. Ta przyjazna, pozbawiona oceny atmosfera jest zupełnie inna niż w typowym klubie fitness. Na ścianach nie ma wielu luster, czasami nie ma ich wcale, nie ma gapiących się mężczyzn. Ćwiczące poruszają się po obwodzie koła, przechodząc od jednego urządzenia do drugiego lub zajmując miejsce na matach do ćwiczeń aerobowych i w ciągu trzydziestu minut wykonują cały zestaw ćwiczeń. Konsekwencją ograniczenia rzeczy nieważnych i większego skupienia się na sprawach najistotniejszych jest zmniejszenie ceny usług do około 30 dolarów za miesiąc i otwarcie rynku na szeroką rzeszę kobiet. Hasło Curves mogłoby brzmieć: „Za cenę filiżanki kawy dziennie dzięki właściwym ćwiczeniom możesz otrzymać dar zdrowia".

Firma Curves zaoferowała po niższym koszcie wyjątkową wartość, co widać na rysunku 3-2. W porównaniu z początkową inwestycją w tradycyjny klub, wynoszącą od pół miliona do miliona dolarów, początkowa inwestycja w Curves waha się w granicach od zaledwie 25 000 do 30 000 dolarów (nie licząc opłaty franczyzowej wynoszącej 20 000 dolarów). Stało się to możliwe dzięki wyeliminowaniu bardzo szerokiego spektrum czynników. Koszty zmienne są również znacząco niższe, ze względu na istotne zmniejszenie liczby personelu i kosztów serwisowania urządzeń oraz kosztu wynajmu powierzchni, która w tym wypadku może być dużo mniejsza: w Curves wystarcza około 150 m^2 w niekoniecznie prestiżowej, podmiejskiej lokalizacji, podczas gdy w tradycyjnych klubach w grę wchodzi około 3500–10000 m^2 w pierwszorzędnych lokalizacjach w centrach miast. Niskokosztowy model biznesowy Curves sprawia, że prowadzących łatwiej stać na opłatę franczyzową, co może wyjaśniać, dlaczego te właśnie kluby mnożą się jak grzyby po deszczu. W więk-

Rysunek 3-2. Kanwa strategii Curves

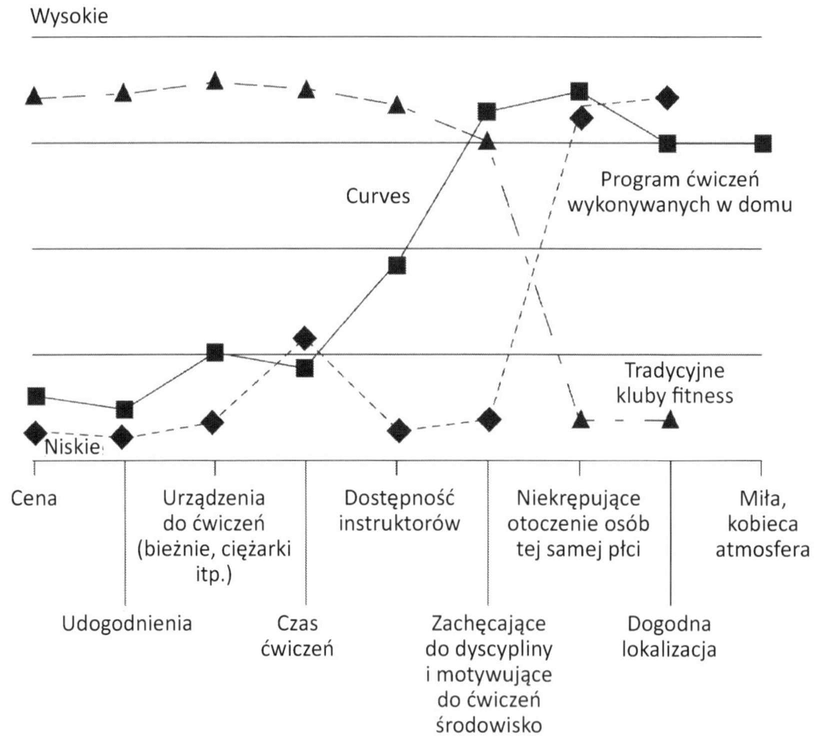

szości przypadków koszt opłaty zwraca się po kilku miesiącach, zazwyczaj wtedy, gdy uda się zwerbować około stu członkiń.

W konsekwencji Curves nie konkuruje bezpośrednio z innymi klubami fitness i programami ćwiczeń. Firma stworzyła nowy błękitny ocean popytu. Dzisiaj, po dwudziestu latach od jej powstania, na całym świecie działa blisko dziesięć tysięcy placówek służących ponad czterem milionom członkiń[4]. Pomimo różnych przejściowych problemów Curves stała się największą na świecie siecią franczyzową klubów fitness dla kobiet.

Wiele innych firm, nie tylko Curves, stworzyło błękitne oceany, przyglądając się różnym grupom strategicznym. Ralph Lauren stworzył błękitny ocean „wielkiej mody bez mody". Nazwisko projektanta, elegancja sklepów i luksusowe materiały były elementami, które najwyżej cenią w *haute cuture* jej klienci. Połączenie unowocześnionej klasyki z odpowiednią ceną stanowiło uchwycenie tego, co najlepsze w klasycznych liniach takich firm jak Brooks Brothers czy Burberry. Łącząc najatrakcyjniejsze czynniki obu grup i eliminując lub redukując wszystko inne, Polo Ralph Lauren nie tylko zyskał udział w obu segmentach, ale również przyciągnął na swój rynek wielu nowych klientów. Na rynku luksusowych samochodów należąca do Toyoty marka Lexus stworzyła nowy błękitny ocean, oferując jakość najlepszych mercedesów, bmw czy jaguarów po cenie bliższej najtańszym modelom cadillaców czy lincolnów.

Zlokalizowana w stanie Michigan firma Champion Enterprises zauważyła podobną szansę, przyglądając się dwóm grupom strategicznym w branży budownictwa mieszkaniowego: fabrykom domów oraz firmom developerskim. Gotowe domy zawsze były tanie i szybkie w budowie, ale do bólu wystandaryzowane i sprawiające

[4] Te liczby pochodzą z czasu, kiedy firma Curves ograniczyła liczbę placówek franczyzowych w Stanach Zjednoczonch, gdyż tempo jej ekspansji było już karkołomne i dochodziło do akceptacji lokalizacji zbyt bliskich istniejącym już placówkom oraz do ich sprzedaży ludziom nieposiadającym umiejętności skutecznego ich prowadzenia.

wrażenie bylejakości. Domy budowane przez developerów cieszą różnorodnością, ich wygląd nie podaje w wątpliwość jakości, ale są drastycznie droższe i dłużej trwa ich budowa.

Firma Champion stworzyła błękitny ocean, oferując najpoważniejsze zalety każdej z tych grup strategicznych. Jej prefabrykowane domy można było szybko zmontować, a firma korzystała z olbrzymiego ekonomicznego efektu skali, mając niższe koszty. Dawała jednak swoim klientom wybór wysokiej jakości elementów wykończeniowych, takich jak kominki, świetliki, a nawet sklepione sufity, nadające tym domom osobisty charakter. Firma Champion zasadniczo zmieniła definicję gotowego domu z fabryki domów. W konsekwencji pojawiło się znacznie więcej nabywców o niskich i średnich dochodach, zainteresowanych raczej kupnem gotowego domu niż wynajmem lub zakupem mieszkania. Okazuje się, że rynek ten przyciągnął nawet niektórych zamożniejszych ludzi. Dopiero kryzys finansowy w roku 2008 zniweczył efekty tego strategicznego posunięcia, które otworzyło błękitny ocean, i uderzył w firmę Champion tak samo jak w całą amerykańską branżę budownictwa mieszkaniowego.

Jakie są grupy strategiczne w twojej branży? Dlaczego klienci wybierają dobra z wyższej grupy? A dlaczego wybierają te z niższej grupy?

Ścieżka 3.
Przyglądaj się łańcuchom nabywców

W większości branż konkurenci skupiają się wokół wspólnej definicji docelowych nabywców. W rzeczywistości jednak istnieje cały łańcuch „nabywców" bezpośrednio lub pośrednio zaangażowanych w decyzje o zakupie. *Nabywcy* płacący za produkt lub usługę nie muszą być tymi samymi osobami co faktyczni *użytkownicy*, a w niektórych przypadkach mamy również do czynienia z *wpływającymi*.

Te trzy grupy mogą się pokrywać, często jednak bywają rozłączne. Gdy tak się dzieje, przyjmują też różne definicje wartości. Przedstawiciel do spraw zakupów w korporacji może na przykład lepiej troszczyć się o koszty niż użytkownik z tej samej korporacji, który najprawdopodobniej daleko bardziej będzie zainteresowany łatwością użytkowania. Podobnie detalista może cenić sobie terminowe uzupełnianie zapasów magazynowych przez wytwórcę i innowacyjne finansowanie. Natomiast konsumenci, mimo że ulegają znacznym wpływom tego kanału dystrybucji, nie przywiązują żadnej wagi do tych spraw.

Indywidualne firmy w branży często kierują swoją ofertę do różnych segmentów klientów – na przykład do dużych lub do małych. Jednak branża na ogół skupia się na pojedynczej grupie nabywców. Branża farmaceutyczna na przykład w pierwszej kolejności skupia się na wpływających, czyli na lekarzach. Branża wyposażenia biur zdecydowanie skupia się na zaopatrzeniowcach: działach zakupów w korporacjach. Branża odzieżowa sprzedaje swoje wyroby głównie ich użytkownikom. Taka koncentracja czasami znajduje silne uzasadnienie ekonomiczne, często jest jednak wynikiem praktyk powszechnie stosowanych w branży i nigdy przez nią nie kwestionowanych.

Podważając konwencjonalną mądrość branżową, wskazującą, do jakich grup docelowych kierować ofertę, można odkryć drogę do błękitnego oceanu. Przyglądając się wielu grupom nabywców, firmy mogą wpaść na pomysł, jak przebudować swoją krzywą wartości i skoncentrować się na niedostrzeganych wcześniej nabywcach.

Przyjrzyjmy się firmie Novo Nordisk, duńskiemu producentowi insuliny, który stworzył błękitny ocean w branży insulinowej. Insulina jest wykorzystywana przez diabetyków do regulowania poziomu cukru we krwi. Historycznie branża produkcji insuliny, podobnie jak większość całej branży farmaceutycznej, skupiała swoją uwagę na kluczowej grupie wpływów: na lekarzach. Wielki wpływ lekarzy na decyzje o zakupach insuliny przez diabetyków sprawił, że to właśnie oni stali się docelową grupą nabywców w branży. Dlatego też branża skoncentrowała swoją uwagę i wysiłki na produkcji jak najczystszej insuliny. Było to odpowiedzią na poszukiwanie przez lekarzy jak najlepszych leków. Innowacje w dziedzinie technologii otrzymywania jak najczystszej insuliny pojawiły się już na początku lat osiemdziesiątych. Jak długo czystość insuliny była głównym parametrem, ze względu na który firmy konkurowały ze sobą, niewiele już można było poczynić w tym kierunku. Firma Novo stworzyła już wtedy pierwszy „ludzki monokomponent" insulinowy, chemicznie będący dokładną kopią ludzkiej insuliny. Główni gracze w branży natychmiast poszli w tym samym kierunku.

Firma Novo Nordisk zauważyła jednak, że można wyrwać się z takiej konkurencji i stworzyć błękitny ocean, przenosząc centrum długoterminowej uwagi z lekarzy na użytkowników, czyli na samych pacjentów. Koncentrując się na pacjentach, Novo Nordisk odkryła, że insulina dostarczana pacjentom w fiolkach była bardzo trudna w dawkowaniu. Dysponując insuliną w fiolkach, pacjent zostawał sam ze skomplikowanym i nieprzyjemnym zadaniem operowania strzykawkami, igłami i insuliną oraz dawkowania jej stosownie do własnych potrzeb. Igły i strzykawki nie wzbudzały miłych skojarzeń u pacjentów, którzy czuli się niejako napiętnowani. Nie chcieli posługiwać się nimi poza domem, co niestety zdarzało się dość często, gdyż wielu musiało sobie wstrzykiwać insulinę kilka razy dziennie.

To sprawiło, że firma Novo Nordisk dostrzegła szansę na błękitny ocean, wprowadzając na rynek w roku 1985 NovoPen – pierwsze przyjazne dla użytkownika rozwiązanie w zakresie dawkowania insuliny. NovoPen był pomyślany tak, aby wyeliminować uciążliwość i niezręczność towarzyszącą podawaniu insuliny. NovoPen przypominał wieczne pióro i zawierał pojemniczek z insuliną, dzięki czemu pacjent mógł wygodnie nosić ze sobą pojedynczy zestaw zawierający ilość insuliny wystarczającą na mniej więcej tydzień. Pióro to miało wbudowany mechanizm przyciskowy, umożliwiający nawet niewidomym pacjentom kontrolę wielkości dawek i odpowiednie podawanie leku. Pacjenci mogli stale nosić ze sobą takie pióro i z łatwością wstrzykiwać sobie insulinę bez tych wszystkich krępujących zabiegów ze strzykawkami i igłami.

Chcąc zdominować otwarty przez siebie błękitny ocean, Novo Nordisk kontynuowała tę linię działań, wprowadzając NovoLet, jednorazowe, napełnione „pióro" z systemem dozowania zapewniającym użytkownikom jeszcze większą wygodę i łatwość stosowania. Później wprowadzono na rynek Innovo – system dozowania ze zintegrowaną pamięcią elektroniczną, wykorzystujący napełnione wcześniej naboje. Innovo został zaprojektowany tak, by umożliwić dozowanie insuliny z wykorzystaniem wbudowanej pamięci i wskazanie na wyświetlaczu ostatniej dawki i czasu, jaki upłynął od jej podania. Informacja ta ma istotne znaczenie dla wyeliminowania ryzyka i obaw o to, że pacjent zapomni o przyjęciu leku.

Strategia błękitnego oceanu Novo Nordisk zmieniła oblicze branży i przekształciła firmę z producenta insuliny w firmę wspierającą diabetyków. NovoPen i nowsze systemy dawkowania opanowały rynek insuliny. Sprzedaż insuliny w zasobnikach lub gotowych, napełnionych „piórach" ma obecnie dominujący udział na rynkach Europy, Azji i Skandynawii, gdzie pacjentom zaleca się częste codzienne przyjmowanie dawek insuliny. Dzisiaj, niemal trzydzieści lat od wykonania pierwszego posunięcia strategicznego w kierunku tego błękitnego oceanu, firma Novo Nordisk pozostaje globalnym liderem w branży opieki nad diabetykami, a około 70% jej całkowitych obrotów pochodzi ze sprzedaży tej właśnie oferty. A wszystko wzięło się w dużej mierze stąd, że firma zaczęła myśleć o użytkownikach, a nie o grupie wpływów.

Rozważmy też przykład Bloomberga. W ciągu niespełna dziesięciu lat Bloomberg stał się jedną z największych na świecie i najbardziej zyskownych firm oferujących biznesowe serwisy informacyjne. Do czasów debiutu rynkowego Bloomberga branża bieżących informacji finansowych była zdominowana przez firmy Reuters i Telerate. Serwisy te dostarczały informacje i notowania w czasie rzeczywistym, a ich odbiorcami były firmy maklerskie i inwestorzy. Branża skupiała się na nabywcach – menedżerach działów informatyki – ceniących sobie wystandaryzowane systemy, ułatwiające im życie.

Dla Bloomberga było to pozbawione sensu. To dilerzy i analitycy, a nie informatycy każdego dnia zarabiali lub tracili miliony dolarów dla swoich zleceniodawców. Szanse na zyski pochodziły z różnic w dostępnych informacjach. Gdy rynki były aktywne, dilerzy i analitycy musieli podejmować szybkie decyzje. Liczyła się każda sekunda.

Dlatego właśnie Bloomberg zaprojektował system, który oferował szczególną wartość właśnie dilerom. System ten opierał się na łatwych w użyciu terminalach i klawiaturach z klawiszami zawierającymi powszechnie używane terminy finansowe. Użytkownicy mieli do dyspozycji dwa płaskie monitory, na których mogli widzieć równocześnie wszystkie potrzebne informacje i nie musieli otwierać i zamykać wielu okien. Ponieważ dilerzy muszą analizować informacje przed podjęciem jakichkolwiek działań, Bloomberg dodał do tego wbudowane narzędzia analityczne, działające za naciśnięciem guzika. Przedtem dilerzy i analitycy musieli wczytywać dane i używać ołówka i kalkulatora do wykonywania ważnych obliczeń finansowych. Teraz mogą szybko uruchomić różne warianty i scenariusze i obliczyć spodziewane zyski z różnych inwestycji, a także szybko przeprowadzić analizę danych historycznych.

Skupiając się na użytkownikach, Bloomberg był również w stanie dostrzec paradoks życia osobistego dilerów i analityków. Zarabiają oni ogromne pieniądze, ale pracują tak długo, że brakuje im czasu, by je wydawać. Bloomberg zauważył, że w ciągu dnia zdarza się, że rynki trochę zwalniają i zawieranych jest mniej transakcji, i postanowił dodać pewne informacje i serwisy zakupowe, których celem było wzbogacenie życia osobistego dilerów. Mogli oni wykorzystywać te narzędzia do dokonywania różnych zakupów, mogli na przykład kupować kwiaty, ubrania czy biżuterię, organizować podróże, zasięgać informacji o winach lub przeszukiwać oferty z cenami nieruchomości.

Zmieniając obiekt zainteresowania, odchodząc od nabywców, a skłaniając się ku użytkownikom, Bloomberg stworzył krzywą wartości radykalnie różniącą się od wszystkich, jakie kiedykolwiek wcześniej widziano w tej branży. Dilerzy i analitycy mieli w swoich firmach wystarczająco silne wpływy, by skłonić szefów do spraw informatyki do zakupu terminali Bloomberga.

Wiele branż wykorzystało podobne szanse dla stworzenia błękitnych oceanów. Podważając konwencjonalne definicje tego, kim mogą i powinni być docelowi nabywcy, firmy często dostrzegały fundamentalnie nowe sposoby wyzwalania wartości. Przyjrzyjmy się, jak firma Canon, produkująca urządzenia kopiujące, stworzyła branże małych kopiarek „na biurko", upatrując docelowych klientów branży urządzeń kopiujących nie w zaopatrzeniowcach wielkich korporacji, lecz w użytkownikach. Albo jak SAP doprowadził do tego, że branża oprogramowania dla biznesu przeniosła swój punkt zainteresowań z funkcjonalnych użytkowników na zaopatrzeniowców, z wybitnym sukcesem tworząc branżę zintegrowanego oprogramowania, działającego w czasie rzeczywistym.

Jak wygląda łańcuch nabywców w twojej branży? Na której grupie nabywców skupia się zazwyczaj twoja branża? A gdybyś się skoncentrował na innej grupie nabywców w swojej branży, to w jaki sposób mógłbyś uwolnić nową wartość?[5]

[5] Inne przykłady posunięć strategicznych, które doprowadziły do stworzenia błękitnych oceanów dzięki spojrzeniu na różne grupy odbiorców, zob. Kim i Mauborgne (1999c).

Ścieżka 4.
Przyjrzyj się ofertom komplementarnych produktów lub usług

Tylko nieliczne produkty i usługi są wykorzystywane w próżni. W większości przypadków na ich wartość wpływają inne produkty lub usługi. Jednak w większości branż rywalizujące firmy tłoczą się na terytorium wyznaczonym przez granicę oferty produktów lub usług ich branży. Weźmy przykład kina. Dostępność i koszt wynajęcia opiekunki do dziecka i zaparkowania samochodu wpływa na postrzeganą wartość wyjścia na film. Jednak te komplementarne usługi znajdują się poza granicami tradycyjnie definiowanej branży kinowej. Operatorzy kina nie troszczą się o to, czy wynajęcie opiekunki do dziecka jest trudne lub kosztowne. A powinni, ponieważ to wpływa na popyt w ich branży. Wyobraźmy sobie kino zapewniające opiekę nad dziećmi.

Niewykorzystana wartość bywa ukryta w produktach i usługach komplementarnych. Kluczem jest znalezienie kompleksowego rozwiązania, jakiego poszukują nabywcy, kiedy wybierają produkt lub usługę. Jest na to prosty sposób: trzeba się zastanowić, co się dzieje przed, podczas i po korzystaniu z naszego produktu. Opieka nad dzieckiem i parkowanie samochodu to rzeczy potrzebne, zanim ktoś będzie mógł przyjść do kina. Systemy operacyjne i oprogramowanie są używane równocześnie z używaniem sprzętu komputerowego. W liniach lotniczych transport naziemny jest wykorzystywany po przelocie, ale w sposób oczywisty jest częścią tego, czego potrzebuje klient, by odbyć podróż z jednego miejsca w drugie.

Rozważmy przykład NABI, węgierskiej firmy autobusowej, która niedawno została przejęta przez New Flyer. Ścieżką numer 4 weszła ona w wartą ponad miliard dolarów amerykańską branżę przewozów autobusowych. Największymi klientami w branży jest transport publiczny (PTP), czyli firmy transportowe stanowiące własność miast i gmin, oferujące liniową komunikację autobusową w dużych miastach i powiatach.

Firmy konkurowały ze sobą w ramach akceptowanych reguł konkurencji w branży, starając się zaoferować jak najniższą cenę zakupu. Modele były przestarzałe, dostawy opóźnione, jakość niska, a cena innych opcji zaporowa, zważywszy na panujące w branży przesadnie oszczędne podejście. Dla NABI wszystko to jednak nie miało żadnego sensu. Dlaczego producenci autobusów koncentrują się wyłącznie na początkowej cenie zakupu pojazdu, podczas gdy samorządy utrzymują autobusy w ruchu średnio przez dwanaście lat? Patrząc na rynek w ten sposób, NABI znalazła sposób, by mocno odskoczyć od całej branży.

NABI zauważyła, że najbardziej kosztotwórczym elementem dla miast nie była cena zakupu autobusu jako takiego – czynnik konkurencyjny całego sektora – lecz raczej koszty pojawiające się już po zakupie autobusu: jego utrzymanie przez cały dwunastoletni cykl użytkowania. Naprawy po kolizjach drogowych, zużycie paliwa, zużycie części, wymagających częstej wymiany ze względu na znaczną masę autobusu, zabezpieczenie antykorozyjne i tym podobne problemy – to były największe czynniki kosztotwórcze dla władz miast. Nowe wymagania dotyczące czystości powietrza, które musiały zostać spełnione przez władze miast, sprawiły, że *nieekologiczne* środki komunikacji publicznej również dawały o sobie znać. A jednak pomimo tych wszystkich kosztów, przewyższających znacznie początkową cenę autobusu, branża zdawała się nie dostrzegać komplementarnych działań związanych z utrzymaniem i kosztami cyklu życia produktu.

To wszystko doprowadziło NABI do przekonania, że producent autobusów nie powinien kierować się wyłącznie sprawą ceny produkowanego dobra, choć inni producenci koncentrowali się właśnie na sprzedaży autobusów po najniższych możliwych cenach. Patrząc na cały problem z perspektywy uwzględniającej działania komplementarne, NABI stworzyła autobus inny niż wszystkie, jakie dotychczas widziała ta branża. Zazwyczaj autobusy były wykonane ze stali, która była ciężka i podatna na korozję, a naprawy powypadkowe wymagały wymiany całych paneli, co stwarzało dodatkową trudność. NABI zastosowała w produkcji autobusów włókno szklane, co pozwoliło złapać naraz *pięć* srok za ogon. Karoserie z włókna szklanego cechowały się znacznie niższymi kosztami zabezpieczenia, gdyż były odporne na korozję. Naprawy karoserii były szybsze, tańsze i łatwiejsze, bo włókno szklane nie wymagało wymiany całych paneli po uszkodzeniach czy kolizjach. Zniszczone części mogły być po prostu wycięte, a na ich miejsce z łatwością można było wstawić i przykleić nowe elementy włókna szklanego. Równocześnie ich mniejsza masa (były o 30–35% lżejsze niż stalowe) spowodowała znaczący spadek zużycia paliwa i emisji spalin, dzięki czemu stały się bardziej ekologiczne. Co więcej, ich mniejsza waga umożliwiła NABI nie tylko zmniejszenie mocy silników, ale również ograniczenie liczby osi, w wyniku czego zmniejszyły się koszty produkcji, a w autobusach było po prostu więcej miejsca.

W ten sposób NABI stworzyła krzywą wartości radykalnie odbiegającą od przeciętnej krzywej wartości w branży. Jak widzimy na rysunku 3-3, budując autobusy z lekkiego włókna szklanego, NABI wyeliminowała lub znacząco zredukowała koszty związane z zabezpieczeniem antykorozyjnym, serwisowaniem i zużyciem paliwa. W konsekwencji, pomimo iż NABI ustaliła początkową cenę zakupu na poziomie wyższym niż ówczesna przeciętna w branży, jej oferta autobusów wiązała się ze znacznie niższym kosztem całego cyklu życia, ponoszonym przez miasta i gminy. Autobusy NABI, cechujące się niższą emisją spalin, znacznie podwyższyły standardy ekologiczne w branży. Co więcej, wyższa cena umożliwiła NABI stworzenie czynników bezprecedensowych w tej branży, takich jak nowoczesny i estetyczny wygląd czy wygoda dla pasażerów: niskie podłogi i więcej siedzeń, a mniej miejsc stojących. To wywołało eksplozję popytu na przewozy autobusowe, co z kolei przyczyniło się do gene-

Rysunek 3-3. Kanwa strategii amerykańskiej branży autobusów miejskich około roku 2001

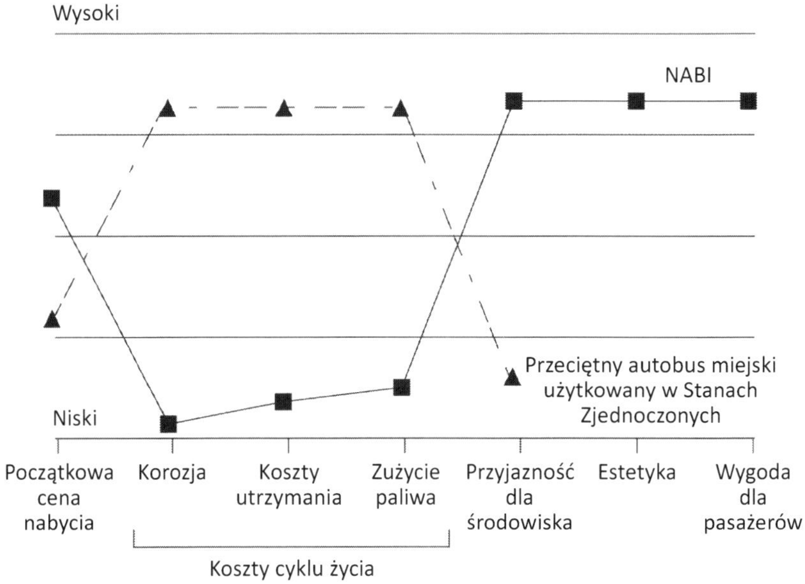

rowania większych dochodów dla miast i gmin. NABI zmieniła sposób, w jaki miasta i gminy postrzegały swoje przychody i koszty związane z transportem autobusowym. NABI stworzyła wyjątkową wartość dla nabywców – w tym wypadku zarówno miast, jak i użytkowników końcowych – przy niskim koszcie w całym cyklu życia. Miasta i podróżni pokochali nowe autobusy NABI, a od czasu ich wprowadzenia liczba przewozów wzrosła o 30%[6].

Przyjrzyjmy się również angielskiej branży czajników, która – pomimo swego wielkiego znaczenia dla kultury brytyjskiej – cier-

[6] Węgierska firma otworzyła błękitny ocean, tworząc rozwiązanie korzystne dla siebie, władz miejskich i obywateli. Wprawdzie występujące później niesprzyjające czynniki zewnętrzne związane z kursem walut oraz regulacje rządowe uderzyły w firmę NABI, która ostatnio została przejęta przez New Flyer, jednak jej strategiczne posunięcie, które otworzyło błękitny ocean, wciąż jest godne podziwu.

piała z powodu stagnacji sprzedaży i spadających marż. Działo się tak do chwili, kiedy pojawił się Philips Electronics ze swoim czajnikiem, który zamienił czerwony ocean w niebieski. Dzięki myśleniu w kategoriach produktów i usług komplementarnych, Philips zauważył, że największym problemem parzenia herbaty w Wielkiej Brytanii nie był sam czajnik, lecz woda, która miała być w nim gotowana. Kłopot sprawiał osad wapienny znajdujący się w wodzie z kranu. Osad ten gromadził się w czajniku podczas gotowania wody, a potem przedostawał się do świeżo zaparzonej herbaty. Flegmatyczni Anglicy brali zazwyczaj wtedy łyżeczkę i urządzali prawdziwe łowy na drobinki osadu pływające w zaparzonej w domu herbacie, zanim w końcu wzięli ją do ust. Producenci czajników uważali, że osad to nie ich problem, lecz problem branży dostawców wody.

Myśląc w kategoriach całościowego rozwiązywania najbardziej dotkliwych problemów swoich klientów, Philips dostrzegł w problemach z wodą swoją szansę. Wynikiem takiego podejścia było stworzenie czajnika z umieszczonym przy dzióbku filtrem, który skutecznie zatrzymywał osad podczas nalewania wody. Nikt już nigdy nie znajdzie śladów osadu w herbacie przyrządzonej w angielskim domu. Branża otrzymała silny pozytywny bodziec do wejścia na drogę szybkiego wzrostu, bo ludzie zaczęli zastępować swoje stare czajniki nowymi, zaopatrzonymi w filtry.

Można podać jeszcze bardzo wiele przykładów firm, które podążyły taką drogą i stworzyły błękitny ocean. Przypomnijmy choćby firmę Dyson, która w swoim projekcie odkurzacza wyeliminowała koszt i uciążliwość wymiany worków. Dyson wszedł na amerykański rynek odkurzaczy w roku 2002. W tym czasie cały ten rynek wart był 4 miliardy dolarów. Liderzy rynkowi, tacy jak Hoover, Electrolux czy Oreck, niewiele zarabiali na sprzedaży swoich podstawowych modeli kosztujących od 75 do 125 dolarów. Jednak Dyson, eliminując worki i uwalniając użytkowników od kosztów i kłopotu związanego z ich kupowaniem przez cały czas życia produktu, odskoczył od konkurencji, przyczyniając się do wzrostu branży, a równocześnie był w stanie sprzedawać swoje produkty za cenę niemal trzykrotnie wyższą niż reszta branży.

W jakich sytuacjach jest używany nasz produkt? Co się dzieje przedtem, w trakcie i potem? Czy potrafimy wskazać największe bolączki? Jak można je wyeliminować przez zaoferowanie komplementarnych produktów lub usług?

Ścieżka 5. Przyjrzyj się czynnikom funkcjonalnym i emocjonalnym u nabywców

Konkurencja w branży skupia się nie tylko na produktach i usługach dobrze przyjmowanych przez rynek, ale również na jednym z dwóch możliwych sposobów oddziaływania mających na celu przyciągnięcie zainteresowania. Niektóre branże konkurują głównie pod względem cen i funkcjonalności, działając na podstawie własnych ocen użyteczności. Ich działania odwołują się zatem do argumentów racjonalnych. Inne branże konkurują o uczucia – ich działanie ma charakter emocjonalny.

Sposób oddziaływania większości produktów i usług nie jest jednak ze swej natury jednego lub drugiego rodzaju. Na ogół wynika on ze sposobu, w jaki firmy konkurowały ze sobą w przeszłości. Zazwyczaj nieświadomie uczyły one w ten sposób konsumentów, czego powinni oczekiwać. Zachowania firm wpływają na oczekiwania nabywców, a wpływ ten podlega sprzężeniom zwrotnym. Branże ukierunkowane na funkcjonalność z czasem coraz bardziej skupiają się na funkcjonalności, a branże odwołujące się do emocji z czasem stają się coraz bardziej nastawione na emocje. Trudno zatem się dziwić, że badania rynku rzadko doprowadzają do jakichś nowych spostrzeżeń na temat czynników przyciągających klientów. To branże same nauczyły swoich klientów, czego powinni oczekiwać. Podczas badań powtarzają oni: więcej tego samego za mniejsze pieniądze.

Firmy podejmujące próby podważenia funkcjonalno-emocjonalnej orientacji swojej branży często odnajdują nową przestrzeń rynkową. Zaobserwowaliśmy dwie powszechne prawidłowości. Firmy ukierunkowane emocjonalnie często oferują różne dodatki podwyższające cenę, ale nie zwiększające funkcjonalności. Pozbawienie produktów czy usług wszystkich tych dodatków może prowadzić do stworzenia fundamentalnie prostszego modelu biznesowego opartego na niższych cenach i niższych kosztach, dobrze przyjętego przez klientów. Z kolei branże o orientacji funkcjonalnej często mogą tchnąć w produkt nowe życie, dodając mu nieco emocji i stymulując w ten sposób nowy popyt.

Dwa dobrze znane przykłady to Swatch, który przekształcił segment niedrogich, funkcjonalnych zegarków w emocjonalny segment, będący wyznacznikiem mody, oraz The Body Shop, który zrobił coś dokładnie odwrotnego, przekształcając branżę kosmetyczną oddziałującą na emocje w funkcjonalny i pozbawiony nonsensów dom kosmetyczny. Przyjrzyjmy się jeszcze przykładowi QB (Quick Beauty) House. Firma QB House stworzyła błękitny ocean w japońskiej branży fryzjerstwa męskiego i szybko rozwija się w całej Azji. Założona w roku 1996 w Tokio firma QB House zaczynała od jednego lokalu, a rozrosła się do ponad dwustu lokali w roku 2003. Roczna liczba wizyt skoczyła z 57 000 w roku 1996 do 3,5 miliona w roku 2002. Dzisiaj QB House posiada 463 placówki franczyzowe w Japonii oraz 79 w Hongkongu, Singapurze i na Tajwanie.

Istotą strategii błękitnego oceanu QB House jest zmiana orientacji branży azjatyckich salonów fryzjerskich dla mężczyzn z emocjonalnej na wysoce funkcjonalną. W Japonii czas potrzebny mężczyźnie na ostrzyżenie to około godziny. Dlaczego? Bo jest to długotrwały proces, złożony z czynności wykonywanych po to, by ze strzyżenia zrobić cały rytuał. Kilka kompresów z ogrzanych ręczników, masaż karku, poczęstunek herbatą lub kawą i cały rytuał wykonywany przez strzygącego fryzjera, w tym specjalne zabiegi pielęgnacyjne włosów i skóry, suszenie suszarką, golenie. W konsekwencji czas poświęcony na samo strzyżenie jest tylko niewielką cząstką czasu trwania całej wizyty. Co więcej, czynności te powodują tworzenie się długich kolejek innych potencjalnych klientów. Cena takiego strzyżenia wynosi od 3 do 5 tysięcy jenów (27–45 dolarów).

Firma QB House zmieniła to wszystko. Zauważyła, że wielu ludzi – a szczególnie ludzi pracujących zawodowo – nie ma ochoty tracić aż godziny na strzyżenie. Dlatego firma zrezygnowała z tych wszystkich emocjonalnych elementów, z ciepłych ręczników, masażu karku, herbaty i kawy. Zdecydowanie ograniczyła też zabiegi pielęgnacyjne i skoncentrowała się przede wszystkim na podstawowym strzyżeniu. Później poszła o jeden krok dalej, eliminując czasochłonne mycie i suszenie i tworząc system „air-wash" – umieszczony nad głową wyciąg wsysający ścięte włosy. Nowy system działa znacznie lepiej i szybciej, a przy tym nie wymaga moczenia głowy klienta. Te zmiany skróciły czas potrzebny na strzyżenie z godziny do dziesięciu minut. Co więcej, na zewnątrz każdego lokalu umieszczona jest sygnalizacja świetlna, informująca o wolnych stanowiskach do strzyżenia. To eliminuje niepewność co do czasu oczekiwania i uwalnia od konieczności prowadzenia rezerwacji.

W ten sposób firma QB House mogła zredukować cenę strzyżenia do tysiąca jenów (9 dolarów) w porównaniu ze średnią w branży wynoszącą od 3 do 5 tysięcy jenów (27–45 dolarów), równocześnie zwiększając przychody generowane przez każdego fryzjera w ciągu godziny o mniej więcej 50%, ponosząc niższe koszty zatrudnienia i potrzebując mniejszej powierzchni lokalu w przeliczeniu na każdego zatrudnionego fryzjera. Firma QB House stworzyła tę „pozbawioną nonsensów" usługę fryzjerską, polepszając równocześnie jej higienę. Nie tylko zwiększyła liczbę urządzeń sanitarnych, tak aby każde stanowisko było całkowicie w nie wyposażone, lecz również wprowadziła zasadę „jednorazowego użytku" – każdy klient miał zapewniony świeży ręcznik i grzebień. Wielkość tego błękitnego oceanu można docenić, analizując rysunek 3-4.

Rysunek 3-4. Kanwa strategii QB House

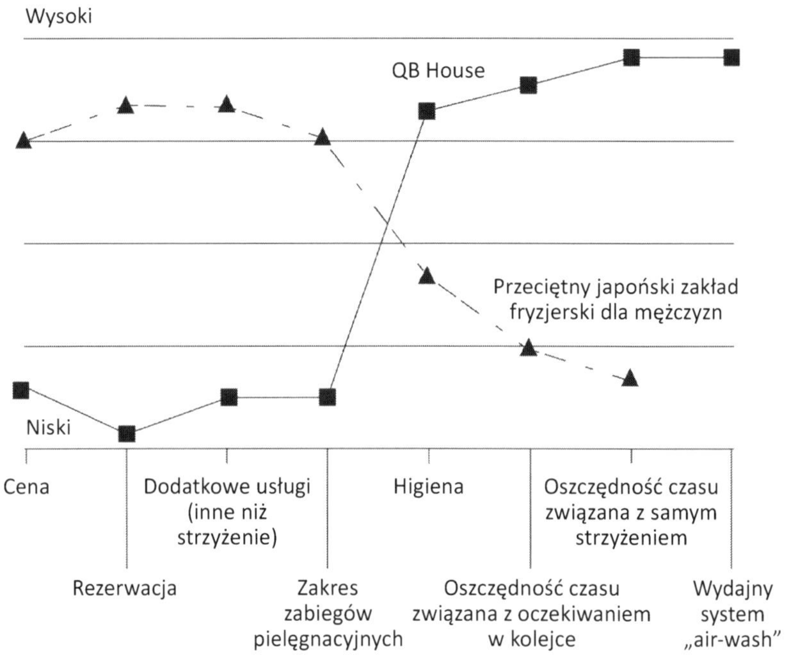

Cemex, jeden z największych producentów cementu na świecie, to jeszcze jedna firma, która stworzyła błękitny ocean przez zmianę orientacji swojej branży – tym razem w przeciwnym kierunku, z funkcjonalnej na emocjonalną. W Meksyku sprzedaż detaliczna cementu przez sieci sklepów budowlanych dla indywidualnych konsumentów stanowi ponad 85% całego rynku cementu[7]. Tak wyglądający rynek był jednak mało atrakcyjny. Więcej było na nim nieklientów niż klientów. Chociaż większość ubogich rodzin miała własną ziemię i cement był sprzedawany jako względnie tani i funkcjonalny materiał budowlany, ludność Meksyku żyła w chronicznym przepełnieniu. Tylko nieliczne rodziny dodatkowo coś dobudowywały, a jeśli

[7] Kris Herbst (2002).

już to robiły, to dobudowanie tylko jednego pokoju zajmowało im zwykle od czterech do siedmiu lat. Dlaczego? Bo większość pieniędzy wydawano na wiejskie zabawy, quinceañeras (uroczyście obchodzone piętnaste urodziny dziewczynek), chrzty i wesela. Uczestnictwo w tych znaczących imprezach stwarzało szansę wyróżnienia się w społeczności, natomiast ich zignorowanie świadczyłoby o arogancji i braku szacunku.

Z tego powodu większość biedoty meksykańskiej nie miała wystarczających oszczędności na zakup materiałów budowlanych, mimo że posiadanie murowanego domu było typowym marzeniem Meksykanina. Cemex ostrożnie szacował, że ten rynek może wzrosnąć do 500–600 milionów dolarów rocznie, jeśli tylko uda się uwolnić ten ukryty popyt[8].

Odpowiedzią Cemeksu na ten dylemat było zaoferowanie programu Patrimonio Hoy, zmieniającego orientację cementu z produktu funkcjonalnego na produkt mogący pełnić funkcję wymarzonego prezentu. Kupując cement, ludzie wykonywali pierwszy krok na drodze do budowy pokojów wypełnionych miłością, gdzie można wspólnie śmiać się i dzielić się szczęściem – cóż może być zatem lepszym darem? W swoich początkach Patrimonio Hoy był wzorowany na tradycyjnym meksykańskim systemie *tandas*, popularnym lokalnym systemie oszczędzania. W ramach *tanda* dziesięć (lub inna liczba) osób odkładało po 100 peso tygodniowo przez 10 tygodni. W pierwszym tygodniu losowano, kto „wygra" 1000 peso (93 dolary) w każdym z tych dziesięciu tygodni. Każdy z uczestników wygrywał 1000 peso tylko raz, jednak w chwili gdy wygrywał, otrzymywał jednorazowo sporą sumę pieniędzy na duże zakupy.

W tradycyjnych *tandas* rodzina „wygrywająca" mogła wydać ten nagły przypływ gotówki na uroczystość rodzinną czy religijną, na przykład chrzciny czy wesele. Natomiast w Patrimonio Hoy *supertanda* była ukierunkowana na rozbudowę domów z wykorzystaniem

---

[8] Ibidem.

cementu. Można było wykorzystać tę usługę przy okazji ślubu, umieszczając ją na liście prezentów. Cemex promował cement jako dar serca będący alternatywą na przykład dla srebrnej zastawy stołowej.

Początkowo klub materiałów budowlanych Patrimonio Hoy założony przez Cemex tworzyło około siedemdziesięciu osób, które odkładały po 120 peso tygodniowo przez siedemdziesiąt tygodni. Cotygodniowy zwycięzca losowania *supertanda* nie otrzymywał jednak całej sumy w peso, lecz w postaci materiałów budowlanych potrzebnych do całkowitego wykończenia nowego pomieszczenia. Cemex honorował zwycięzców dostawą do ich domów, szkoleniem z zakresu efektywnego budowania takich dodatkowych pomieszczeń oraz opieką doradcy technicznego odpowiedzialnego za relacje z uczestnikami programu podczas jego trwania. Rezultat? Uczestnicy programu Partimonio Hoy budowali lub rozbudowywali swoje domy trzykrotnie szybciej niż wynosiła meksykańska średnia.

Podczas gdy konkurenci Cemeksu sprzedawali worki cementu, Cemex sprzedawał marzenia, realizując model biznesowy wykorzystujący innowacyjne finansowanie i wiedzę z zakresu budownictwa. Cemex poszedł jeszcze krok naprzód, urządzając w miasteczkach małe uroczystości na zakończenie budowy, co było dla ludzi źródłem jeszcze większej radości i umacniało tradycję *tanda*.

Od czasu wypromowania przez Cemex tego emocjonalnego podejścia do sprzedaży cementu, połączonego z systemem finansowania i wsparciem technicznym, popyt na cement zaczął gwałtownie rosnąć. Według danych z roku 2012 z programu Partimonio Hoy skorzystało 1,9 miliona osób indywidualnych i 380 tysięcy rodzin. Przez ponad piętnaście lat Cemex dzięki programowi Partimonio Hoy przyczynił się do rozwiązania problemu niedoboru mieszkań w bardziej zaniedbanych regionach. Przewidywalność wielkości sprzedaży w ramach programu umożliwiła również obniżenie struktury kosztów ze względu na niższe koszty utrzymania zapasów, bardziej rytmiczną produkcję i gwarantowaną sprzedaż, a wszystko to obniża koszt kapitału. Presja społeczna sprawia, że w systemie *supertanda* rzadko zdarzają się problemy z płatnościami. Tak więc Cemex wykreował błękitny ocean emocjonalnego cementu, wyróżniający się niższym kosztem. Oferta Cemeksu otrzymała wiele nagród, między innymi UN Programme's 2006 World Business Award za wsparcie UN Millennium Development Goals oraz 2009 UN Habitat Award za Najlepsze Praktyki w Przystępnych Rozwiązaniach w Zakresie Mieszkalnictwa.

Podobnie było z bijącą rekordy popularności viagrą, przez którą firma Pfizer pokazała, jak można przestać skupiać się na problemie leczenia farmakologicznego i zająć się działaniem na rzecz poprawy jakości życia. Podobnie zrobiła firma Starbucks, stawiając na głowie branżę kawiarnianą i odchodząc od koncepcji sprzedaży kawy jako towaru na rzecz emocjonalnej atmosfery, w której klienci mogą rozkoszować się kawą.

Wiele błękitnych oceanów otworzyło się w wielu branżach usługowych, również przez ruchy w kierunku przeciwnym – od orientacji emocjonalnej do funkcjonalnej. Branże polegające na nawiązywaniu relacji z klientami – ubezpieczenia, bankowość, inwestycje – dotychczas opierały się zasadniczo na więzach emocjonalnych między sprzedawcami i ich klientami. Dojrzały jednak do zmian. Na przykład brytyjska firma ubezpieczeniowa Direct Line Group zrezygnowała z tradycyjnych brokerów, argumentując, że klienci nie będą potrzebowali trzymania za rękę i komfortu emocjonalnego, który zazwyczaj zapewniają im agenci, jeśli firma poprawi swoje funkcjonowanie w innych obszarach, na przykład szybciej wypłaci odszkodowanie i ograniczy skomplikowane formalności papierkowe. Zamiast więc opierać się na brokerach i regionalnych przedstawicielstwach, Direct Line wykorzystuje techniki informatyczne w celu poprawy jakości likwidacji szkód, a częścią oszczędności kosztowych dzieli się ze swoimi klientami w formie niższych składek ubezpieczeniowych. Przez ponad dwadzieścia lat od chwili jej powstania to strategiczne posunięcie firmy Direct Line, otwierające jej błękitny ocean, umożliwiło pozyskiwanie klientów i przyniosło wiele nagród, w tym nagrodę dla najlepszej, najbardziej wiarygodnej i innowacyjnej marki w zakresie ubezpieczeń komunikacyjnych w Wielkiej Brytanii. W Stanach Zjednoczonych firmy The Vanguard Group (działająca w branży funduszy indeksowych) i Charles Schwab (w branży usług maklerskich) zrobiły to samo w branży usług inwestycyjnych, tworząc błękitny ocean przez transformację branży ze zorientowanej emocjonalnie, opierającej się na relacjach osobistych, w sprawnie działający i niskokosztowy biznes o orientacji funkcjonalnej.

Czy w twojej branży firmy konkurują funkcjonalnością, czy odwołaniem do emocji? Jeśli konkurujesz w sferze emocjonalnej, z jakich elementów możesz zrezygnować, by pójść w kierunku funkcjonalności? Jeśli konkurujesz w sferze funkcjonalnej, jakie elementy możesz dodać, by osiągnąć pewną emocjonalność?

Ścieżka 6.
Wybiegnij w przyszłość

Wszystkie branże podlegają zewnętrznym trendom, przez cały czas wpływającym na ich działalność. Przypomnijmy tu choćby szybki rozwój działań w chmurze internetowej czy globalne ruchy ekologiczne. Patrząc na te trendy z właściwej perspektywy, możemy znaleźć szanse na stworzenie błękitnego oceanu.

Większość firm przystosowuje się do różnych zdarzeń małymi krokami i niejako pasywnie. Bez względu na to, czy chodzi tu o pojawianie się nowych technologii, czy o ważne zmiany uregulowań prawnych, menedżerowie zazwyczaj koncentrują się na przewidywaniu samego trendu jako takiego. Zadają więc sobie pytanie, w jakim kierunku będzie ewoluowała technologia, jak będzie można ją zastosować i czy okaże się skalowalna. W swoich działaniach starają się dotrzymać kroku rozwojowi obserwowanych trendów.

Decydujące pomysły prowadzące do stworzenia strategii błękitnego oceanu rzadko jednak rodzą się w wyniku samego przewidywania trendu, lecz raczej z przemyśleń o charakterze biznesowym, przemyśleń o tym, w jaki sposób trend spowoduje zmianę wartości dla naszych klientów i jak wpłynie na model biznesowy naszej firmy. Patrząc w przyszłość – porównując wartość, jaką niesie ze sobą dzisiejsza oferta rynkowa, z wartością, jaką może nieść w przyszłości – menedżerowie mogą aktywnie kształtować swoją przyszłość i sięgać ku nowym błękitnym oceanom. Wybieganie w przyszłość jest chyba trudniejsze niż poprzednie ścieżki, ale może stanowić jedno z takich samych systematycznych podejść do problemu. Nie mówimy tutaj o przepowiadaniu przyszłości, bo to jest z natury rzeczy niemożliwe. Mamy na myśli raczej zauważanie pewnych zjawisk w trendach, które są widoczne już dzisiaj.

Kluczową rolę w wybieganiu w przyszłość z oceną trendów odgrywają trzy reguły. Dla stworzenia podstaw strategii błękitnego oceanu trendy te muszą mieć decydujący wpływ na naszą działalność, muszą być nieodwracalne i muszą mieć wyraźną trajektorię. W każdej chwili można zaobserwować wiele różnych trendów – na przykład pewne osobliwości w technologii, pojawienie się nowego stylu życia, zmiany w otoczeniu prawnym lub społecznym. Zazwyczaj jednak tylko jeden lub dwa z nich będą miały decydujący wpływ na jakiś konkretny biznes. Jeśli uda nam się zidentyfikować jakiś trend takiej natury, powinniśmy wybiec w przyszłość i zadać sobie pytanie, jak wyglądałby rynek, gdyby trend się utrzymał i pojawiły się jego logiczne skutki. Jeśli postarasz się popracować dalej nad tą wizją strategii błękitnego oceanu, będziesz mógł przewidzieć, jakie zmiany powinieneś wprowadzić już dzisiaj, by otworzyć dla siebie ten błękitny ocean.

Na przykład firma Apple zaobserwowała pod koniec lat dziewięćdziesiątych narastającą falę nielegalnego dzielenia się w sieci plikami muzycznymi. Programy do ściągania muzyki, takie jak Napster, Kazaa czy LimeWire, sprawiły, że powstała sieć sprytnie wykorzystujących internet miłośników muzyki, którzy za darmo, a więc nielegalnie, wymieniali się plikami muzycznymi na całym świecie. W roku 2003 co miesiąc wymieniano nielegalnie ponad dwa miliardy plików muzycznych. Podczas gdy branża nagrań muzycznych toczyła boje o zahamowanie kanibalizmu fizycznych płyt kompaktowych, nielegalne ściąganie plików muzycznych wciąż się rozwijało.

Wobec dostępności technologii pozwalającej za darmo ściągać cyfrowe pliki muzyczne, zamiast płacić przeciętnie po 19 dolarów za płytę, trend rosnącej popularności muzyki cyfrowej był oczywisty. Wzmacniał go jeszcze wzrastający popyt na odtwarzacze plików mp3, które umożliwiły mobilne odtwarzanie cyfrowych plików muzycznych. Hitem rynkowym był produkt Apple'a – odtwarzacz iPod. Firma Apple wykorzystała ten zdecydowany trend z wyraźną trajektorią i w roku 2003 stworzyła internetowy sklep muzyczny – iTunes Music Store.

W porozumieniu z pięcioma firmami muzycznymi – BMG, EMI Group, Sony, Universal Music Group i Warner Brothers Records – iTunes oferował legalne i łatwe ściąganie plików muzycznych według własnego doboru klienta. Na początku iTunes umożliwiał nabywcom bezpłatne przeszukiwanie zbioru dwustu tysięcy utworów muzycznych, odsłuchiwanie trzydziestosekundowych próbek i ściąganie pojedynczych utworów w cenie 99 centów lub całych albumów za 9,99 dolara. Umożliwiając zakup pojedynczych utworów muzycznych za strategiczną, bardzo rozsądną cenę, iTunes wyeliminował czynnik najbardziej niedogodny dla klientów: konieczność zakupu całej płyty CD w sytuacji, gdy oni byli zainteresowani tylko jednym czy dwoma utworami.

iTunes prześcignął również wcześniejsze bezpłatne usługi ściągania muzyki z sieci, zapewniając dobrą jakość i intuicyjną nawigację, funkcje wyszukiwania i przeglądania. Chcąc ściągnąć muzykę nielegalnie, trzeba najpierw wyszukać utwór, płytę lub wykonawcę. Jeśli poszukujemy całego albumu, musimy znać tytuły wszystkich utworów i ich kolejność. Rzadko się zdarza, by można było znaleźć i ściągnąć cały album z jednej lokalizacji. Jakość dźwięku zazwyczaj też jest raczej słaba, ponieważ większość ludzi nagrywa płyty z niską rozdzielczością, aby oszczędzić miejsce. Większość dostępnych utworów odpowiada też wyłącznie gustom nastolatków, tak więc teoretycznie miliardy dostępnych utworów to tak naprawdę ich bardzo ograniczona liczba.

Z kolei funkcje wyszukiwania i przeglądania u Apple'a są uważane za najlepsze rozwiązanie w tej branży. Co więcej, edytory muzyczne iTunes zawierają kilka dodatkowych opcji, dostępnych zazwyczaj w sklepach muzycznych, w tym na przykład zestawy przebojów iTunes takie jak Best Hair Bands czy Best Love Songs, ulubione utwory typowane przez wybrane grupy osób, „celebrity playlists" czy notowania „Billboardu". Jakość utworów dostępnych w iTunes jest najwyższa, gdyż są one kodowane w formacie AAC, oferującym jakość dźwięku wyższą niż w mp3 nawet na płytach bardzo gęsto zapisanych.

Klienci tłumnie ruszyli do wirtualnego sklepu iTunes, a zyskały na tym również firmy fonograficzne i artyści. Otrzymują oni od iTunes około 70% ceny sprzedaży ściąganych utworów, zyskują więc finansowo na tym szaleństwie ściągania muzyki cyfrowej. Ponadto Apple dodatkowo chroni interesy firm fonograficznych, tworząc zabezpieczenia przed nielegalnym kopiowaniem, niepowodujące niedogodności dla użytkowników, przyzwyczajonych już do swobody ściągania muzyki przy użyciu Napstera i innych tego rodzaju programów, a przy tym zadowalające dla branży muzycznej. iTunes Music Store zezwala użytkownikom na kopiowanie ściągniętych utworów na iPody lub płyty kompaktowe do siedmiu razy – jest to liczba wystarczająca, by zadowolić miłośnika muzyki, ale stanowczo zbyt mała, by przyciągnąć zawodowe piractwo.

Dziś iTunes Music Store oferuje ponad 37 milionów utworów muzycznych oraz filmy, programy telewizyjne, książki i podcasty. Sprzedał już ponad 25 miliardów utworów muzycznych, a użytkownicy ściągają ich średnio piętnaście tysięcy na minutę. Szacuje się, że iTunes posiada ponad sześćdziesięcioprocentowy udział w globalnym rynku sprzedaży plików muzycznych przez internet. Zatem iTunes Apple'a otworzył błękitny ocean w muzyce cyfrowej i dominuje na tym rynku już przez ponad dziesięć lat z dodatkową korzyścią dla siebie w postaci zwiększenia atrakcyjności i tak już bardzo popularnego odtwarzacza iPod. W miarę jak inne internetowe sklepy muzyczne ruszają do boju, coraz większym wyzwaniem dla Apple'a staje się utrzymanie swojej pozycji na ewoluującym rynku masowym i niewpadnięcie w pułapkę porównywania się z konkurencją lub pułapkę marketingu niszowego.

Podobnie firma Cisco Systems stworzyła nową przestrzeń rynkową dzięki przewidywaniu i analizowaniu trendów. Zaczęła od decydującego i nieodwracalnego trendu z wyraźną trajektorią: rosnącego popytu na szybkie przesyłanie danych. Firma Cisco przyjrzała się dokładnie światu i zauważyła, że był on nieco zablokowany przez zbyt małe szybkości przesyłu danych i niekompatybilne sieci komputerowe. Popyt jednak lawinowo wzrastał w miarę jak, oprócz innych czynników, liczba użytkowników internetu podwajała się co mniej więcej sto dni. Dla Cisco było oczywiste, że problem na pewno będzie się jeszcze pogłębiał. Urządzenia oferowane przez Cisco, na przykład routery, przełączniki i inne urządzenia sieciowe, zostały zaprojektowane tak, by zapewniać klientom znacząco wyższą wartość w postaci szybkiego transferu danych w przyjaznym środowisku sieciowym. Pomysł Cisco miał bardziej charakter innowacji wartości niż innowacji technologicznej.

Podobnie całe mnóstwo innych firm stworzyło błękitne oceany, podążając ścieżką 6. Popatrzmy, jak CNN stworzył pierwszą globalną sieć zapewniającą serwisy w czasie rzeczywistym, przez dwadzieścia cztery godziny na dobę i siedem dni w tygodniu, opierając się na wznoszącym trendzie globalizacji. Albo jak serialowy hit HBO *Seks w wielkim mieście* wykorzystał trend rosnącej liczby aktywnych zawodowo kobiet z wielkich miast, mających problem ze znalezieniem miłości i męża, i otworzył trwający przez sześć lat błękitny ocean. Serial emitowany jest nadal przez wiele stacji i znalazł się na pierwszym miejscu listy magazynu „Time" – „Sto najlepszych programów telewizyjnych wszech czasów".

Jakie trendy, które mogą wpłynąć na naszą branżę i dostarczyć jej możliwości wielkich zysków, są nieodwracalne i podążają po wyraźnej trajektorii? W jaki sposób wpłyną one na naszą branżę? A jeśli już to wiemy, to w jaki sposób możemy stworzyć bezprecedensową użyteczność dla klientów?

Stworzenie nowej przestrzeni rynkowej

Wybiegając myślami poza konwencjonalne granice konkurencji, możemy zobaczyć, jak wykonać zmieniające konwencje, strategiczne posunięcia, które przekształcą ustanowione kiedyś granice rynku i stworzą błękitne oceany. Proces odkrywania i stwarzania błękitnych oceanów nie polega na przewidywaniu, uprzedzaniu czy powstrzymywaniu trendów branżowych. Nie jest to też proces wprowadzania metodą prób i błędów nowych, nieokiełznanych pomysłów na biznes, które mogłyby przyjść na myśl menedżerom i które podpowiadałaby intuicja. Menedżerowie powinni być raczej zaangażowani w ustrukturyzowany proces porządkowania realiów rynkowych w fundamentalnie nowy sposób. Przebudowując istniejące elementy rynku i sięgając w tym poza granice branżowe czy rynkowe, mogą oni uwolnić się od bezpośredniego konkurowania z innymi w czerwonym oceanie. Rysunek 3-5 przedstawia podsumowanie schematu sześciu ścieżek.

Teraz jesteśmy już gotowi, by rozpocząć budowę procesu planowania naszej strategii na bazie tych sześciu ścieżek. Następnie zastanowimy się, jak przekształcić proces planowania strategii, by skupić się na szerszej wizji i wykorzystać te pomysły w formułowaniu własnej strategii błękitnego oceanu.

Rysunek 3-5. Od bezpośredniej konkurencji do stworzenia błękitnego oceanu

	Bezpośrednia konkurencja		Stworzenie błękitnego oceanu
Branża	Skupia się na rywalach w branży	→	Obserwuje alternatywne branże
Grupa strategiczna	Skupia się na pozycji konkurencyjnej w ramach grupy strategicznej	→	Obserwuje różne grupy strategiczne w branży
Grupa nabywców	Skupia się na lepszej obsłudze grupy nabywców	→	Przedefiniowuje grupę nabywców branży
Zakres oferty produktu lub usługi	Skupia się na maksymalizacji wartości oferty produktu lub usługi w granicach wyznaczonych przez własną branżę	→	Obserwuje ofertę produktów i usług komplementarnych
Orientacja funkcjonalno-emocjonalna	Skupia się na zaoferowaniu lepszej ceny w ramach istniejącej orientacji funkcjonalno-emocjonalnej branży	→	Zmienia funkcjonalno-emocjonalną orientację swojej branży
Czas	Skupia się na przystosowaniu do zewnętrznych trendów, w miarę jak się pojawiają	→	Uczestniczy w kształtowaniu zewnętrznych trendów

ROZDZIAŁ 4

Skupiaj się na szerszej wizji, nie na liczbach

ZNASZ JUŻ ŚCIEŻKI prowadzące do stworzenia błękitnych oceanów. Następne pytanie, które musisz sobie zadać, to: Jak ułożyć swój proces planowania strategicznego, by skupić się na szerszej wizji, wykorzystać te pomysły i naszkicować dla swojej firmy kanwę strategii, która doprowadzi nas do stworzenia strategii błękitnego oceanu? To niemałe wyzwanie. Nasze badania wykazują, że większość procesów planowania strategicznego w firmach utrzymuje je w pułapce czerwonych oceanów. Proces doprowadza więc zazwyczaj do konkurowania w istniejącej przestrzeni rynkowej.

Wyobraźmy sobie typowy plan strategiczny. Zaczyna się on od przydługiego opisu aktualnych warunków w branży i sytuacji w konkurencji. Następnie pojawia się poparta naszkicowaniem licznych celów i inicjatyw dyskusja, jak zwiększyć udział w rynku, jak pozyskać jego nowe segmenty albo jak zredukować koszty. Niemal zawsze załącznikiem jest pełny budżet, z obowiązkowymi okazałymi wykresami i niezliczonymi tabelami z liczbami. Kulminacją procesu jest zwykle przygotowanie obszernego dokumentu opartego na zbitce danych dostarczonych przez ludzi z różnych części organizacji, którzy często nie mogą dojść ze sobą do porozumienia lub słabo się komunikują. W ramach takiego procesu strategiczne myślenie menedżerów w większości koncentruje się na wypełnianiu tabel i żonglerce liczbami zamiast na wyjściu poza te ramy i stworzeniu wyraźnej wizji sposobu oderwania się od konkurencji. Jeśli poprosisz firmy o zaprezentowanie ich proponowanych strategii na kilku slajdach, nie dziw się, że niewiele ujrzysz takich, które można określić mianem jasnych i porywających.

Trudno się zatem dziwić, że tak niewiele planów strategicznych doprowadziło do stworzenia błękitnych oceanów lub przełożyło się na działania. Zarządzających paraliżuje nieład. Tylko nieliczni szeregowi pracownicy firmy wiedzą w ogóle, jaka jest jej strategia. A bliższa obserwacja pokazuje, że większość planów nie zawiera w ogóle strategii, lecz jest raczej zbitką taktyk, z których każda z osobna być może ma jakiś sens, ale łącznie nie składają się one na zunifikowany, jasny kierunek, który pozwoli firmie się wybić, nie mówiąc już o czymś takim jak sprawienie, że konkurencja stanie się nieistotna. Czy tak właśnie wygląda planowanie strategiczne w twojej firmie?

Te przemyślenia doprowadzają nas do drugiej reguły strategii błękitnego oceanu: Skupiaj się na szerszej wizji, a nie na liczbach. Ta reguła ma kluczowe znaczenie dla minimalizacji ryzyka planowania polegającego na inwestowaniu znacznego wysiłku i czasu w coś, co zaowocuje tylko ruchami taktycznymi w czerwonym oceanie. Pokażemy tutaj alternatywne podejście do istniejącego procesu planowania strategicznego, oparte nie na przygotowaniu dokumentu, lecz na naszkicowaniu kanwy strategii[1]. To podejście zawsze prowadzi do stworzenia strategii uwalniającej kreatywność całej rzeszy ludzi w organizacji, otwierającej oczy firmy na błękitne oceany

---

[1] Przegląd zagadnienia planowania strategicznego, zob. Henry Mintzberg (1994).

oraz łatwej do zrozumienia i zakomunikowania w celu jej efektywnej realizacji.

Skupienie na szerszej wizji

Prowadząc nasze badania i świadcząc usługi doradcze, odkryliśmy, że naszkicowanie kanwy strategii jest nie tylko wizualizacją aktualnej strategicznej pozycji firmy na rynku, lecz również pomaga jej zbudować jej przyszłą strategię. Budując proces planowania strategicznego w firmie w oparciu o kanwę strategii, firma i jej menedżerowie koncentrują swoją główną uwagę na szerszej wizji, nie zakopując się w liczbach, nie uciekając w żargon i nie grzęznąc w detalach operacyjnych[2].

Jak pokazaliśmy w poprzednich rozdziałach, narysowanie kanwy strategii daje nam trzy rzeczy. Po pierwsze, pokazuje nam profil strategiczny branży, wyraźnie wychwytując te czynniki (aktualne i możliwe przyszłe), które wpływają na konkurencję wśród graczy w branży. Po drugie, pokazuje profil strategiczny aktualnych i przyszłych konkurentów, wskazując, w które czynniki należy strategicznie inwestować. I w końcu ukazuje profil strategiczny naszej firmy – lub jej krzywą wartości – wychwytując, jak inwestuje ona w czynniki konkurencyjne i jak może inwestować w nie w przyszłości. Jak pokazaliśmy w rozdziale 2, profil strategiczny z dużym potencjałem błękitnego oceanu cechuje się trzema wyróżnikami jakościowymi: skupieniem, rozbieżnością i chwytliwą puentą. Jeśli w profilu strategicznym firmy nie widać wyraźnie tych cech, jej strategia z pewnością będzie mętna, niewyróżniająca

[2] Weźmy na przykład różnicę w szerokości pasma naszych zmysłów: smak (1000 bitów/sekundę); powonienie (100 000); słuch (100 000); dotyk (1 000 000); wzrok (10 000 000). Źródło: T. Norretranders (1998). Dodatkowa lektura na temat mocy komunikacji wizualnej, zob. A.D. Baddely (1990), J. Larkin i H. Simon (1987), P. Lester (2000) oraz E.R.Tufte (1982).

i trudna do zakomunikowania. Prawdopodobnie okaże się również kosztowna w realizacji.

Szkicowanie kanwy strategii

Szkicowanie kanwy strategii nigdy nie jest łatwe. Nawet identyfikacja kluczowych czynników konkurencji daleka jest od prostoty. Jak zobaczymy, końcowa lista jest zazwyczaj zupełnie inna niż pierwsza przymiarka do niej.

Ocena, w jakim stopniu twoja firma i konkurenci oferują różne czynniki konkurencji, jest równie trudnym zadaniem. Większość menedżerów ulega silnemu wrażeniu postrzegania konkurencji i siebie samych wyłącznie przez pryzmat własnego zakresu odpowiedzialności, ale tylko nieliczni potrafią dostrzec ogólną dynamikę w swojej branży. Menedżer do spraw cateringu w liniach lotniczych będzie na przykład bardzo wyczulony na to, jak na tle branży wypada jego linia pod względem posiłków. Takie skupienie zainteresowania sprawia jednak, że trudno jest dokonać właściwej oceny; to, co wydaje się niezwykle istotne dla menedżera cateringu, może być zupełnie nieważne dla klientów, którzy są odbiorcami całościowej oferty. Niektórzy menedżerowie będą definiowali czynniki konkurencji w oparciu o wewnętrzne korzyści. Na przykład dyrektor do spraw informatyki może cenić swoją firmę za jej wspaniałą infrastrukturę informatyczną i świetną hurtownię danych, czego jednak nie zauważa większość klientów, którzy raczej koncentrują się na szybkości i łatwości korzystania z jej usług.

W ciągu ostatnich dwudziestu lat stworzyliśmy ustrukturyzowany proces szkicowania kanwy strategii i dyskutowania nad nią, który ukierunkowuje strategie firm na błękitny ocean. Grupa firm świadcząca usługi finansowe, nazwiemy ją tu European Financial Services (EFS), jest jedną z tych, które wykorzystały ten proces do stworzenia strategii pozwalającej jej odróżnić się od konkurencji.

Powstała w ten sposób strategia EFS umożliwiła w pierwszym roku jej realizacji zwiększenie dochodów o 30%. Proces ten, oparty na sześciu ścieżkach do stworzenia błękitnego oceanu i zawierający wiele stymulacji wizualnych mających uwolnić w ludziach kreatywność, składa się z czterech głównych etapów (zob. rysunek 4-1).

Etap 1. Wizualne uświadomienie

Często popełnianym błędem jest dyskusja nad zmianami strategii jeszcze przed uzgodnieniem opinii na temat aktualnego stadium działań. Inny problem polega na tym, że zarządzający często niechętnie reagują na potrzebę zmian; mogą mieć swój osobisty interes

Rysunek 4-1. Cztery etapy wizualizacji strategii

1. Wizualne uświadomienie	**2. Wizualne rozpoznanie**	**3. Wizualny kiermasz strategii**	**4. Wizualna komunikacja**
• Porównaj swoją firmę z jej konkurentami, szkicując kanwę strategii „taką, jaka jest”. • Zastanów się, co trzeba zmienić w twojej strategii.	• Rozpoznaj w praktyce sześć dróg do stworzenia błękitnego oceanu. • Zaobserwuj wyjątkowe korzyści wynikające z wykorzystania alternatywnych produktów czy usług. • Zobacz, jakie czynniki powinieneś wyeliminować, stworzyć lub zmienić.	• Naszkicuj kanwę strategii, jaka „ma być”, na podstawie spostrzeżeń dokonanych podczas praktycznych obserwacji. • Zobacz, jak na twoją alternatywną strategię zareagują twoi klienci, klienci konkurencji i nie-klienci. • Wykorzystaj te obserwacje do zbudowania jak najlepszej przyszłej strategii, jaka „ma być”.	• Przedstaw swoje pierwsze i końcowe profile strategiczne na jednej stronie, co ułatwi porównywanie. • Wspieraj tylko te projekty i posunięcia operacyjne, które umożliwiają firmie wypełnienie luk i aktualizację nowej strategii.

w utrzymaniu status quo albo mogą przeczuwać, że czas w końcu i tak pokaże, że nie mylili się w swoich wcześniejszych opiniach. Tak naprawdę, jeśli zapytamy menedżerów, co skłania ich do poszukiwania błękitnych oceanów i wprowadzania zmian, zazwyczaj odpowiadają, że ulegają bardzo zdeterminowanemu liderowi albo zmusza ich do tego poważny kryzys.

Na szczęście zauważyliśmy, że jeśli poprosimy ich o naszkicowanie krzywej wartości strategii ich firmy, uświadamiają sobie potrzebę zmian. Jest to potężny impuls pobudzający firmy do weryfikacji ich istniejącej strategii. Tak było też w EFS, która przez wiele lat borykała się ze źle określoną i słabo zakomunikowaną strategią. Firma była też głęboko podzielona. Zarządzający najwyższych szczebli w oddziałach regionalnych EFS czuli się mocno dotknięci tym, co w ich pojęciu było arogancją ze strony zarządzających w centrali, których filozofia w ich opinii polegała na przekonaniu o „czubkach w terenie i mózgach w centrali". Ten konflikt sprawiał, że tym trudniej było wziąć się za rozwiązanie problemów strategicznych. Dlatego zanim firma mogła naszkicować swoją nową strategię, musiała w pierwszej kolejności dojść do wspólnego zrozumienia aktualnej sytuacji.

EFS zaczęła proces budowy strategii od spotkania ponad dwudziestu menedżerów najwyższego szczebla z oddziałów w Europie, Ameryce Północnej, Azji i Australii i podzielenia ich na dwa zespoły. Pierwszy zespół miał za zadanie narysowanie krzywej wartości obrazującej aktualny profil strategiczny firmy w obszarze jej tradycyjnej działalności związanej z transakcjami walutowymi dla firm i porównanie go z konkurencją. Drugi zespół otrzymał podobne zadanie, tylko w odniesieniu do usług wymiany walut świadczonych online. Obie grupy miały na to dziewięćdziesiąt minut – założono, że jeśli EFS miała jasną strategię, to zadanie na pewno mogło zostać szybko wykonane.

Okazało się to jednak bardzo przykrym doświadczeniem. Oba zespoły wdały się w zażarte debaty o tym, co to są czynniki konkurencji i jakie czynniki występują w ich firmie. Wydawało się, że jest wiele różnych ważnych czynników w różnych regionach, a nawet w różnych segmentach klientów. Europejczycy na przykład twierdzili, że w ramach ich tradycyjnej działalności EFS musi oferować usługi doradcze w zakresie zarządzania ryzykiem, gdyż ich klienci z natury mają niską tolerancję ryzyka. Amerykanie z kolei uważali, że jest to zdecydowanie nieistotne. Podkreślali natomiast wartość szybkości i łatwości korzystania z usług. Wiele osób miało najdziwniejsze pomysły, z których wynikało, że w całej tej masie oni jedyni są mistrzami. Jedna osoba z zespołu zajmującego się usługami internetowymi twierdziła na przykład, że klientów można przyciągnąć ofertą natychmiastowego potwierdzania ich transakcji, podczas gdy inni nie uważali tej usługi za konieczną. Nikt w branży tego nie oferował, a faktycznie w pierwszych latach dwudziestego pierwszego wieku, poza bardzo nielicznymi wyjątkami, takimi jak na przykład Amazon, w żadnej branży nie oferowano automatycznych potwierdzeń dla kupujących.

Mimo tych trudności oba zespoły wykonały zadanie i zaprezentowały swoje obrazki na ogólnym zebraniu wszystkich uczestników. Wyniki pokazujemy na rysunkach 4-2 i 4-3.

Rysunki te wyraźnie uwidoczniły niedoskonałości strategii firmy. Krzywe wartości tradycyjnych i internetowych usług EFS wskazały na wyraźny brak punktów skupienia; firma inwestowała w różne czynniki związane z obiema liniami biznesowymi. Co więcej, obie krzywe wartości EFS były bardzo podobne do krzywych konkurencji. Trudno się zatem dziwić, że żaden zespół nie potrafił wymyślić chwytliwej puenty, która byłaby prawdziwa w odniesieniu do narysowanej przezeń krzywej wartości.

Rysunki wykazywały też pewne sprzeczności. Na przykład w działalności za pośrednictwem internetu dużo inwestowano w łatwość obsługi strony internetowej – i otrzymywała ona nawet za to nagrody – ale okazało się, że przeoczono taki element jak szybkość. EFS posiadała jedną z najwolniej działających stron w branży i to

Rysunek 4-2. Kanwa strategii dla usługi tradycyjnie zawieranych transakcji walutowych

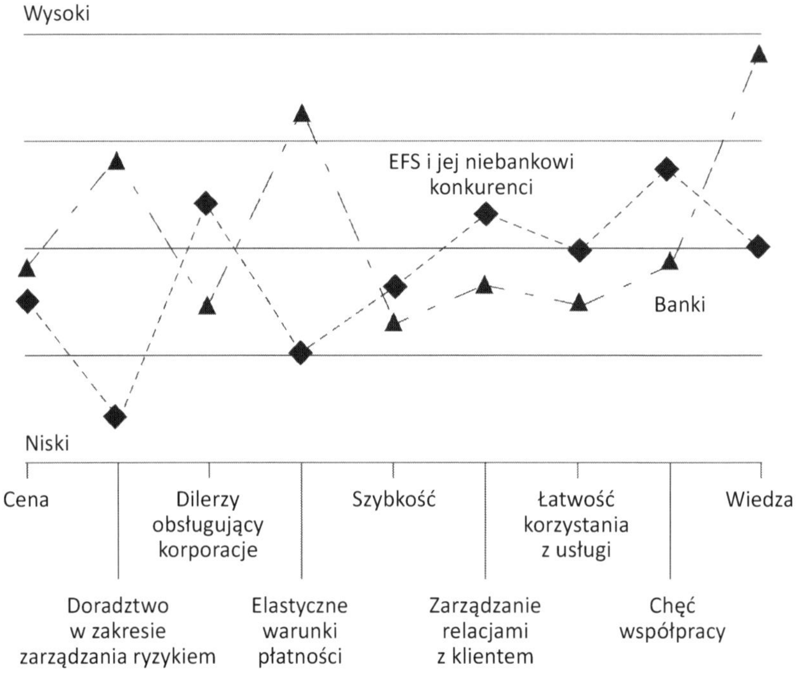

mogło stanowić wyjaśnienie, dlaczego taka na pozór zadbana strona słabo przyciągała klientów, nie zachęcając do zakupu.

Największym szokiem okazały się chyba jednak wnioski z porównania strategii EFS z konkurencją. Grupa internetowa uświadomiła sobie, że jej najmocniejszy konkurent, którego nazwaliśmy Clearskies, miał skoncentrowaną, oryginalną i łatwą do zakomunikowania strategię: „Wymiana waluty za jednym naciśnięciem guzika". Szybko rosnąca firma Clearskies opuszczała zatem czerwony ocean.

Wobec oczywistości słabych stron firmy zarządzający EFS nie byli w stanie obronić tego, co za ich przyczyną okazało się słabą, mało oryginalną i źle zakomunikowaną strategią. Usiłując naszkicować

Rysunek 4-3. Kanwa strategii dla usługi transakcji walutowych zawieranych online

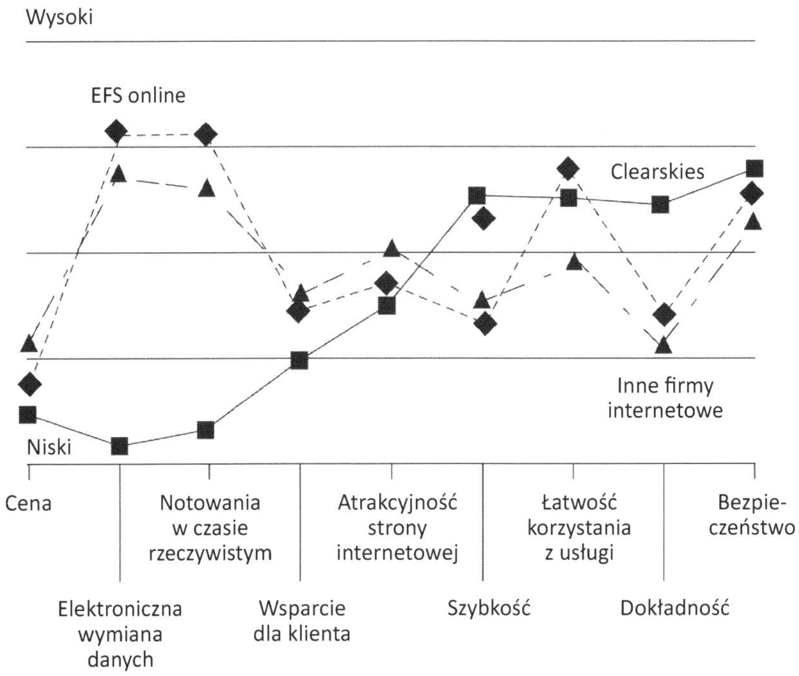

kanwę strategii, dotarli do przesłanek do zmian, mocniejszych niż jakiekolwiek inne argumenty przytaczane w postaci liczb czy słów. Tak zrodziło się wśród zarządzających silne pragnienie poważnego przemyślenia na nowo aktualnej strategii firmy.

Etap 2. Wizualne rozpoznanie

Uświadomienie to tylko pierwszy krok. Następny to wysłanie zespołu na linię frontu. Menedżerowie muszą stanąć oko w oko z problemem, by móc poczuć, o co tak naprawdę chodzi: jak ludzie korzystają lub nie korzystają z ich produktów lub usług. Ten etap może wydawać się oczywisty, ale zauważyliśmy, że menedżerowie często zlecają innym wykonanie tej części procesu tworzenia strategii. Opierają się na raportach, które przygotowali inni ludzie (często bardzo oderwanych od tego, czego mają dotyczyć).

Firma nigdy nie powinna zlecać innym tego, co powinna zobaczyć na własne oczy. Po prostu niczym nie można zastąpić własnego, naocznego sprawdzenia. Wielcy artyści nie malują na podstawie opisów przygotowanych przez innych ludzi ani nawet z fotografii; wolą zobaczyć przedmiot na własne oczy. To samo dotyczy wielkich strategów. Michael Bloomberg, zanim został burmistrzem Nowego Jorku, został okrzyknięty wielkim wizjonerem biznesu, gdyż potrafił sobie uświadomić, że dostawcy informacji biznesowych powinni zaoferować również internetowe narzędzia analityczne, aby odbiorcom łatwiej było zrozumieć otrzymywane dane. On sam jednak z całym przekonaniem twierdził, że taki pomysł byłby czymś oczywistym dla każdego, kto kiedykolwiek *obserwował* dilerów korzystających z serwisów Reuters lub Dow Jones Telerate. Przedtem dilerzy używali papieru, ołówka i ręcznych kalkulatorów, zapisując sobie kwotowania i obliczając rozsądną wartość rynkową, zanim podjęli decyzję o zakupie lub sprzedaży. Kosztowało ich to dużo czasu i pieniędzy, a o pomyłkę było nietrudno.

Wielkie spostrzeżenia strategiczne, takie jak to, są nie tyle wynikiem geniuszu, co skutkiem wyjścia na linię frontu i zakwestionowania granic konkurencji[3]. W przypadku Bloomberga jego spostrzeżenie stało się możliwe dzięki temu, że zamiast skupiać się na zaopatrzeniowcach, przeniósł swoją uwagę na użytkowników sprzętu komputerowego: dilerów i analityków. To umożliwiło mu zobaczenie rzeczy niewidzialnych dla innych[4].

---

[3] Więcej na temat zalet eksperymentalnego uczenia się, zob. L. Borzak (1981) i D.A. Kolb (1983).

[4] Szersze omówienie sposobu, w jaki Bloomberg wykorzystał jedną z sześciu ścieżek do stworzenia błękitnego oceanu i zdystansowania konkurencji, zob. rozdział 3.

Oczywiście pierwszym elementem, jaki należy obserwować, są klienci. Nie można jednak poprzestać tylko na nich. Powinniśmy przyjrzeć się również nieklientom[5]. A jeśli klient nie jest tą samą osobą co użytkownik, trzeba rozszerzyć swoje obserwacje na użytkowników, tak jak zrobił to Bloomberg. Nie wystarczy rozmawiać z tymi ludźmi, trzeba również obserwować ich w działaniu. Identyfikacja zestawu produktów i usług komplementarnych, z których korzystają oni przy okazji używania naszych produktów i usług, może podsunąć nam pomysł wykorzystania szans sprzedaży łączonej. I w końcu musimy też się przyjrzeć, jak klienci znajdują alternatywne sposoby zaspokojenia swoich potrzeb, które ma zaspokajać nasz produkt lub usługa. Na przykład jazda samochodem jest alternatywą dla lotu samolotem, więc powinniśmy przeanalizować również jej wyjątkowe zalety i cechy charakterystyczne.

Firma EFS wysłała swoich menedżerów na cztery tygodnie na linię frontu, aby tam zbadali sześć ścieżek do stworzenia błękitnego oceanu[6]. W ramach tego procesu każdy musiał porozmawiać z dziesięcioma osobami i obserwować je przy zawieraniu transakcji walutowych. Wśród tych osób mieli się znaleźć utraceni klienci, nowi klienci oraz klienci konkurentów EFS i firm dostarczających alternatywne usługi. Menedżerowie sięgnęli również poza tradycyjne granice branży, do firm, które nie korzystały jeszcze z usług wymiany walut, ale mogły być nimi zainteresowane w przyszłości – na przykład firmy internetowe o zasięgu globalnym, takie jak Amazon.com, który wtedy właśnie zaczynał rozwijać skrzydła. Przeprowadzili oni wywiady z końcowymi korporacyjnymi użytkownikami usług wymiany walut – działami rachunkowości i skarbu w firmach. I w końcu przyjrzeli się pomocniczym produktom i usługom wyko-

[5] Dyskusja na temat nieklientów, zob. rozdział 5.

[6] Szerokie omówienie zastosowanego tutaj schematu sześciu ścieżek, zob. rozdział 3.

rzystywanym przez ich klientów – w szczególności tym do zarządzania środkami i symulacji cen.

Badania przeprowadzone na linii frontu przyczyniły się do odrzucenia wielu wniosków, do których doszli menedżerowie w pierwszym etapie procesu tworzenia strategii. Na przykład menedżerowie do spraw kontaktów z firmami, co do których niemal wszyscy zgadzali się, że są kluczem do sukcesu firmy, i z których byli dumni, tak naprawdę okazali się piętą achillesową firmy. Klienci byli wściekli z powodu straty czasu, za jaką uważali kontakty z tymi menedżerami. Nabywcy postrzegali tych swoich opiekunów jako ludzi odpowiedzialnych za utrzymanie relacji w sytuacji, gdy EFS nie wywiązywała się ze swoich obietnic.

Ku zaskoczeniu wszystkich czynnikiem, który klienci cenili sobie najbardziej, było szybkie otrzymywanie potwierdzenia transakcji, co za ważne uznał poprzednio tylko jeden menedżer. Menedżerowie EFS zobaczyli, że pracownicy działów rachunkowości ich klientów poświęcają dużo czasu na telefony w sprawie potwierdzenia dokonania płatności i sprawdzania, kiedy nastąpi wpływ. Klienci odbierali wiele telefonów w tej samej sprawie, tracili na to czas, a potem musieli dodatkowo telefonować do dostawcy usług rynku walutowego, czyli właśnie do EFS lub jej konkurenta.

Zespoły EFS zostały więc ponownie wywołane do tablicy. Tym razem jednak miały zaproponować nową strategię. Każdy zespół miał za zadanie narysować sześć nowych krzywych wartości, wykorzystując schemat sześciu ścieżek, wyjaśniony w rozdziale 3. Każda nowa krzywa wartości musiała odzwierciedlać strategię, która pomogłaby firmie wyróżnić się na rynku. Oczekując sześciu rysunków od każdego zespołu, liczyliśmy na to, że skłonimy menedżerów do stworzenia kreatywnych propozycji i przełamania granic ich konwencjonalnego myślenia.

Dla każdej strategii wizualnej każdy zespół miał też wymyślić i zapisać chwytliwą puentę, która uchwyciłaby istotę tej strategii i przemówiła bezpośrednio do nabywców. Pojawiły się takie sugestie, jak „Zostaw to nam", „Zrób to sprytniej" czy „Wiarygodna transakcja". Silne poczucie rywalizacji, jakie rozwinęło się między dwoma zespołami, sprawiło, że proces stał się miłą zabawą, dodawał wszystkim energii i w końcu doprowadził zespoły do stworzenia kilku różnych strategii błękitnego oceanu.

Etap 3. Wizualny kiermasz strategii

Po dwóch tygodniach szkicowania i poprawiania tych szkiców zespoły zaprezentowały swoje kanwy strategii w formie, którą nazwiemy *wizualnym kiermaszem strategii.* Jego uczestnikami byli między innymi zarządzający najwyższego szczebla, ale przede wszystkim przedstawiciele „zewnętrznego elektoratu" EFS, ludzie, z którymi spotykali się menedżerowie podczas swoich wypraw „w teren", w tym nieklienci, klienci konkurencji i niektórzy najbardziej wymagający klienci EFS. Przez dwie godziny zespoły zaprezentowały dwanaście krzywych wartości – sześć przygotowanych przez grupę „internetową" i sześć przez „tradycyjną". Prezentacja każdej trwała nie dłużej niż dziesięć minut, gdyż zakładano, że jeśli teoria, na której opierano pomysły, wymaga do zaprezentowania więcej niż dziesięciu minut, to prawdopodobnie jest zbyt skomplikowana, żeby mogła okazać się dobra. Rysunki zostały wywieszone na ścianach, aby uczestnicy bez problemu mogli je zobaczyć.

Po zaprezentowaniu dwunastu strategii każdy z jurorów – zaproszonych słuchaczy – otrzymał pięć samoprzylepnych kartek, które miał przykleić obok swojego faworyta. Mógł wszystkie pięć przyznać jednemu, jeśli uznał jego strategię za wyjątkowo porywającą. Przejrzystość i natychmiastowość takiego podejścia pozwoliła uwolnić się od politykowania, które często towarzyszy procesom planowania strategicznego. Menedżerowie musieli kierować się oryginalnością i jasnością krzywych wartości podczas ich prezentacji. Jeden zaczął na przykład od stwierdzenia: „Mamy tak fajną strategię, że nie będziecie już chcieli być naszymi klientami, tylko naszymi fanami".

Po przyznaniu not jurorzy zostali poproszeni o uzasadnienie swoich wyborów, co stanowiło niejako drugi poziom badania reakcji zwrotnej w procesie budowy strategii. Jurorzy zostali również poproszeni o wyjaśnienie, dlaczego nie zagłosowali na inne krzywe wartości.

Gdy zespoły dokonały podsumowania elementów za i przeciw wspólnych dla wszystkich jurorów, uświadomiły sobie, że cała jedna trzecia tego, co oni sami uważali za kluczowe czynniki konkurencji, miała tak naprawdę marginalne znaczenie dla klientów. Następna jedna trzecia to czynniki albo niezbyt dobrze sprecyzowane, albo w ogóle przeoczone w fazie wizualnego uświadomienia. Stało się jasne, że zarządzający muszą jeszcze raz przemyśleć swoje od dawna przyjmowane założenia, takie jak na przykład oddzielenie tradycyjnej i internetowej działalności EFS.

Dowiedzieli się również, że nabywcy ze wszystkich rynków mieli taki sam podstawowy zbiór potrzeb i oczekiwali podobnych usług. Jeśli te wspólne potrzeby zostaną zaspokojone, klienci mogą nawet zrezygnować ze wszystkiego innego. Różnice regionalne stawały się znaczące tylko wtedy, gdy pojawiał się problem ze sprawami podstawowymi. To spostrzeżenie było nowością dla wielu ludzi, którzy twierdzili, że ich regiony są wyjątkowe.

Po takim kiermaszu strategii zespoły były w końcu gotowe do spełnienia swojej misji. Mogły narysować krzywą wartości, która trafniej niż przedtem odzwierciedlała istniejący profil strategiczny, między innymi dlatego, że na nowym rysunku pominięto rozróżnienie między tradycyjnym i internetowym świadczeniem usług. Co więcej, menedżerowie byli w stanie narysować teraz linię przyszłej strategii, pozwalającej się wyróżnić i odpowiadającej na prawdziwe, choć ukryte potrzeby rynku. Na rysunku 4-4 pokazujemy najbardziej wyraziste różnice między aktualną i przyszłą strategią firmy.

Jak pokazuje rysunek, przyszła strategia EFS wyeliminowała zarządzanie relacjami z klientem i ograniczyła inwestycje w menedżerów – opiekunów klientów, którzy od tego momentu byli przy-

Rysunek 4-4. EFS: przed i po

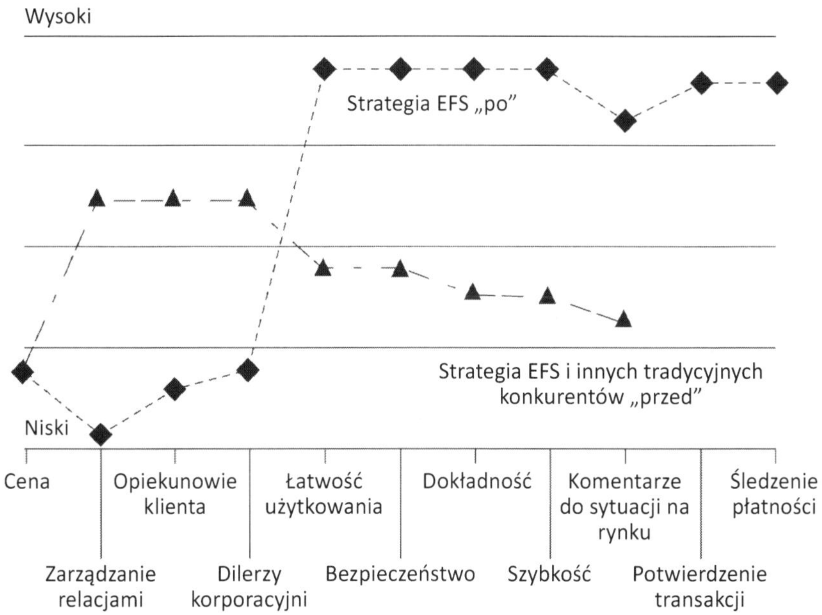

dzielani tylko klientom o najwyższej randze. Te posunięcia przyczyniły się do radykalnego obniżenia kosztów EFS, gdyż menedżerowie do spraw relacji z klientami i opiekunowie klientów byli najkosztowniejszymi ludźmi w firmie. Przyszła strategia EFS kładła nacisk na łatwość użytkowania, bezpieczeństwo, dokładność i szybkość. Te czynniki mogły zostać wyeksponowane dzięki komputeryzacji, która umożliwia klientom bezpośrednie wprowadzanie danych zamiast przesyłania ich faxem do EFS, co w tamtych czasach było w tej branży normą.

Działanie takie pozwoliło również zaoszczędzić czas dilerów korporacyjnych, którzy dotychczas tracili go sporo na pracę papierkową i korygowanie błędów. Teraz mogli poświęcić ten czas na opracowanie bogatszych komentarzy do sytuacji na rynku, co było kluczowym czynnikiem sukcesu. EFS mogła wysyłać do wszystkich klientów automatyczne potwierdzenia transakcji. Można też było zaoferować usługę śledzenia drogi płatności, podobnie jak oferuje to firma FedEx czy UPS dla przypadku przesyłek kurierskich. Branża obsługi transakcji walutowych nigdy wcześniej nie oferowała takich usług. Na rysunku 4-5 podsumowujemy cztery działania EFS prowadzące do stworzenia innowacji wartości będącej kamieniem węgielnym strategii błękitnego oceanu.

Nowa krzywa wartości eksponowała kryteria strategii prowadzącej do sukcesu. Była bardziej skoncentrowana od poprzedniej strategii; inwestycje były dokonywane bardziej rozważnie niż poprzednio. Krzywa odbiegała też od innych, bardzo podobnych do siebie krzywych w branży, prezentujących podejście „I ja też", i wyrażała sobą porywającą puentę: „FedEx w transakcjach walutowych dla firm: łatwo, rzetelnie, szybko i czytelnie". Łącząc swoje dwie linie biznesowe: tradycyjną i internetową w jedną atrakcyjną ofertę, EFS znacząco zmniejszyła stopień skomplikowania operacyjnego swojego modelu biznesowego, dzięki czemu systematyczna realizacja nowej strategii stała się dużo łatwiejsza.

Rysunek 4-5. Diagram eliminuj-redukuj-wzmocnij-stwórz: przypadek EFS

Eliminuj Zarządzanie relacjami	**Wzmocnij** Łatwość użytkowania Bezpieczeństwo Dokładność Szybkość Komentarze do sytuacji na rynku
Redukuj Opiekunów klienta Dilerów korporacyjnych	**Stwórz** Potwierdzenia transakcji Śledzenie płatności

Etap 4. Wizualna komunikacja

Gdy już zostanie ustalona przyszła strategia, ostatnim krokiem będzie zakomunikowanie jej w sposób łatwo zrozumiały dla każdego pracownika. EFS rozpowszechniła wśród pracowników mieszczący się na jednej stronie obrazek pokazujący nowy i stary profil strategiczny, tak że każdy pracownik mógł zobaczyć, gdzie znajduje się firma i na czym ma koncentrować swoje wysiłki, by stworzyć sobie lepszą przyszłość. Menedżerowie wyższego szczebla, którzy uczestniczyli w tworzeniu strategii, odbywali spotkania ze swoimi bezpośrednimi podwładnymi, podczas których pokazywali im wizualizację strategii i wyjaśniali, co trzeba wyeliminować, co zredukować, co wzmocnić, a co stworzyć, by dotrzeć do błękitnego oceanu. Ci ludzie przekazywali swoją wiedzę dalej, do swoich bezpośrednich podwładnych. Pracownicy byli tak zmotywowani jasnym planem gry, że wielu z nich zawiesiło nad swoim biurkiem obrazek przedstawiający strategię, by przypominał im o nowych priorytetach EFS i lukach, które trzeba wypełnić.

Nowy obraz stał się punktem odniesienia przy podejmowaniu decyzji inwestycyjnych. Na poparcie mogły liczyć tylko te pomysły, które pomagały EFS przejść od starej do nowej krzywej wartości. Gdy na przykład biura regionalne wnioskowały do działu informatyki o dodanie nowych linków na stronie internetowej – czyli o coś, na co poprzednio zgadzano się bez szerszej debaty – jego pracownicy prosili o wyjaśnienie, w jaki sposób linki te będą pomocne w przejściu do nowego profilu EFS. Jeśli biuro regionalne nie było w stanie podać żadnego wyjaśnienia, wniosek był odrzucany, gdyż priorytetem była czytelność strony, a nie jej komplikowanie. Podobnie gdy dział informatyki prezentował zarządowi nowy, kosztujący kilka milionów dolarów system obsługi wewnętrznej, głównym kryterium jego oceny była jego zdolność do zaspokojenia potrzeb strategicznych, wynikających z nowej krzywej wartości.

Wizualizacja strategii na poziomie korporacji

Wizualizacja strategii może też znaleźć swoje miejsce w dialogu między różnymi jednostkami organizacyjnymi firmy i centrum korporacyjnym w procesie przeprowadzenia firmy z czerwonego do błękitnego oceanu. Gdy jednostki biznesowe zaprezentują sobie nawzajem swoje kanwy strategii, pogłębi się wzajemne zrozumienie ich działalności w ramach tej samej korporacji. Co więcej, proces ten sprzyja też rozprzestrzenianiu się dobrych praktyk wśród jednostek biznesowych.

Wykorzystanie kanwy strategii

Jeśli chcemy zobaczyć, jak to działa, rozważmy przykład koreańskiej firmy Samsung Electronics i przyjrzyjmy się, jak wykorzystała ona kanwę strategii. Skupmy się na jednej z konferencji korporacyjnych, w której uczestniczyło ponad siedemdziesięciu zarządzających najwyższych szczebli, nie wyłączając dyrektora generalnego. Szefowie jednostek prezentowali najwyższemu kierownictwu i sobie nawzajem swoje kanwy i plany wdrożeniowe. Dyskusje były bardzo gorące, a szefowie wielu jednostek twierdzili, że dowolność kształtowania strategii przez ich jednostki jest ograniczana ze względu na konkurencję, z jaką się spotykają. Ci, którzy mieli słabsze osiągnięcia, uważali, że nie mieli innego wyboru jak tylko dostosować się do oferty konkurencji. Ta hipoteza okazała się jednak fałszywa, gdy jedna z najszybciej rozwijających się jednostek – dział telefonów komórkowych – zaprezentowała swoją kanwę strategii. Nie tylko miała wyróżniającą się krzywą wartości, ale również działała w warunkach najostrzejszej konkurencji.

Firma Samsung Electronics zinstytucjonalizowała wykorzystanie kanwy strategii w podejmowaniu kluczowych decyzji w sprawach rozwoju biznesu, tworząc w roku 1998 Centrum Programu Innowacji Wartości – Value Innovation Program (VIP) Center. Był to rok, kiedy firma stanęła na rozdrożu. Wciąż jeszcze były odczuwane skutki kryzysu finansowego, który nawiedził Azję w 1997 roku, a firma pod przywództwem swojego lidera Jong Yong Yuna odczuwała palącą potrzebę przełamania konkurencji typu towarowego i stworzenia produktów, które czymś by się wyróżniały, a równocześnie cechowały się niższymi kosztami. Nie chodziło zresztą tylko o sam produkt, ale o cały biznes. Tylko to, zdaniem Yuna, mogło w przyszłości zapewnić firmie pozycję lidera w branży elektroniki konsumenckiej. Mając przed oczami ten cel, a równocześnie działając pod wpływem naszej teorii innowacji wartości, stworzono zatem Centrum Programu Innowacji Wartości[7]. Mieści się ono w pięciokondygnacyjnym budynku usytuowanym na terenie olbrzymiego kompleksu przemysłowego w południowokoreańskim mieście Suwon. To tutaj zbierali się członkowie interdyscyplinarnych zespołów z różnych jednostek biznesowych, aby przedyskutować swoje projekty strategiczne noszące różne nazwy, na przykład Rainbow czy Habana[8]. Dyskusje koncentrowały się zazwyczaj na kanwie strategii.

Co roku ponad dwa tysiące ludzi przewijało się przez Centrum VIP w Suwon; projektanci, inżynierowie, planiści i programiści spotykali się tu na kilka dni – lub miesięcy – by wspólnie stworzyć szczegółowe specyfikacje nowych produktów, które firma wprowadzi na rynek, realizując strategię błękitnego oceanu. Centrum ma kluczowy zespół ludzi, których praca polega na wspieraniu pojawiających się w centrum projektów skoncentrowanych na wprowadzaniu innowacji wartości do nowych generacji produktów Samsunga. Dysponując wiedzą na temat innowacji wartości, która była owocem tych spotkań, centrum – wyposażone w zaplecze umożliwiające równoczesną realizację dwudziestu projektów – wspierało jednostki biznesowe w podejmowaniu decyzji w sprawach ich ofert produktowych. Co roku przez centrum przechodzi średnio około

---

[7] Zob. „Korea Economic Daily" (2011).

[8] Zob. „Fortune" (2005).

dziewięćdziesięciu projektów strategicznych. Firma Samsung otworzyła również kilkanaście oddziałów Centrum, by jeszcze lepiej zaspokajać wciąż rosnące potrzeby jednostek biznesowych.

W tym duchu firma Samsung Elcetronics wprowadziła zwyczaj organizowania corocznej konferencji korporacyjnej poświęconej innowacji wartości, której przewodniczą wszyscy członkowie najwyższego kierownictwa firmy. Na forum takiej konferencji przedstawiane są najlepsze projekty innowacji wartości. Odbywają się prezentacje, prowadzone są pokazy, a najlepsi otrzymują nagrody i wyróżnienia. To między innymi w ten sposób Samsung Electronics tworzy system wspólnego języka, krzewi kulturę korporacyjną i tworzy normy strategiczne, przez co cały biznes zmierza od czerwonych ku błękitnym oceanom[9].

Od chwili stworzenia Centrum Programu Innowacji Wartości firma Samsung Electronics przebyła długą drogę. Jej przychody ze sprzedaży wzrosły z 16,6 miliarda dolarów w 1998 roku do 216,7 miliarda dolarów w roku 2013, a wraz z tym wystrzeliła w górę wartość marki. Samsung Electronics jest uważana obecnie za jedną z dziesięciu najcenniejszych marek globalnych[10]. Wprawdzie koncentracja Samsunga na dążeniu do innowacji wartości już przyniosła efekty w dziedzinie sprzedaży, wartości marki i rynkowego przywództwa, ale w przyszłości będzie potrzebna jeszcze większa innowacja wartości, ponieważ do szybko zmieniającej się branży wysokiej technologii i elektroniki konsumenckiej wkraczają niskokosztowi konkurenci i gracze nietradycyjni.

Czy szefom jednostek biznesowych w twojej firmie nie brakuje zrozumienia działalności innych jednostek w całym portfelu biznesowym firmy? Czy twoje dobre praktyki strategiczne nie są zbyt niewyraźnie komunikowane innym jednostkom biznesowym? Czy jednostki o słabszych osiągnięciach chętnie usprawiedliwiają to

---

[9] Zob. „Korea Economic Daily" (2004).

[10] Interbrand, *Best Global Brands 2013* (wejście 1 lipca 2014).

sytuacją w konkurencji? Jeśli na którekolwiek z tych pytań odpowiedziałeś twierdząco, spróbuj narysować kanwę strategii swojej jednostki biznesowej i pokazać ją innym.

Wykorzystanie mapy pionier-wędrownik-osadnik (mapa PMS – Pioneer-Migrator-Settler)

Wizualizacja strategii może również pomóc menedżerom odpowiedzialnym za prognozowanie i planowanie przyszłego rozwoju firmy i jej zysków. Wszystkie zbadane przez nas firmy, które stworzyły błękitne oceany, były pionierami w swojej branży, ale niekoniecznie w dziedzinie rozwoju nowych technologii, lecz raczej w zawieraniu wartości oferowanej klientom w zupełnie nowych granicach. Rozszerzając metaforę pionierstwa, możemy w obrazowy sposób mówić o potencjale wzrostu istniejących i przyszłych przedsiębiorstw i linii biznesowych.

Rolę *pionierów* dla firmy pełnią te działalności, które oferują bezprecedensową wartość. To oferta otwierająca błękitne oceany, to najobfitsze źródła zyskownego wzrostu. To właśnie one przyciągają masy zwolenników – klientów. Ich krzywa wartości na kanwie strategii różni się od konkurencji. Drugim ekstremum są *osadnicy* – firmy lub działalności, których krzywe wartości pokrywają się ze średnią branżową. To działalności na zasadzie „ja też". Osadnicy zazwyczaj nie wnoszą zbyt wiele w przyszły wzrost firmy, gdyż utknęli w czerwonym oceanie.

Potencjał *wędrowników* leży gdzieś pośrodku. Takie firmy lub działalności w pewnym sensie wzbogacają krzywą wartości, dając klientom więcej za mniej, jednak nie zmieniają zasadniczo jej kształtu. Oferują wyższą wartość, ale nie jest to wartość innowacyjna. To firmy lub działalności, których strategie plasują się gdzieś na pograniczu między czerwonymi i błękitnymi oceanami.

Pożytecznym ćwiczeniem dla zespołu zarządzającego wzrostem firmy jest naszkicowanie aktualnego i planowanego portfela firmy w formie mapy *pionier-wędrownik-osadnik* (mapa PWO lub po angielsku PMS od *pioneer, migrator, settler*). Dla celów tego ćwiczenia mianem osadników określimy firmy funkcjonujące na zasadzie „ja też", wędrowników – posiadające oferty biznesowe lepsze niż rynkowa większość, a pionierów – oferujące innowację wartości.

Jeśli zarówno aktualny, jak i planowany portfel ofert składa się głównie z osadników, to firma znajduje się na trajektorii słabego wzrostu i dość mocno tkwi w czerwonym oceanie, dlatego trzeba, by ruszyła na poszukiwania innowacji wartości. Mimo że firma dzisiaj może osiągać zyski, bo osadnicy wciąż jeszcze dają zarobić, to jednak może wpaść w pułapkę porównań wskaźnikowych z konkurencją, naśladownictwa i ostrej konkurencji cenowej.

Jeśli aktualna i planowana oferta składa się z wielu wędrowników, można oczekiwać zadowalającego wzrostu. Firma nie wykorzystuje jednak w pełni swojego potencjału wzrostu i ryzykuje zepchnięcie na margines przez tych, którzy oferują innowacje wartości. Nasze doświadczenia pokazują, że im więcej jest w danej branży osadników, tym większa jest szansa na innowację wartości i stworzenie błękitnego oceanu nowej przestrzeni rynkowej.

To ćwiczenie jest szczególnie cenne dla menedżerów chcących sięgnąć wzrokiem poza obecne osiągnięcia. Dochody, zyskowność, udział w rynku i zadowolenie klientów to wszystko miary aktualnej pozycji firmy. W przeciwieństwie jednak do tego, co podpowiada konwencjonalne myślenie strategiczne, miary te nie wskazują drogi na przyszłość; zmiany w otoczeniu są za szybkie. Dzisiejszy udział w rynku jest odzwierciedleniem historycznych osiągnięć firmy. Pomyślmy na przykład o strategicznym zwrocie i zachwianiu podziałem rynku, jakie nastąpiły, gdy na amerykański rynek serwisów informacyjnych wkroczyła firma CNN. ABC, CBS i NBC – firmy z historycznie silnym udziałem – zostały po prostu zmiecione.

Zarządzający powinni raczej uznać wartość i innowację za najważniejsze parametry zarządzania portfelem ich firm. Powinni stosować innowację, ponieważ bez niej firmy wpadają w pułapkę wprowadzania ulepszeń pod dyktando konkurencji. Powinni odwoływać się do wartości, ponieważ innowacyjne pomysły przyniosą zyski tylko wtedy, gdy będą się odnosiły do czegoś, za co nabywca zechce zapłacić.

Jest jasne, że zarządzający firmami powinni skłaniać swoje organizacje do przeniesienia punktu równowagi przyszłego portfela w kierunku pionierów. Taka właśnie jest droga do zyskownego wzrostu. Mapa PWO, zaprezentowana na rysunku 4-6, pokazuje tę trajektorię. Jest to diagram przedstawiający portfel różnych rodzajów działalności firmy, w którym punkt ciężkości jej aktualnego portfela złożonego z dwunastu linii biznesowych, wyrażonych przez dwanaście kropek, przesuwa się od miejsca, gdzie przewagę mają osadnicy, ku nowemu położeniu równowagi, w którym więcej jest wędrowników i pionierów.

Starając się skierować firmę ku pionierom, zarządzający powinni mieć jednak świadomość, że chociaż osadnicy mają znikomy potencjał wzrostu, to często są generatorami gotówki na dziś.

Rysunek 4-6. Test na potencjał wzrostu portfela różnych działalności

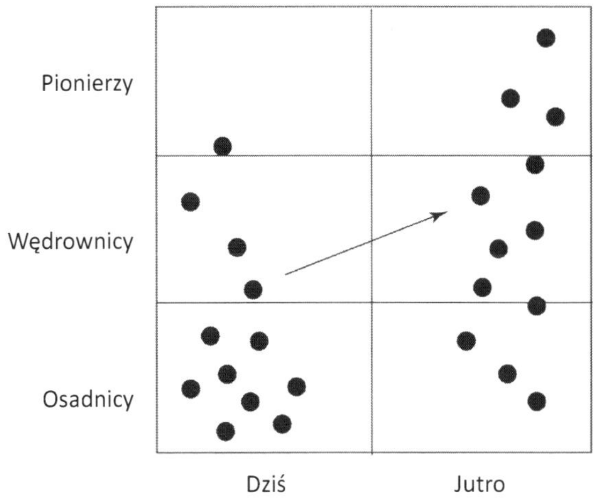

W jaki zatem sposób w konkretnej chwili znaleźć równowagę między zapotrzebowaniem na środki pieniężne i wzrostem, aby zmaksymalizować zyskowny wzrost na poziomie całej korporacji? Jak stworzyć najlepszą strategię odnowy portfela działalności w czasie? Jak powinna zadziałać w praktyce taka strategia odnowy? Do tych ważnych pytań związanych z odnową odniesiemy się w rozdziale 10.

Przezwyciężanie ograniczeń dla planowania strategicznego

Menedżerowie często, wprost lub w sposób zakamuflowany, wyrażają swoje niezadowolenie z istniejącego planowania strategicznego – najważniejszego działania strategii. W ich mniemaniu planowanie strategiczne powinno bardziej polegać na wspólnej budowie mądrości niż na planowaniu z góry na dół i z dołu do góry. Myślą, że powinno ono mieć charakter bardziej konwersacyjny niż dokumentacyjny i że powinno odnosić się raczej do tworzenia szerokiej wizji niż do ćwiczeń rachunkowych. Powinno być kreatywnym komponentem, a nie działaniem stricte analitycznym, i powinno być bardziej motywujące, odwoływać się do zaangażowania na zasadzie dobrowolności, a nie do targowania się, a w konsekwencji do zaangażowania o charakterze negocjacyjnym. Jednak pomimo tak ogromnego poczucia potrzeby zmiany niewiele wysiłku wkłada się w budowanie realnej alternatywy dla istniejącego planowania strategicznego, choć jest to najważniejsze zadanie zarządzających w tym sensie, że niemal każda firma na świecie nie tylko to robi, ale często co roku poświęca na pełne wykonanie tego ćwiczenia kilka wyczerpujących miesięcy. Innymi słowy, firmy mają wprawdzie do dyspozycji jasny proces tworzenia planów, jednak dotychczas nie stworzono teorii procesu prawdziwego tworzenia strategii.

Jesteśmy przekonani, że zaproponowany tutaj czteroetapowy proces w dużej mierze przyczyni się do poprawy tej sytuacji. Budowanie procesu przy wykorzystaniu obrazu rozwiązuje wiele spośród wskazywanych przez menedżerów powodów do niezadowolenia i przynosi dużo lepsze rezultaty. Jak zauważył Arystoteles, „Dusza nigdy nie myśli bez obrazu".

Naszkicowanie kanwy strategii i mapy PWO to oczywiście niejedyne części procesu budowy strategii. Na pewnym etapie pojawi się potrzeba przetworzenia i omówienia liczb i dokumentów. Jesteśmy jednak przekonani, że te szczegóły przyjdą łatwiej, jeśli menedżerowie zaczną od szerszej wizji tego, jak odróżnić się od konkurencji. Zaproponowane tutaj metody wizualizacji strategii sprawią, że stanie się ona częścią procesu planowania strategicznego, i znacząco zwiększą szanse na stworzenie błękitnego oceanu.

Jak zmaksymalizujesz wielkość błękitnego oceanu, który tworzysz? Następny rozdział precyzyjnie odnosi się do tego pytania.

ROZDZIAŁ 5

Sięgaj poza istniejący popyt

ŻADNA FIRMA NIE CHCE WYPRAWIAĆ SIĘ poza czerwone oceany tylko po to, by stwierdzić, że znalazła się w kałuży. Trzeba więc postawić sobie pytanie o to, jak zmaksymalizować wielkość błękitnego oceanu, który właśnie tworzymy. To doprowadza nas do trzeciej reguły strategii błękitnego oceanu: Sięgaj poza istniejący popyt. To kluczowy element osiągania innowacji wartości. Podejście to, polegające na skupianiu jak największego popytu na nową ofertę, zmniejsza skalę ryzyka związanego z tworzeniem nowego rynku.

Aby to osiągnąć, firmy powinny rzucić wyzwanie dwóm konwencjonalnym praktykom strategicznym. Jedna to koncentracja na istniejących klientach. Druga to dążenie do jak najdrobniejszej segmentacji w celu dostosowania się do różnic między nabywcami. Na ogół w celu zwiększenia udziału w rynku firmy starają się utrzymać istniejących klientów i pozyskać od nich większe zamówienia. To często prowadzi do rozdrobnienia segmentacji i tworzenia oferty na miarę, oferty lepiej zaspokajającej preferencje tych klientów. Im silniejsza konkurencja, tym większa przeciętnie skala indywidualizacji oferty. Firmy konkurują, starając się zaspokoić w jak najszerszym zakresie preferencje klientów, tworząc coraz bardziej rozdrobnioną segmentację i często ryzykując tym samym stworzenie zbyt małych rynków.

Dla maksymalizacji rozmiarów swoich błękitnych oceanów firmy muszą obrać przeciwny kurs. Zamiast koncentrować się na klientach, powinny przyjrzeć się nieklientom. Zamiast koncentrować się na różnicach wśród klientów, powinny oprzeć się na potędze wspólnych cech tego, czemu klienci przypisują wartość. To umożliwia firmom sięganie poza istniejący popyt i otwieranie się na nowych masowych klientów, którzy wcześniej nie istnieli.

Przyjrzyjmy się firmie Callaway Golf. Pozyskała nowy popyt na swoją ofertę dzięki obserwacjom nieklientów. Podczas gdy cała amerykańska branża związana z grą w golfa walczyła o większy udział w rynku tworzonym przez istniejących klientów, firma Callaway stworzyła błękitny ocean nowego popytu, zadając sobie pytanie, dlaczego entuzjaści sportu i ludzie z dobrego towarzystwa *nie* grają w golfa. Zastanawiając się, dlaczego ludzie stronią od golfa, znaleźli jedną najważniejszą przyczynę, wspólną dla wszystkich nieklientów: uderzenie piłki golfowej wydawało im się zbyt trudne. Niewielki rozmiar główki kija wymagał ogromnej koordynacji spojrzenia i ruchu rąk, a wyćwiczenie tego trwało długi czas i zmuszało do koncentracji. W konsekwencji przyjemność z gry była niedostępna dla nowicjuszy, a osiąganie zadowalającego poziomu w tym sporcie trwało zbyt długo.

Zrozumienie tego problemu pozwoliło firmie Callaway znaleźć sposób na zagregowanie popytu na jej ofertę. Jej odpowiedzią były Big Berta, kije golfowe z dużymi główkami sprawiającymi, że uderzenie piłki było dużo łatwiejsze. Dzięki Big Berta osiągnięto nie tylko to, że nieklienci stali się klientami. Big Bertha stała się również źródłem satysfakcji dla istniejących już klientów i w sposób bezprecedensowy podbiła rynek. Okazało się, że bardzo wielu istniejących klientów, być może z wyjątkiem prawdziwych zawodowców, odczuwało frustrację z powodu trudności uniemożliwiających im poczynienie postępów w grze i dobrym opanowaniu umiejętności niezbędnych do prawidłowego uderzania. Duża główka kija pozwoliła uwolnić się od tej przeszkody.

Co jednak ciekawe, istniejący klienci, w przeciwieństwie do nieklientów, w ukryty sposób zaakceptowali trudności związane z grą w golfa. Chociaż wielu istniejącym klientom wcale się to nie podobało, przyjmowali oni za pewnik, że w taki właśnie sposób trzeba grać w tę grę. Zamiast informować o swoim niezadowoleniu producentów kijów golfowych, wzięli na siebie obowiązek doskonalenia się. Przyglądając się nieklientom i koncentrując się na tym, co ich łączy – a nie różni – Callaway znalazł sposób zagregowania nowego popytu i zaoferowania masowemu klientowi i nieklientowi skokową zmianę wartości. Pozwoliło to firmie niemal przez dziesięć lat osiągać duże zyski z żeglugi po błękitnym oceanie.

Na czym koncentrujesz swoją uwagę – na zagarnięciu większego udziału w rynku tworzonym przez istniejących klientów czy na przekształcaniu nieklientów branży w źródło nowego popytu? Czy poszukujesz wspólnych cech tego, czemu nabywcy przypisują wartość, czy starasz się ogarniać różnice między klientami poprzez coraz większe przystosowanie i coraz drobniejszą segmentację? By sięgać poza istniejący popyt, trzeba w pierwszej kolejności myśleć o nieklientach, a dopiero potem o klientach; najpierw o cechach wspólnych, a potem o różnicach; najpierw o łączeniu segmentów, a dopiero potem o ich rozdrabnianiu.

Trzy warstwy nieklientów

Mimo że świat nieklientów na ogół oferuje możliwości stworzenia błękitnego oceanu, tylko nieliczne firmy mają głębsze pojęcie o tym, kim są nieklienci i jak do nich dotrzeć. W celu przekształcenia tego olbrzymiego ukrytego popytu w popyt rzeczywisty, pochodzący od entuzjastycznych nowych klientów, firmy muszą pogłębić swoje zrozumienie świata nieklientów.

Istnieją trzy warstwy nieklientów, którzy mogą stać się klientami. Różnią się one względnym dystansem, jaki dzieli je od twojego rynku. Jak pokazujemy na rysunku 5-1, nieklienci pierwszej warstwy są najbliżsi naszemu rynkowi. Znajdują się na jego krawędzi. Są nabywcami, którzy z konieczności w minimalnym stopniu korzystają z tego, co branża oferuje, jednak mentalnie nie zaliczają się do jej klientów. Czekają tylko na okazję, by uciec ze statku i rozstać się z branżą. Jeśli jednak zaoferować im znaczący skok wartości, okaże się, że nie tylko zostaną, ale też znacznie zwiększy się ich częstotliwość zakupów, wyzwalając ukryty dotąd ogromny popyt.

Druga warstwa nieklientów to ludzie odmawiający korzystania z tego, co oferuje branża. To nabywcy, którzy zapoznali się z ofertą twojej branży jako opcją zaspokojenia swoich potrzeb i odrzucili

Rysunek 5-1. Trzy warstwy nieklientów

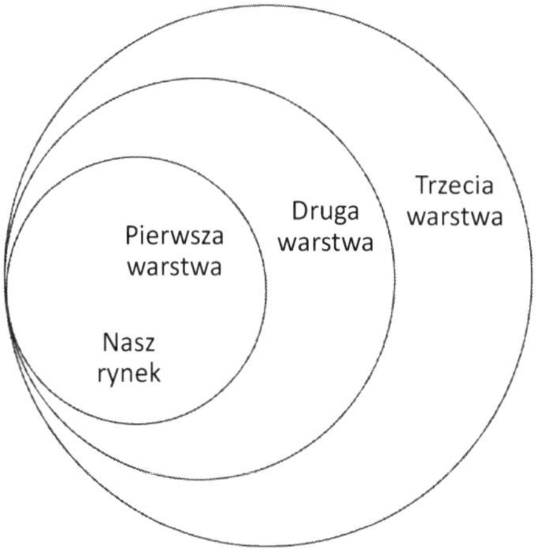

Pierwsza warstwa: „Już-prawie" – nieklienci znajdujący się na krawędzi naszego rynku.
Druga warstwa: „Odrzucający" – nieklienci, którzy świadomie nie wybrali naszego rynku.
Trzecia warstwa: „Niezbadani" – nieklienci znajdujący się na rynkach odległych od naszego.

ją. Na przykład w przypadku Callaway byli to entuzjaści sportu, między innymi członkowie ekskluzywnych klubów tenisowych, którzy mogli wybrać golfa, ale świadomie zdecydowali się na coś innego.

Trzecia warstwa nieklientów jest najdalej od naszego rynku. To nieklienci, którzy nigdy nie myśleli o ofercie naszego rynku jako opcji dla siebie. Koncentrując się na kluczowych cechach wspólnych tych nieklientów i istniejących klientów, firmy mogą zrozumieć, jak przyciągnąć ich na swój nowy rynek.

Przyjrzyjmy się zatem każdej z tych trzech warstw nieklientów, aby zrozumieć, jak można ich przyciągnąć, rozszerzając swój błękitny ocean.

Pierwsza warstwa nieklientów

Już-prawie nieklienci to ci, którzy z konieczności w minimalnym stopniu korzystają z aktualnej oferty rynku, ale poszukują czegoś lepszego. Gdy znajdą coś takiego, czym prędzej uciekają z naszego okrętu. W tym sensie znajdują się na krawędzi rynku. Gdy zwiększa się liczba takich już-prawie nieklientów, rynek przeżywa stagnację i narastają w nim problemy ze wzrostem. Mimo to jednak ci nieklienci z pierwszej warstwy stanowią ocean niewykorzystanego popytu, który tylko czeka, by go wyzwolić.

Przyjrzyjmy się, jak Pret A Manger, otwarta w 1986 roku brytyjska sieć fast foodów, rozszerzyła swój błękitny ocean, sięgając po ten ogromny uśpiony popyt ze strony już-prawie nieklientów. Przed otwarciem Pret pracownicy biur w centrach miast europejskich najczęściej chadzali na lunch do restauracji. Restauracje ze stolikami do siedzenia oferowały smaczne posiłki i miłą atmosferę. Jednak liczba już-prawie nieklientów była wielka i stale rosła. Coraz większa dbałość o zdrowe odżywianie skłaniała ludzi do zastanowienia się nad tym, czy jeść w restauracji. Pracownicy nie zawsze mieli też czas rozsiadać się na posiłek. Ponadto niektóre restauracje były zbyt drogie, by na co dzień w nich jadać. Coraz więcej pracowników biur jadło więc coś w biegu, przynosiło w brązowych papierowych torbach jedzenie z domu albo po prostu rezygnowało z lunchu.

Klienci pierwszej warstwy poszukiwali lepszych rozwiązań. Co prawda różnili się między sobą pod wieloma względami, ale mieli trzy główne cechy wspólne: chcieli mieć możliwość szybkiego zjedzenia lunchu, chcieli, by był on świeży i zdrowy, oraz chcieli to wszystko za rozsądną cenę.

Wnioski z obserwacji tych cech wspólnych pierwszej warstwy nieklientów rzuciły światło na to, w jaki sposób Pret mógł uwolnić i zagregować ukryty dotąd popyt. Jego formuła jest prosta. Oferuje kanapki restauracyjnej jakości, codziennie świeżo przygotowywane z najlepszych składników, i zapewnia otrzymanie posiłku znacznie szybciej niż w restauracjach, nawet w restauracjach typu fast food. A wszystko to w przyjemnym otoczeniu i po rozsądnych cenach.

Przyjrzyjmy się, jak wygląda Pret. Wchodząc do Pret A Manger, możemy mieć wrażenie, że weszliśmy do jasno oświetlonego studia w stylu art deco. Wzdłuż ścian stoją czyściutkie szafy chłodnicze wypełnione ponad trzydziestoma rodzajami kanapek świeżo przygotowanych w danym dniu, tu na miejscu, ze świeżych składników dostarczonych z samego rana. Można też wybierać spośród innych dań, takich jak sałatki, jogurty, desery czy soki wieloowocowe. Każdy lokal ma własną kuchnię, a dania nieprzygotowywane na miejscu są dostarczane przez wysokiej jakości producentów. Nawet w lokalach Pret w Nowym Jorku bagietki są z Paryża, a rogaliki z Belgii. I nic nie pozostawia się na następny dzień. Niesprzedana żywność jest przekazywana schroniskom dla bezdomnych.

Uzupełnieniem oferty świeżych i zdrowych kanapek i innych świeżych dań jest dbałość Pret o przyśpieszenie procesu zakupu w porównaniu z innymi fast foodami, w których klient jest przyzwyczajony do cyklu kolejka-zamówienie-zapłata-czekanie-otrzymanie posiłku-zajęcie miejsca; tutaj jest to cykl wybór-zapłata-wyjście. Klienci potrzebują przeciętnie dziewięćdziesięciu sekund od chwili ustawienia się w kolejce do chwili wyjścia ze sklepu. Jest to możliwe, gdyż Pret przygotowuje gotowe kanapki i inne dania w dużych ilościach, zapewniając wysoką standaryzację, niczego nie przygotowuje na zamówienie i nie obsługuje klientów przy stolikach czy ladach. Klienci obsługują się sami, tak jak w supermarkecie.

Podczas gdy restauracje z miejscami do siedzenia doświadczały stagnacji popytu, Pret przekształcił całą masę już-prawie nieklientów w najważniejszych, wiernych i entuzjastycznych klientów, jadających w Pret częściej, niż wcześniej zwykli jadać w restauracjach. Oprócz tego, podobnie jak w przypadku Callaway, również bywalcy restauracji zaczęli tłumnie odwiedzać Pret. Mimo że lunche w restauracjach były dla nich akceptowalne, trzy wspólne cechy nieklientów pierwszej warstwy sprawiły, że Pret trafił w gusta tych ludzi; jednak w przeciwieństwie do już-prawie nieklientów, im nie przyszło wcześniej na myśl kwestionowanie swoich lunchowych zwyczajów. Jaki stąd wniosek? Nieklienci mogą dostarczyć znacznie więcej wskazówek, jak otworzyć i rozszerzać błękitny ocean, niż w miarę zadowoleni istniejący klienci.

Dzisiaj, po blisko trzydziestu latach, Pret A Manger wciąż cieszy się solidnym wzrostem i żegluje po stworzonym przez siebie błękitnym oceanie. Firma ma 335 sklepów w Wielkiej Brytanii, Stanach Zjednoczonych, Hongkongu i Francji i osiąga roczne obroty rzędu 450 milionów funtów szterlingów (760 milionów dolarów)[1].

[1] W roku 2001 potencjał wzrostu Pret A Menger skłonił sieć McDonald's do zakupu 33% udziałów w tej firmie za 50 milionów funtów. Po tej inwestycji firma zaczęła energicznie rozwijać działalność zagraniczną. Jednak po spektakularnym starcie szybko nagromadziły się straty, ponieważ kierownictwo Pret w gorliwym dążeniu do ekspansji straciło nad nią kontrolę. Po przetrzebieniu działalności zagranicznej firma bardzo szybko powróciła do zdrowia i rozpoczęła okres stabilnego wzrostu sprzedaży z drobnym tylko wahnięciem w czasie recesji. Wynika stąd ważna lekcja dla firm tworzących błękitny ocean. Nawet jeśli rynek jest ogromnie podekscytowany, a popyt na oferty błękitnego oceanu bardzo mocny, trzeba zachować czujność i w wirze zwiększania produkcji nie wolno sobie pozwolić na pobłażliwość ani na ustępstwa w dziedzinie standardów.

Jakie są główne powody, że klienci pierwszej warstwy chcą uciec ze statku i porzucić naszą branżę? Przyjrzyj się wspólnym cechom odpowiedzi, jakich udzielają oni na to pytanie. Skoncentruj się na nich, a nie na różnicach. Dzięki temu będziesz miał pomysł, jak dokonać desegmentacji nabywców i otworzyć ocean ukrytego, niewyzwolonego popytu.

Druga warstwa nieklientów

Druga warstwa nieklientów to klienci *odrzucający*, ludzie, którzy albo nie korzystają z aktualnej oferty naszego rynku, albo nie mogą sobie na nią pozwolić, bo wydaje się im nieakceptowalna lub przekracza ich możliwości finansowe. Ich potrzeby są albo zaspokajane w inny sposób, albo po prostu pozostają niezaspokojone. Klienci odrzucający naszą ofertę stanowią jednak ocean utajonego popytu, czekającego, by go wyzwolić.

Rozważmy na przykład, w jaki sposób JCDecaux, francuski sprzedawca zewnętrznych powierzchni reklamowych, przyciągnął na swój rynek całą masę odrzucających ofertę klientów. Zanim JCDecaux stworzył w roku 1964 nową koncepcję stacjonarnej reklamy zewnętrznej na ulicach miast, branża reklamy zewnętrznej opierała się na billboardach i reklamach na środkach transportu. Billboardy były na ogół zlokalizowane na peryferiach miast i wzdłuż dróg szybkiego ruchu, a reklama na środkach transportu polegała na umieszczaniu paneli reklamowych na autobusach i taksówkach. W obu przypadkach reklama, jeśli w ogóle przyciągała wzrok, to jedynie na mgnienie oka.

Reklama zewnętrzna nie była popularnym medium wykorzystywanym przez firmy w kampaniach reklamowych, ponieważ była widoczna tylko w ulotny sposób. Plakaty reklamowe ukazywały się ludziom tylko na krótką chwilę, w przelocie, a szanse na powtórne ich zobaczenie były niewielkie. Szczególnie w przypadku mniej znanych firm medium to było nieefektywne, ponieważ nie mogło przenosić przesłań zawierających zbyt dużo treści, a to z kolei było potrzebne do wprowadzenia nowych nazw i produktów. Dlatego wiele tego rodzaju firm odrzucało taką reklamę zewnętrzną o małej wartości dodanej, ponieważ albo była nieakceptowalna, albo stanowiła luksus, na który nie mogły sobie pozwolić.

Po przemyśleniach nad kluczowymi cechami wspólnymi nieklientów odrzucających ofertę branży JCDecaux uświadomił sobie, że główną przyczyną braku popularności i niewielkiej skali reklamy zewnętrznej był brak stacjonarnych lokalizacji w centrach miast. Poszukując rozwiązania, JCDecaux zauważył, że władze miast mają do zaoferowania różne stacjonarne lokalizacje w centrach, na przykład przystanki autobusowe, gdzie ludzie zazwyczaj czekają kilka minut i dlatego mają czas na czytanie i uleganie wpływowi reklamy. JCDecaux stwierdził, że jeśli da się wykorzystać te miejsca na reklamę zewnętrzną, to będzie można nieklientów drugiej warstwy przekształcić w klientów.

Tak zrodził się pomysł bezpłatnego zaoferowania miastom „umeblowania ulic" razem z jego utrzymaniem. JCDecaux obliczył, że jak długo przychody generowane ze sprzedaży powierzchni przewyższają koszty dostarczenia i utrzymania urządzeń i zapewniają atrakcyjną marżę zysku, tak długo jego firma będzie wzrastać i pomnażać zyski. Dlatego też powstało „umeblowanie ulic" – stacjonarne lokalizacje, na których można umieszczać panele reklamowe.

W ten sposób JCDecaux wywołał przełom w wartości dla nieklientów drugiej warstwy, dla władz miejskich i dla własnej firmy. Jego strategia przyczyniła się do wyeliminowania tradycyjnych kosztów ponoszonych przez miasta w związku z utrzymaniem infrastruktury. W zamian za swoje produkty i usługi JCDecaux zyskał wyłączne prawo do ekspozycji reklam stacjonarnych na ulicach zlokalizowanych w centrach miast. Udostępnienie powierzchni reklamowej w centrach umożliwiło firmie znaczne wydłużenie przeciętnego czasu ekspozycji, co z kolei ułatwiło zapamiętanie przesłania przekazywanego przez to medium. Zwiększenie czasu ekspozycji umożliwiło również zawieranie w reklamach bogatszej treści i bardziej złożonego przesłania. Co więcej, jako odpowiedzialny za utrzymanie „mebli”, JCDecaux mógł pomagać reklamodawcom w rozwieszaniu ich plakatów, co zajmowało zwykle dwa do trzech dni kampanii, podczas gdy w tradycyjnych kampaniach billboardowych wymagało to zazwyczaj około piętnastu dni. W odpowiedzi na wyjątkową wartość zaoferowaną przez JCDecaux cała masa odrzucających nieklientów zaczęła tłumnie garnąć się do branży, a „umeblowanie ulic” zyskało duże znaczenie jako medium reklamowe. Podpisując kontrakty z władzami miast na okres od ośmiu do dwudziestu pięciu lat, JCDecaux zyskał długoterminowe prawo wyłączności do ekspozycji reklam na stacjonarnych lokalizacjach ulicznych. Po początkowej inwestycji kapitału jedynym wydatkiem JCDecaux w następnych latach były koszty utrzymania i odnawiania lokalizacji. Marża operacyjna stacjonarnych lokalizacji ulicznych była wysoka i wynosiła 40%, w porównaniu z 14-procentową marżą osiąganą na billboardach i 18-procentową na reklamach na środkach transportu. Kontrakty na wyłączność i wysoka marża operacyjna zapewniły stabilne źródło długoterminowych dochodów i zysków. Z takim modelem biznesowym JCDecaux mógł osiągnąć skok wartości dla siebie samego, co stanowiło zwrot ze skoku wartości, jaką stworzył dla swoich nabywców.

Dziś, po pięćdziesięciu latach, JCDecaux zajmuje pierwsze miejsce na świecie w podaży stacjonarnych powierzchni reklamowych na ulicach miast. Firma posiada blisko 500 000 paneli w 1800 miastach w 48 krajach[2]. Co więcej, przyglądając się nieklientom drugiej warstwy i koncentrując się na ich kluczowych cechach wspólnych, sprawiających, że odwrócili się od branży, JCDeceaux przyczynił się również do wzrostu popytu na reklamę zewnętrzną

---

[2] JCDecaux jest również największym na świecie dostawcą powierzchni reklamowych w portach lotniczych i na środkach transportu. Firma ma do dyspozycji ponad 1 milion paneli reklamowych i dociera co dzień do około 300 milionów ludzi. Jej przychody w roku 2013 wyniosły 2,676 mld euro.

ze strony istniejących klientów branży. Przedtem istniejący klienci koncentrowali się na wyborze lokalizacji billboardów i numerów linii autobusowych, które powinni sobie zarezerwować, zastanawiali się, na jak długo to zrobić i ile za to zapłacić. Z góry zakładali, że są to jedyne dostępne opcje, i wiedzieli, że muszą działać w ramach tych ograniczeń. W tym wypadku również właśnie nieklienci stali się źródłem przemyśleń, sprawiających, że można było podważyć utarte założenia dotyczące branży i jej istniejących klientów, stworzyć nowe i zaoferować skok wartości dla wszystkich.

Jakie są kluczowe przyczyny odrzucenia przez nieklientów drugiej warstwy produktów lub usług naszej branży? Przyjrzyj się wspólnym cechom odpowiedzi na to pytanie. Skoncentruj się na nich, a nie na różnicach. Tą drogą znajdziesz sposób na otwarcie oceanu utajonego, nieuwolnionego jeszcze popytu.

Trzecia warstwa nieklientów

Trzecia warstwa nieklientów jest najbardziej odległa od istniejących klientów branży. Na ogół ci *niezbadani* nieklienci nie byli w ogóle przedmiotem naszych zabiegów i nikt z branży nie myślał o nich jako o potencjalnych klientach. Dzieje się tak dlatego, że ich potrzeby i związane z nimi szanse biznesowe były zawsze postrzegane jako element innego rynku.

Wiele firm oszalałoby, wiedząc, jak wielu utraciły nieklientów z trzeciej warstwy. Wspomnijmy na przykład długo utrzymywane założenie, że wybielanie zębów to usługa świadczona wyłącznie przez dentystów, a nie przez firmy wytwarzające produkty konsumenckie związane z pielęgnacją jamy ustnej. W konsekwencji takiego założenia firmy takie jeszcze do niedawna w ogóle nie zwracały uwagi na potrzeby tych nieklientów. Gdy wreszcie to zrobiły, odkryły ocean utajonego popytu czekającego, by go wyzwolić; odkryły też, że potrafią dostarczyć bezpieczne, wysokiej jakości i niedrogie środki do wybielania zębów, a w konsekwencji rynek eksplodował.

Taki potencjał występuje w większości branż. Rozważmy amerykański przemysł związany z obroną powietrzną. Mówiono, że niemożność kontrolowania kosztów jest największą słabością w budowie długoterminowej potęgi wojskowej Stanów Zjednoczonych[3]. Raport Pentagonu z roku 1993 stwierdzał, że gwałtownie rosnące koszty w połączeniu z coraz mniejszym budżetem sprawiały, że wojsko pozostawało bez realnego i wykonalnego planu zastąpienia starzejącej się floty myśliwców[4]. Dowództwo wojskowe obawiało się, że jeśli wojsko nie znajdzie innego sposobu budowy samolotów, Stany Zjednoczone nie będą miały wystarczającej liczby samolotów, by właściwie bronić swoich interesów.

Tradycyjnie Marynarka Wojenna, Piechota Morska i Siły Powietrzne (Navy, Marines i Air Force) różniły się w swoich koncepcjach idealnego samolotu bojowego, dlatego każdy z nich niezależnie projektował i budował swój samolot. Marynarka Wojenna opowiadała się za wytrzymałym samolotem, który mógłby przetrwać lądowanie na lotniskowcach. Piechota Morska domagała się samolotu zwiadowczego zdolnego do krótkich startów i lądowań. Siły Powietrzne chciały samolotu najszybszego i jak najbardziej wyszukanego.

Historycznie te różnice między rodzajami sił zbrojnych były uważane za coś pewnego i oczywistego i przemysł obrony lotniczej traktowano jako złożony z trzech odrębnych, zupełnie różnych segmentów. Program Joint Strike Fighter (JSF) rzucił wyzwanie tej praktyce[5]. Pogram ten potraktował te trzy segmenty jako potencjalnie niezbadane grupy nieklientów, których można zagregować w nowy rynek myśliwców o lepszych osiągach i niższych kosztach. Zamiast przyjąć i zaakceptować istniejącą segmentację i tworzyć

---

[3] Zob. Committee on Defense Manufacturing (1996), James Fallows (2002), John Birkler et al. (2001).

[4] Departament Obrony (Department of Defense) (1993).

[5] W celu zapoznania się z bliższymi szczegółami dotyczącymi JSF zob. Bill Bree (2002), James Fallows (2002), Federation of Atomic Scientists (2001), David H. Friedman (2002), „Nova" (2003), United States Air Force (2002).

produkty uwzględniające różnice parametrów i właściwości wymaganych przez każdy rodzaj wojska, program JSF zakwestionował te różnice, koncentrując się na poszukiwaniach cech wspólnych w formacjach, które dotąd nawzajem się ignorowały.

Proces ten pokazał, że dwa najbardziej kosztotwórcze elementy w samolotach dla każdej z tych branż były takie same: awionika (oprogramowanie) i silniki. Wspólne wykorzystanie i produkcja tych elementów stwarzały nadzieję na olbrzymią obniżkę kosztów. Co więcej, pomimo iż każdy rodzaj sił zbrojnych miał długą listę własnych wymagań, większość samolotów spełniała tę samą misję, niezależnie od formacji.

Zespół JSF starał się zrozumieć, jak wiele z tych wysokospecjalistycznych, indywidualnie dobranych parametrów w sposób zdecydowany wpływało na decyzje o zakupie przez każdy rodzaj sił zbrojnych. Co ciekawe, odpowiedź Marynarki Wojennej nie zależała od zbyt szerokiego zakresu tych czynników. W zasadzie sprowadzała się do dwóch: wytrzymałości i sposobu utrzymania. Samoloty, których bazą były lotniskowce poruszające się tysiące mil od najbliższych hangarów remontowych, a więc samoloty dla Marynarki Wojennej, wymagały łatwości utrzymania i wytrzymałości ciężarówki Mack, tak by mogły znieść uderzenie przy lądowaniu i stałą ekspozycję na wpływ słonej wody. W obawie, że pod tymi względami będzie trzeba pójść na kompromis z wymaganiami Piechoty Morskiej i Sił Powietrznych, Marynarka kupowała swoje samoloty niezależnie.

Piechota Morska wykazywała wiele różnic w wymaganiach w porównaniu z innymi rodzajami wojsk, ale tu również na decyzję wpływały tylko dwa czynniki powstrzymujące ją od wspólnych zakupów: potrzeba krótkiego startu i pionowego lądowania (STOVL) oraz solidnych systemów obronnych. W celu zapewnienia wsparcia oddziałom wojskowym prowadzącym operacje w miejscach odległych i nieprzyjaznych Piechota Morska potrzebuje samolotu funkcjonującego jak odrzutowy myśliwiec, lecz równocześnie unoszącego się w powietrzu jak helikopter. Przy niewielkich wysokościach i ekspedycyjnej naturze ich misji Piechota Morska wymagała samolotu wyposażonego w różne środki obronne – flary, elektroniczne urządzenia zagłuszające – służące ucieczce przed wystrzeliwanymi przez wroga pociskami ziemia-powietrze, ponieważ ich samoloty ze względu na niewielki pułap były łatwiejszym celem.

Mając za zadanie utrzymanie globalnej przewagi powietrznej, Siły Powietrzne wymagają najszybszych i najsprawniejszych taktycznie samolotów – o zdolnościach manewrowych przewyższających obecne i przyszłe zdolności wroga – wyposażonych w technologię antyradarową: zbudowane z materiałów absorbujących promienie radarowe, tak by były jak najsłabiej widoczne dla radarów, a przez to bardziej zdolne do ucieczki przed wrogimi pociskami i samolotami. Samoloty pozostałych dwóch rodzajów sił zbrojnych nie musiały posiadać tych cech, dlatego Siły Powietrzne w ogóle nie brały ich pod uwagę.

Te spostrzeżenia dotyczące niezbadanych nieklientów sprawiły, że JSF stał się projektem obiecującym. Jego celem było zbudowanie jednego kadłuba samolotu produkowanego w trzech wariantach, które w 70 procentach wykorzystywałyby te same części, przy równoczesnym wyeliminowaniu lub redukcji wszystkich pozostałych czynników, które były z góry przyjmowane za oczywiste przez poszczególne rodzaje wojsk, ale tak naprawdę nie odgrywały zasadniczej roli w ich procesie decyzyjnym (zob. rysunek 5-2).

Program JSF obiecywał mniej więcej trzykrotne obniżenie kosztu pojedynczego samolotu. Równocześnie osiągi samolotu stworzonego w ramach JSF i zwanego F-35 miały być lepsze od osiągów najlepszych samolotów tworzonych dotychczas dla każdej z tych formacji: F-16 dla Sił Powietrznych, odrzutowca AV-8B Harrier dla Piechoty Morskiej i F-18 dla Marynarki Wojennej. Koncentrując się na kluczowych czynnikach decyzyjnych i pomijając lub redukując inne czynniki w trzech najważniejszych domenach przystosowania – czyli w zakresie modelu, uzbrojenia i przystosowania do misji – program JSF umożliwił stworzenie najlepszego myśliwca po niższym koszcie. Uwzględniał też fakt, że zagregowanie popytu podzielonego wcześniej pomiędzy trzy rodzaje sił zbrojnych doprowadzi do dalszej obniżki kosztów.

Jesienią 2001 roku Lockheed Martin wygrał z Boeingiem wyścig o pokaźny kontrakt opiewający na 200 miliardów dolarów – największy kontrakt w historii wojskowości. Pentagon był przekonany, że program zakończy się niekwestionowanym sukcesem wynikającym nie tylko z tego, że strategiczny profil F-35 oferuje wyjątkową wartość przy niższych kosztach, ale – co równie ważne – zyskał także poparcie wszystkich z trzech rodzajów wojsk obrony kraju, które zamierzały zastąpić nim swoje starzejące się flotylle[6].

Koncepcja i prototyp F-35 zostały dobrze przyjęte, jednak przedsięwzięcie tak ogromne i złożone zawsze oznacza niezwykłe wyzwania w zakresie realizacji. Ponieważ przykład ten jest ogromnie pouczający, powrócimy do niego w rozdziale 8, by omówić związane z nim problemy realizacji. W ostatecznym rachunku okazuje się bowiem, że rzeczywiste zapewnienie wartości jest funkcją nie tylko twórczej koncepcji, ale również dobrego wykonania[7].

---

[6] Zob. np. Miller (2003), Gasiorek-Nelson (2003). Miller, który był wówczas wiceadmirałem Marynarki Wojennej Stanów Zjednoczonych, zauważa w swoim artykule z 2003 roku: „Program nabycia »wspólnego myśliwca uderzeniowego« rozpoczął się od wcześnie ustanowionej i trwałej współpracy pomiędzy rządem, przemysłem i siłami zbrojnymi; obejmował projektowanie z myślą o wspólnych wymaganiach różnych rodzajów wojsk – co utrzymywało koszty na niskim poziomie – oraz bardzo intensywne testowanie. Okazuje się modelowym sukcesem". W artykule Gasiorka-Nelsona (2003) wspomina się, że podsekretarz obrony ds. zaopatrzenia i technologii Edward C. Aldridge Jr., przemawiając w roku 2003 podczas Defence Transformation Acquisition and Logistic Excellence Conference, powiedział o JSF: „jest to obecnie niesłychanie udany program międzynarodowy".

[7] Zważywszy na upływ niemal dziesięciu lat od powstania koncepcji strategii JSF F-35 do jej planowanej realizacji w roku 2010 oraz niezwykle wysokie uzależnienie od złożonej sieci grup zewnętrznych spoza hierarchii kontroli wojskowej, koncepcyjna siła tego posunięcia strategicznego sama w sobie – jak wskazywaliśmy w pierwotnym wydaniu tej książki – nie gwarantuje jeszcze sukcesu. Problemy realizacji są tu bardzo poważne: główni decydenci w armii i Pentagonie zmienili się w ciągu tych dziesięciu lat, a zewnętrzne grupy zainteresowanych mają rozbieżne interesy i punkty widzenia. W rozdziale 8 powrócimy do programu F-35

Rysunek 5-2. Kluczowe czynniki konkurencyjne branży lotnictwa obrony powietrznej po wprowadzeniu programu JSF

Program JSF wykazał, że choć najważniejsze czynniki konkurencyjne są bardzo zróżnicowane, to dla trzech rodzajów wojsk przy podejmowaniu decyzji w sprawie myśliwców liczą się przede wszystkim czynniki wyróżnione na rysunku szarym tłem.

Siły Powietrzne	Marynarka Wojenna	Piechota Morska	
Lekka konstrukcja	Samoloty dwusilnikowe	**STOVL**	Przystosowanie modelu
Zintegrowana awionika	Samoloty dwumiejscowe	Lekka konstrukcja	
Niewidoczność dla radarów (technologia stealth)	Duże skrzydła	Krótkie skrzydła	
Potrafi osiągnąć prędkość naddźwiękową bez użycia dopalaczy (supercruise)	**Wytrzymałość**	**Środki obronne**	
Duży zasięg	Duży zasięg		
Zwinność	**Łatwość utrzymania**		
Uzbrojenie powietrze-powietrze	Duży i zmienny ciężar użyteczny ładunku bojowego	Duży i zmienny ciężar użyteczny ładunku bojowego	Przystosowanie uzbrojenia
Stały wewnętrzny ciężar użyteczny ładunku bojowego	Uzbrojenie powietrze-powietrze i powietrze-ziemia	Uzbrojenie powietrze-ziemia	
		Elektroniczne wyposażenie bojowe	
Samolot przystosowany do każdej misji	Samolot przystosowany do każdej misji	Samolot przystosowany do każdej misji	Przystosowanie do misji

i omówimy jego dotychczasową ewolucję w kontekście problemów realizacji związanych z wewnętrznymi i zewnętrznymi grupami zainteresowanych.

Przekonaj się do większych zasobów

Nie istnieje żelazna reguła sugerująca, kiedy i na której warstwie nieklientów powinniśmy się skoncentrować. Ponieważ różna jest skala rozmiarów błękitnego oceanu, jaki mogą otworzyć poszczególni nieklienci w różnym czasie i dla różnych branż, powinniśmy się koncentrować na warstwie reprezentującej największy jednorazowy zasób. Powinniśmy jednak sprawdzić również, czy istnieją cechy wspólne dla wszystkich trzech warstw nieklientów. Możemy w ten sposób rozszerzyć zasięg ukrytego popytu do wykorzystania. Jeśli tak jest, nie trzeba koncentrować się na jednej określonej warstwie, lecz raczej spojrzeć perspektywicznie na wszystkie trzy naraz. Obowiązuje tutaj reguła preferowania jak największych zasobów.

Naturalną orientacją strategiczną wielu firm jest dążność do zatrzymania istniejących klientów i wykorzystania szans do stworzenia jeszcze drobniejszej segmentacji. Szczególnie prawdziwe jest to w przypadku działania pod presją konkurencji. Chociaż może się to okazać dobrym sposobem na uzyskanie ściśle określonej przewagi konkurencyjnej i zwiększenie udziału w istniejącej przestrzeni rynkowej, jest zupełnie nieprawdopodobne, by pomogło stworzyć błękitny ocean poszerzający rynek i wywołujący nowy popyt. Nie chodzi tu o to, by upierać się, że nie warto koncentrować się na istniejących klientach czy ich segmentacji, lecz raczej o to, by rzucać wyzwania aktualnie przyjmowanym za pewnik orientacjom strategicznym. Sugerujemy zatem maksymalizację skali błękitnego oceanu, a więc formułowanie przyszłych strategii polegających w pierwszej kolejności na sięganiu poza istniejący popyt, sięganiu po nieklientów i desegmentacji szans.

Jeśli takie szanse nie zostaną znalezione, możemy zacząć analizować różnice dzielące istniejących klientów. Wykonując jednak taki ruch strategiczny, powinniśmy mieć świadomość, że w efekcie końcowym możemy wylądować w dużo mniejszej przestrzeni. Musimy też mieć świadomość, że jeśli to konkurenci, przez poczynania związane z innowacją wartości, odniosą sukces w przyciąganiu do siebie mas nieklientów, wielu z naszych istniejących klientów może zostać nam zabranych, ponieważ również oni mogą chcieć zrezygnować ze swoich różnic na rzecz skoku wartości.

Sama maksymalizacja rozmiarów tworzonego przez nas błękitnego oceanu nie wystarczy. Musimy czerpać z tego zyski, by zapewnić trwałą pozycję wygrany-wygrany. W następnym rozdziale pokażemy, jak zbudować realny i wykonalny model biznesowy, zapewniający zyskowny wzrost w ramach naszej oferty błękitnego oceanu.

ROZDZIAŁ 6

Wybierz właściwą sekwencję strategiczną

ZBADAŁEŚ JUŻ ŚCIEŻKI prowadzące do odkrycia możliwych błękitnych oceanów. Skonstruowałeś kanwę strategii, która jasno określa przyszłość twojej strategii błękitnego oceanu. Zastanowiłeś się, jak zagregować jak największą możliwą masę nabywców twojego pomysłu. Następnym wyzwaniem jest zbudowanie prężnego modelu biznesowego, dzięki któremu będziesz mógł być pewien rozsądnych zysków ze swojego pomysłu na błękitny ocean. I to właśnie doprowadza nas do czwartej reguły strategii błękitnego oceanu: wybierz właściwą sekwencję strategiczną.

W tym rozdziale omówimy strategiczną sekwencję zamiany pomysłów w rzeczywistość i zapewniania im komercyjnej żywotności. Jeśli uda ci się zrozumieć, jaka jest właściwa sekwencja strategiczna i jak ocenić swoje pomysły na błękitny ocean według kluczowych kryteriów tej sekwencji, będziesz mógł istotnie ograniczyć ryzyko modelu biznesowego.

Właściwa sekwencja strategiczna

Jak pokazano na rysunku 6-1, firmy powinny budować swoją strategię błękitnego oceanu zgodnie z następującą sekwencją: użyteczność dla nabywcy, cena, koszt i zastosowanie.

Rysunek 6-1. Sekwencja strategii błękitnego oceanu

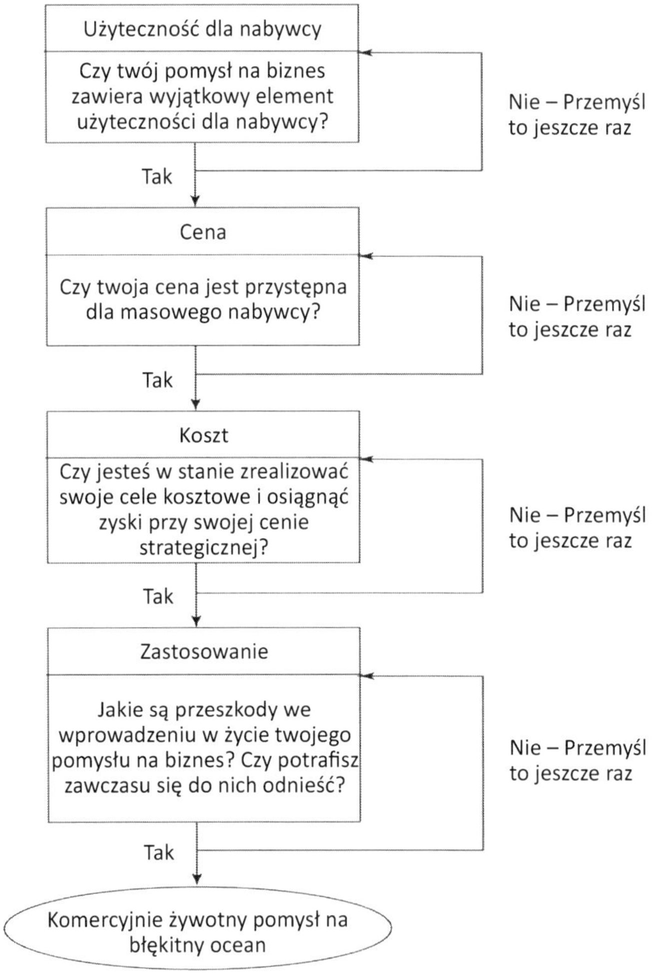

Punktem wyjścia jest użyteczność dla nabywcy. Czy twoja oferta stanowi uwolnienie jakiejś wyjątkowej użyteczności? Czy jest jakiś ważki powód, dla którego cała masa ludzi zechciałaby ją nabyć? Jeśli tego brakuje, nie ma też potencjału na stworzenie błękitnego oceanu i nie warto w ogóle zaczynać. I są tylko dwa wyjścia: porzuć ten pomysł albo przemyśl wszystko jeszcze raz i jeszcze raz, aż dojdziesz do twierdzących odpowiedzi na te pytania.

Gdy zaliczysz już punkt dotyczący wyjątkowej użyteczności, możesz przejść do drugiego kroku: do ustalenia właściwej ceny strategicznej. Pamiętaj, że firma, chcąc wykreować popyt, nie może posługiwać się wyłącznie ceną. Kluczowe jest jednak pytanie: Czy swoją ofertę wyceniłem tak, że przyciągnie ona masowych docelowych nabywców, których w sposób oczywisty będzie stać na zapłacenie za nią? Jeśli nie, to nie będą mogli jej kupić, a sama oferta nie wywoła na rynku oczekiwanego oddźwięku.

Te dwa pierwsze kroki odnoszą się do strony przychodowej modelu biznesowego. Pozwalają się upewnić, czy rzeczywiście wywołujemy skok w wartości netto dla nabywcy, gdzie wartość netto rozumiemy jako użyteczność, jaką otrzymuje nabywca, pomniejszoną o cenę, jaką musi za to zapłacić.

Próba zabezpieczenia strony zysków doprowadza nas do trzeciego elementu: kosztu. Czy możesz stworzyć swoją ofertę, mieszcząc się w zakładanych kosztach i zapewniając sobie rozsądną marżę zysku? Czy możesz osiągnąć zysk przy cenie strategicznej – cenie przystępnej dla masowych nabywców docelowych? Nie możesz pozwolić, by koszty kształtowały cenę. Nie możesz też obniżać użyteczności, gdy wysokie koszty blokują twoje możliwości osiągania zysku przy cenie strategicznej. Jeśli nie możesz się zmieścić w zakładanych kosztach, masz dwa wyjścia: albo zarzucić pomysł, ponieważ błękitny ocean nie przyniesie zysku, albo wprowadzić innowacje do swojego modelu biznesowego, tak by nie przekroczyć zakładanych kosztów. Strona kosztowa modelu biznesowego dla firmy pozwala się upewnić, czy zapewnia on skok własnej wartości w postaci zysku liczonego jako cena oferty pomniejszona o koszt jej wytworzenia. To właśnie połączenie wyjątkowej użyteczności, strategicznej wyceny i rygorów kosztowych pozwala firmom osiągać innowację wartości – skok wartości zarówno dla nabywcy, jak i dla firmy.

Ostatnim krokiem jest odniesienie się do trudności w realizacji. Jakie są przeszkody we wprowadzeniu pomysłu w życie? Jak się do nich z wyprzedzeniem odnieść? Sformułowanie strategii błękitnego oceanu jest kompletne tylko wtedy, gdy już na samym początku umiemy się odnieść do przeszkód w realizacji i zapewnić skuteczne wcielenie pomysłu w życie. Przeszkody w realizacji mogą wynikać na przykład z potencjalnych oporów w przyjęciu naszego pomysłu przez detalistów lub partnerów. Strategie błękitnego oceanu są radykalnym wycofaniem się z czerwonego oceanu, dlatego sprawą kluczową jest odniesienie się już na samym początku do trudności w ich realizacji.

Jak możemy ocenić, czy nasza strategia błękitnego oceanu przechodzi kolejno przez te wszystkie cztery sita? I jak możemy udoskonalić nasz pomysł ze względu na każde z tych kryteriów? Odnieśmy się do każdego z tych czterech pytań, zaczynając od użyteczności.

Test na wyjątkową użyteczność

Potrzeba oceny użyteczności twojej oferty dla nabywcy może wydawać się oczywista. A jednak wielu firmom nie udaje się zaoferować wyjątkowej wartości, ponieważ są zdominowane myślą o innowacyjności ich produktu czy usługi, szczególnie jeśli jego elementem jest nowa technologia.

Rozważmy przykład CD-i, cudu techniki Philipsa, który jednak nie sprostał potrzebie dostarczenia ludziom przekonującego powodu do zakupu. Odtwarzacz ze względu na swoje różnorodne funkcje był promowany jako „maszyna wyobraźni". CD-i pełnił funkcję odtwarzacza wideo, zestawu muzycznego, konsoli do gier elektronicznych i przyrządu edukacyjnego w jednym. Spełniał jednak aż tyle przeróżnych zadań, że ludziom trudno było zrozumieć, jak się nim posługiwać – chyba że byli gotowi poświęcić na to wiele czasu i studiować skomplikowane podręczniki użytkownika. Oprócz tego brakowało mu jeszcze atrakcyjnego oprogramowania. Tak więc, mimo że CD-i teoretycznie mógł niemal wszystko, w rzeczywistości mógł bardzo niewiele. Klienci nie znajdowali szczególnych powodów, by go kupować, i sprzedaż nigdy nie ruszyła na dobre.

Menedżerowie odpowiedzialni za CD-i Philipsa (podobnie jak w Motoroli za Iridium) wpadli w taką właśnie pułapkę: z całą pompą upajali się swoją nową technologią. Działali przy założeniu, że przełomowa technologia jest równoważna przełomowej użyteczności dla nabywców – a jak wykazały nasze badania, rzadko się tak dzieje.

Pułapka technologiczna, w którą wpadły Philips i Motorola, wciąż wciąga nawet najlepsze i najbłyskotliwsze firmy. Jeśli technologia w istotny sposób nie ułatwia życia nabywcom, nie sprawia, że jest ono wygodniejsze, bardziej produktywne, mniej ryzykowne, przyjemniejsze czy w lepszym stylu, nie przyciągnie ona mas, niezależnie od przyznawanych jej nagród i zaszczytów. Innowacja wartości nie jest tym samym co innowacja technologiczna.

Aby nie wpaść w tę pułapkę, trzeba – jak napisaliśmy w rozdziale 2 – zacząć od stworzenia profilu strategicznego, który przeszedłby pierwszy test, wymagający koncentracji, różnorodności i chwytliwego hasła, przemawiającego do nabywców. Dopiero potem firmy będą gotowe na bezpośrednią ocenę tego, w czym i w jaki sposób ich nowy produkt czy usługa zmienią życie swoich nabywców. Ta różnica perspektywy jest bardzo istotna, ponieważ oznacza, że sposób, w jaki jest tworzony nowy produkt czy usługa, staje się w mniejszym stopniu funkcją możliwości technicznych, a bardziej funkcją użyteczności dla nabywcy.

Mapa użyteczności dla nabywcy pomoże menedżerom spojrzeć na tę sprawę z właściwej perspektywy (zob. rysunek 6-2). Wskazuje ona wszystkie dźwignie, za które powinna pociągnąć firma, chcąc

Rysunek 6-2. Mapa użyteczności dla nabywcy

Sześć etapów cyklu wrażeń nabywcy

Sześć dźwigni użyteczności	1 Zakup	2 Dostawa	3 Użytko-wanie	4 Dodatki	5 Utrzy-manie/ serwis	6 Zbycie
Produktywność						
Prostota						
Wygoda						
Ryzyko						
Przyjemność i wizerunek						
Przyjazność dla środowiska						

zaoferować nabywcom wyjątkową użyteczność. Pozwala też zobaczyć różne wrażenia, jakich może dostarczyć klientom produkt czy usługa. Mapa ta umożliwia menedżerom identyfikację pełnego spektrum obszarów użyteczności, które potencjalnie mogą zostać wypełnione przez produkt czy usługę. Przyjrzyjmy się dokładniej elementom tej mapy.

Sześć etapów cyklu wrażeń nabywcy

Wrażenia nabywcy można zazwyczaj przedstawić w postaci cyklu złożonego z sześciu etapów przebiegających mniej więcej sekwencyjnie od momentu zakupu aż do chwili pozbycia się produktu. Każdy etap dostarcza całej rozmaitości specyficznych wrażeń. Na przykład zakup może się wiązać z przeglądaniem aukcji internetowych i sklepowych magazynów. Na każdym etapie menedżerowie mogą postawić kilka pytań, aby ocenić jakość tych wrażeń. Obrazuje to rysunek 6-3.

Sześć dźwigni użyteczności

Etapy wrażeń nabywcy dzielimy na części składowe, które nazwiemy *dźwigniami użyteczności* – są to sposoby, na jakie firmy mogą wyzwalać wyjątkową użyteczność dla nabywców. Większość z nich jest oczywista. Prostota, przyjemność i wizerunek czy przyjazność dla środowiska nie potrzebują zapewne wyjaśnienia. Nie trzeba też wyjaśniać, że produkt może ograniczać ryzyko finansowe, fizyczne czy moralne klienta. Produkty czy usługi oferują wygodę, jeśli są łatwo dostępne, łatwe w użytkowaniu i łatwo zbywalne. Najczęściej używaną dźwignią jest produktywność klienta – to, w jaki sposób nasza oferta pomaga mu robić różne rzeczy szybciej lub lepiej.

W celu przetestowania wyjątkowej użyteczności firmy powinny sprawdzić, czy ich oferta przyczyniła się do usunięcia największych blokad użyteczności w całym cyklu doświadczeń nabywcy zarówno w odniesieniu do klientów, jak i nieklientów. Największe blokady użyteczności często stanowią również największe i najbardziej niepohamowane możliwości wyzwolenia wyjątkowej wartości. Na rysunku 6-4 pokazujemy, w jaki sposób firma może zidentyfikować najbardziej wyraziste fronty do uwolnienia wyjątkowej użyteczności. Rozlokowując elementy naszej oferty na trzydziestu sześciu polach mapy użyteczności dla nabywcy, możemy wyraźnie zobaczyć nie tylko to, czy i jak nasz nowy pomysł tworzy nową użyteczność wyróżniającą go na tle istniejącej oferty, lecz również to, czy i jak usuwa największe blokady użyteczności, utrudniające nieklientom stanie się klientami. Jeśli twoja oferta trafia w to samo pole lub w te same pola co oferta innych graczy, najprawdopodobniej nie jest ona błękitnym oceanem.

Rysunek 6-3. Cykl wrażeń nabywcy

Zakup →	Dostawa →	Użytkowanie →	Dodatki →	Utrzymanie/serwis →	Zbycie
Ile czasu zajmuje znalezienie produktu, jakiego potrzebuję?	Ile czasu zajmuje dostawa produktu?	Czy produkt wymaga przeszkolenia lub pomocy eksperta?	Czy do działania produktu potrzebujesz innych produktów lub usług?	Czy produkt wymaga zewnętrznego serwisowania?	Czy użytkowanie produktu powoduje powstawanie odpadów?
Czy miejsce zakupu jest atrakcyjne i łatwo dostępne?	Jak trudne jest rozpakowanie i zainstalowanie nowego produktu?	Czy produkt jest łatwy do przechowywania w czasie, gdy nie jest używany?	Jeśli tak, jak kosztowne są to rzeczy?	Czy łatwo jest go serwisować i unowocześniać?	Czy łatwo jest pozbyć się produktu?
Jak bezpieczne są warunki zawarcia transakcji?	Czy nabywcy muszą sami organizować sobie dostawę? Jeśli tak, to jak kosztowne i jak trudne jest to przedsięwzięcie?	Jak efektywne są właściwości i funkcje produktu?	Ile czasu wymagają?	Jak kosztowny jest serwis?	Czy istnieją prawne lub ekologiczne ograniczenia w bezpiecznym usuwaniu produktu?
Jak szybko mogę dokonać zakupu?		Czy produkt lub usługa dostarcza dużo więcej możliwości, niż wymaga przeciętny użytkownik? Czy nie jest przeładowany różnymi „bajerami”?	Jakie problemy sprawiają?		Jak kosztowne jest usunięcie produktu?
			Czy łatwo je dostać?		

Rysunek 6-4. Odkrywanie blokad użyteczności dla nabywcy

Zakup	Dostawa	Użytkowanie	Dodatki	Utrzymanie	Zbycie
Produktywność klienta:		W jakim stadium występują największe blokady produktywności klienta?			
Prostota:		W jakim stadium występują największe blokady prostoty?			
Wygoda:		W jakim stadium występują największe blokady wygody?			
Ryzyko:		W jakim stadium występują największe blokady zmniejszania ryzyka?			
Przyjemność i wizerunek:		W jakim stadium występują największe blokady przyjemności i wizerunku?			
Przyjazny stosunek do środowiska:		W jakim stadium występują największe blokady przyjaznego stosunku do środowiska?			

Rozważmy przykład Modelu T Forda. Zanim zadebiutował, ponad pięciuset producentów samochodów w Stanach Zjednoczonych starało się budować na zamówienie luksusowe auta dla bogatych. W kategoriach mapy użyteczności dla nabywcy cała branża była skoncentrowana na wizerunku w fazie użytkowania, tworząc luksusowe samochody na weekendowe wypady. Zajęte było więc tylko jedno z trzydziestu sześciu pól użyteczności.

Największe blokady użyteczności dla masowej ludności nie występowały jednak w obszarze doskonalenia luksusowego, stylowego wizerunku samochodu osobowego. Chodziło w nich raczej o dwa inne czynniki. Jednym była wygoda w fazie użytkowania. Wyboiste gruntowe drogi, a takie właśnie przeważały na początku dwudziestego wieku, naturalne do przebiegnięcia przez konie, często okazywały się nieprzejezdne dla delikatnych, wypieszczonych samochodów. To bardzo ograniczało możliwość wyboru miejsca i czasu, do którego można było dotrzeć samochodem (podróż w deszczowe lub śnieżne dni nie była dobrym pomysłem), sprawiając, że użytkowanie samochodu było ograniczone i niewygodne. Drugą przeszkodą dla użyteczności było ryzyko związane z fazą serwisowania. Samochody, stanowiące wyrafinowany wyrób rzemieślniczy i mające cały wybór różnych opcji, często ulegały awariom, których usunięcie wymagało zaangażowania ekspertów, a ci byli drodzy i trudno dostępni.

Model T Forda za jednym zamachem wyeliminował te dwie przeszkody dla użyteczności. Został on nazwany samochodem na każdą okoliczność. Był produkowany tylko w jednym kolorze (czarnym) i w jednym modelu z ograniczoną liczbą opcji. W ten sposób Ford wyeliminował inwestycje w wizerunek w fazie użytkowania. Zamiast tworzyć samochody na weekendy na wsi – luksus, dla którego trudno znaleźć uzasadnienie – stworzono Model T do codziennego wykorzystania. Był niezawodny. Był trwały; był zaprojektowany tak, by można nim było bez wysiłku podróżować po nieutwardzonych drogach w deszczu, w słocie i w słońcu. Był łatwy w naprawie i w użytkowaniu. W ciągu jednego dnia można było nauczyć się nim jeździć.

W ten sposób mapa użyteczności dla nabywcy pozwala uwypuklić różnice między pomysłami, które naprawdę generują nową i wyjątkową użyteczność, a tymi, które w swej istocie są tylko przeróbką istniejącej oferty lub technologiczną nowinką niepowiązaną z wartością. Naszym zadaniem jest sprawdzenie, czy nasza oferta spełnia kryterium wyjątkowej użyteczności, tak jak spełniał je Model T. Stosując takie narzędzie diagnostyczne, możesz znaleźć sposób na dopracowanie i niezbędne udoskonalenie swojego pomysłu.

Gdzie leżą największe przeszkody dla użyteczności w cyklu odczuć nabywców z kręgu twoich klientów i spoza niego? Czy twoja oferta skutecznie eliminuje te przeszkody? Jeśli nie, to z dużym prawdopodobieństwem jest ona innowacją dla samej innowacji albo przeróbką istniejącej oferty. Jeśli oferta twojej firmy pomyślnie przechodzi test według tego kryterium, to jest gotowa na następny krok.

Od wyjątkowej użyteczności do strategicznej wyceny

Jeśli chcesz, by twoja oferta zapewniała ci silny strumień dochodów, musisz właściwie ukształtować strategiczną cenę. Na tym etapie musisz się upewnić, że nabywca nie tylko zechce zakupić to, co oferujesz, ale również będzie miał możliwość zapłacenia za to, co chce kupić. Wiele firm obiera przeciwny kurs, najpierw sprawdzając grunt dla nowego produktu czy usługi, kierując lansowany przez siebie produkt do klientów poszukujących nowości, dla których cena nie odgrywa znaczącej roli, a dopiero po jakimś czasie obniża ceny, aby przyciągnąć głównych klientów docelowych. Tak naprawdę jednak jest bardzo ważne, aby już od początku wiedzieć, jaka cena pozwoli nam szybko masowo zawładnąć klientami docelowymi.

Istnieją po temu dwa powody. Po pierwsze, firmy coraz częściej zauważają, że obecnie bardziej niż kiedyś wyższe zyski są generowane głównie przez wyższy wolumen sprzedaży. W miarę jak poznanie natury danych dóbr wymaga coraz dogłębniejszej wiedzy, firmy ponoszą coraz wyższe koszty związane z rozwojem produktów w porównaniu z kosztami ich wytwarzania. Łatwo to zrozumieć na przykładzie producentów oprogramowania komputerowego. Na przykład stworzenie systemu operacyjnego iOS kosztowało firmę Apple miliardy dolarów, ale później można go było instalować na nieograniczonej liczbie komputerów kosztem niemal śmiesznym. W takim wypadku sprawą kluczową jest wolumen sprzedaży.

Drugi powód jest taki, że dla nabywcy wartość produktu czy usługi może być ściśle związana z liczbą ludzi, którzy ich używają. Klasycznym przykładem jest tu sieciowy system aukcyjny zarządzany przez eBay: im więcej ludzi korzysta z tej strony internetowej, tym atrakcyjniejsza staje się ona dla sprzedawców i nabywców towarów. Konsekwencją tego zjawiska, zwanego korzyścią sieci lub *sieciowością*, jest to, że wiele produktów lub usług stanowi ofertę typu wszystko albo nic: albo sprzedajesz za jednym zamachem milion, albo nie sprzedajesz zupełnie nic[1].

Pojawianie się produktów wymagających zaawansowanej wiedzy również stwarza potencjał dla swobodnego działania. Wynika to z natury wiedzy, która nie wiąże się z rywalizacją i ma częściowo wyłączny charakter[2]. Używanie *dobra konkurencyjnego* przez jedną firmę wyklucza jego użycie przez inną. Na przykład naukowcy, laureaci Nagrody Nobla zatrudnieni na pełny etat przez IBM nie mogą być równocześnie zatrudnieni przez inną firmę. Podobnie złom stalowy wykorzystany przez Nucor nie może być równocześnie użyty do produkcji przez inną hutę stali.

Z kolei użycie *dóbr niekonkurencyjnych* przez jedną firmę nie wyklucza ich wykorzystania przez inną. Do tej kategorii zaliczają się idee. Jeśli na przykład linie lotnicze Virgin Atlantic Airways wylansowały swoją markę Upper Class opartą na nowej koncepcji podróżowania klasą business, w której połączono tradycyjne duże fotele i znaczną przestrzeń na nogi, charakterystyczną dla pierwszej klasy, z ceną biletów klasy business, inne linie lotnicze mogły swobodnie wykorzystać ten pomysł, kształtując własne usługi klasy business, nie ograniczając tym w żaden sposób możliwości korzystania z tego pomysłu przez Virgin Atlantic. Dzięki temu konkurencyjne naśladownictwo jest nie tylko możliwe, ale również mniej kosztowne.

---

[1] Rohlfs (1974) jako pierwszy zdefiniował i omówił zjawisko *sieciowości*. Przegląd najnowszych prac na ten temat można znaleźć w: Katz, Shapiro (1994).

[2] Zob. Kenneth J. Arrow (1962), Paul Romer (1990). Warto zauważyć, że zarówno Arrow, jak i Romer ograniczyli swoją dyskusję na temat towarów niekonkurencyjnych i niewyłącznych do innowacji technologicznych, co jest zjawiskiem tradycyjnym w gospodarce. Jeśli przedefiniujemy innowację i wprowadzimy pojęcie innowacji wartości, która jest bardziej istotna na mikroekonomicznym poziomie firmy, znaczenie cech niekonkurencyjności i niewyłączności jest jeszcze bardziej uderzające. Dzieje się tak dlatego, że innowacja technologiczna często ma większy komponent wyłączności ze względu na możliwość i względną łatwość zdobycia ochrony patentowej.

Koszt i ryzyko tworzenia innowacyjnych idei ponosi ich inicjator, nie naśladowca.

To wyzwanie staje się jeszcze większe, gdy weźmiemy pod uwagę cechę *wyłączności*. Wyłączność jest funkcją zarówno natury dobra, jak i systemu prawnego. Dobro ma charakter wyłączny, jeśli firma może powstrzymać innych przed korzystaniem z niego, ograniczając do niego dostęp lub zapewniając sobie ochronę patentową. Na przykład Intel mógł wyłączyć innych producentów mikroprocesorów z korzystania z jego fabryk dzięki prawu własności. Azjatycka sieć salonów fryzjerskich QB House nie może jednak zabronić nikomu wejścia do którejś z jej placówek, przestudiowania jej układu, zapoznania się z atmosferą i procedurami strzyżenia włosów, a następnie naśladowania wszystkich jej innowacyjnych koncepcji we własnej firmie. Kiedy idee są jawne, wiedza w naturalny sposób dociera do innych firm.

Taki brak wyłączności pociąga za sobą ryzyko pojawienia się amatorów „jazdy na gapę". Podobnie jak twórcze i niezwykle rozwojowe koncepcje firm Pret A Manger czy JCDecaux, wiele z najpotężniejszych idei błękitnych oceanów ma ogromną wartość, choć same w sobie nie zawierają nowych wynalazków technologicznych. W konsekwencji nie są one ani możliwe do opatentowania, ani wyłączne, a zatem są podatne na naśladownictwo.

Wszystko to oznacza, że strategiczna cena, jaką ustalisz dla swojej oferty, musi nie tylko przyciągnąć dużą liczbę nabywców, lecz również pomóc w ich utrzymaniu. Mając ogromny potencjał do wzbudzenia zainteresowania „gapowiczów", oferta już w pierwszym dniu musi zyskać odpowiednią reputację, ponieważ budowa marki w dużej mierze opiera się na przekazywanych z ust do ust rekomendacjach, szybko rozchodzących się w naszym sieciowym społeczeństwie. Firmy muszą zatem wystartować z ofertą, której nabywcy nie odrzucą, i muszą uczynić to w sposób zniechęcający innych do swobodnego naśladownictwa. Na tym właśnie polega strategiczna wycena. Odnosi się ona do pytania: Czy nasza oferta została wyceniona tak,

Rysunek 6-5. Masowy korytarz cenowy

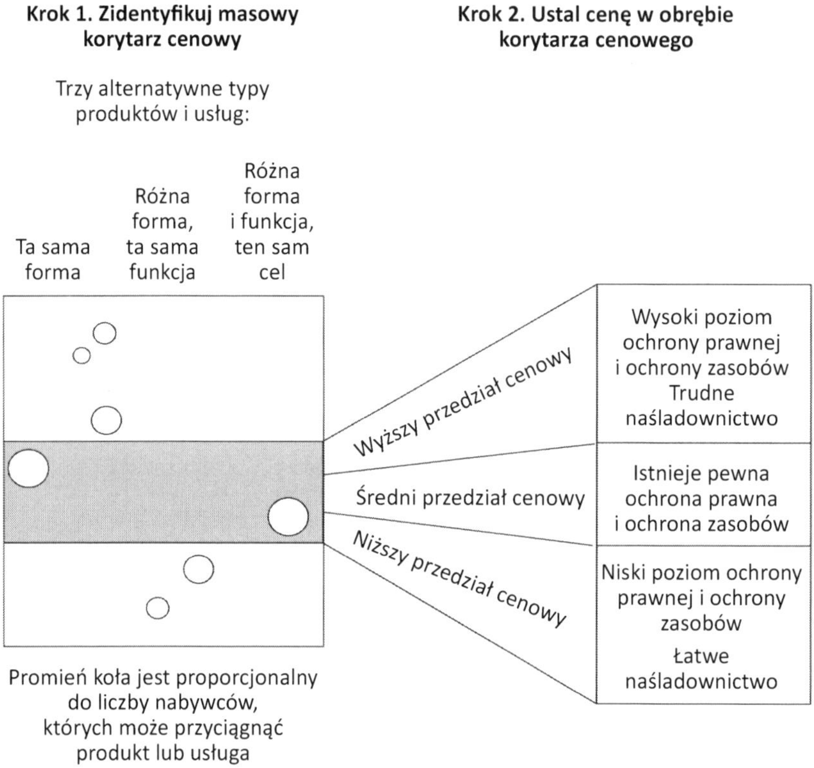

że od samego początku może przyciągnąć masowych docelowych nabywców posiadających wystarczającą siłę nabywczą, by ochoczo z niej skorzystać? Jeśli połączymy wyjątkową użyteczność ze strategiczną wyceną, zniechęcimy innych do naśladownictwa.

Stworzyliśmy narzędzie nazwane *masowym korytarzem cenowym*. Ma ono pomóc menedżerom w znalezieniu właściwej wyceny dla nieodpartej oferty. Nie musi to być jednak cena najniższa. Narzędzie to składa się z dwóch różnych, ale powiązanych wzajemnie kroków (zob. rysunek 6-5).

Krok 1.
Zidentyfikuj masowy korytarz cenowy

Przy ustalaniu cen wszystkie firmy w pierwszej kolejności przyglądają się produktom i usługom, które są najbliższe ich ideom co do formy. Na ogół są to produkty i usługi z ich branży. Oczywiście warto to zrobić, ale nie wystarcza to na pewno, by przyciągnąć nowych klientów. Głównym wyzwaniem w określaniu strategicznej ceny jest zrozumienie wrażliwości cenowej ludzi, którzy będą porównywali nowy produkt lub usługę z wzorcowymi, zupełnie inaczej wyglądającymi produktami lub usługami oferowanymi poza grupą tradycyjnych konkurentów.

Dobrym sposobem spojrzenia na granice branży jest sporządzenie listy produktów lub usług kwalifikujących się do dwóch kategorii: jedna to te, które przybierają różne formy, ale spełniają te same funkcje, a druga to te, które przybierają różne formy i spełniają różne funkcje, ale służą temu samemu nadrzędnemu celowi.

Różna forma, ta sama funkcja. Wiele firm tworzących błękitne oceany przyciąga klientów innych branż, którzy korzystają z produktów lub usług spełniających takie same funkcje lub cechujących się podobną użytecznością, ale przybierających odmienne formy fizyczne. W przypadku Modelu T Forda firma Ford przyglądała się powozom konnym. Powozy konne oferowały taką samą podstawową użyteczność jak samochód: transport pojedynczych osób i rodzin. Różniły się jednak od samochodu formą: w pierwszym przypadku mieliśmy do czynienia z żywymi zwierzętami, w drugim z maszyną. Ford skutecznie przekształcił większość nieklientów branży samochodowej, czyli klientów powozów konnych, w klientów swojego własnego błękitnego oceanu, wyceniając swój Model T porównywalnie z powozami konnymi, a nie z samochodami innych producentów.

W przypadku branży zbiorowego żywienia w szkołach podobne pytanie doprowadziło do interesującego spostrzeżenia. Nagle znaczenia nabrali rodzice, którzy sami przygotowywali obiady swoim dzieciom. Dla wielu dzieci rodzice spełniali tę samą funkcję: przygotowywali im posiłki. Byli jednak odmienni co do formy: tu mieliśmy do czynienia z mamą lub tatą, tam z kolejką po obiad w szkolnej stołówce.

Różna forma i funkcja, ten sam cel. Niektóre firmy nęcą swoich klientów w jeszcze inny sposób. Na przykład Cirque du Soleil wpłynął na klientów całego spektrum różnych rozrywek wieczornych. Jego wzrost odbywał się dzięki odciągnięciu ludzi od innych zajęć, różniących się i formą, i funkcją. Na przykład bary i restauracje mają niewiele wspólnego z cyrkiem. Spełniają też inne funkcje; można w nich porozmawiać, można czerpać przyjemność z konsumpcji, co jednak jest wrażeniem zupełnie odmiennym od rozrywki, jaką oferuje cyrk. Jednak pomimo tych różnic w formie i funkcji ludziom podejmującym każde z tych trzech zajęć przyświeca ten sam cel: chodzi o miłe spędzenie wieczoru poza domem.

Sporządzenie listy alternatywnych produktów i usług umożliwia menedżerom dostrzeżenie pełnej gamy nabywców, których mogą ściągnąć z innych branż, a nawet tych, których trudno zaliczyć do jakiejkolwiek branży, na przykład rodziców (w branży zbiorowego żywienia w szkołach) czy nieśmiertelnego ołówka w zarządzaniu domowym budżetem (w branży finansowych programów komputerowych).

Następnie menedżerowie powinni sporządzić ilustrację graficzną ceny i wolumenu tych alternatyw, jak pokazano na rysunku 6-5.

Takie podejście wskazuje nam najprostszą drogę do zidentyfikowania miejsca, w którym należy szukać docelowych nabywców, i ceny, jaką są oni gotowi zapłacić za produkty i usługi, z których aktualnie korzystają. Przedział cenowy obejmujący największą grupę docelowych klientów stanowi masowy korytarz cenowy.

Zakres ten jest niekiedy bardzo szeroki. Na przykład w przypadku Southwest Airlines masowy korytarz cenowy obejmował grupę ludzi płacących przeciętnie 400 dolarów za bilet na niewielką odległość w klasie ekonomicznej, podczas gdy podobna podróż odbywana samochodem kosztowała około 60 dolarów. Kluczem do sukcesu nie była tutaj walka cenowa z konkurencją w branży, lecz raczej wycena na poziomie substytutów i alternatyw w innych branżach i dziedzinach, które trudno nawet nazwać branżami. Gdyby na przykład Ford wycenił swój Model T porównywalnie z innymi samochodami, ponad trzykrotnie droższymi od powozów konnych, rynek na Model T nigdy nie odnotowałby takiego boomu.

Krok 2.
Ustal poziom ceny wewnątrz korytarza cenowego

Drugi element naszego narzędzia ma pomóc menedżerom w podjęciu decyzji, na jak wysoką cenę mogą sobie pozwolić, by zmieścić się w korytarzu cenowym i nie zachęcić konkurencji do tworzenia imitacji ich produktów czy usług. Na ocenę tę składają się dwa główne czynniki. Pierwszy to stopień ochrony prawnej produktu czy usługi patentami lub prawami autorskimi. Drugi to poziom wyłączności na posiadanie przez firmę jakiegoś składnika majątku lub istotnej umiejętności, na przykład kosztownego zakładu produkcyjnego. To może uniemożliwić naśladownictwo. Dyson, brytyjska firm produkująca elektryczny sprzęt AGD, mogła na przykład ustalić w roku 1995 i utrzymać do dziś wysoką cenę jednostkową na swoje bezworkowe odkurzacze dzięki silnej ochronie patentowej, trudnym do podrobienia umiejętnościom z zakresu serwisowania oraz przykuwającemu wzrok wzornictwu.

Wiele innych firm również skorzystało z możliwości ustalenia ceny strategicznej na wyższym pułapie i przyciągnięcia masowych nabywców docelowych. Przykładami mogą być tutaj Philips i jego ALTO w branży profesjonalnego sprzętu oświetleniowego, marka Lycra stworzona przez DuPont (a obecnie stanowiąca własność firmy Invista) w branży specjalistycznych produktów chemicznych, SAP w branży biznesowego oprogramowania komputerowego czy Bloomberg w branży oprogramowania finansowego.

Jednakże firmy niedysponujące bardzo pewną ochroną patentową czy prawem własności majątku powinny brać pod uwagę ceny mniej więcej ze środka korytarza, a firmy nieposiadające w ogóle takiej ochrony muszą oferować względnie niskie ceny. W przypadku Southwest Airlines, ponieważ usługi nie można było opatentować, ceny biletów kształtowały się na poziomie bliskim dolnej granicy korytarza, czyli na poziomie zbliżonym do kosztu podróży samochodem. Firmy powinny zachować rozsądek i od samego początku ustalać ceny strategiczne na poziomie średnim lub niskim, jeśli nie zachodzi żadna z poniższych okoliczności:

- Ich oferta błękitnego oceanu cechuje się wysokimi kosztami stałymi i marginalnie małymi kosztami zmiennymi.
- Ich atrakcyjność bardzo mocno zależy od sieciowości.
- Ich struktura kosztów jest korzystna ze względu na duży efekt skali i jego zasięg. W takich przypadkach wolumen przyczynia się do znaczącej przewagi kosztowej, co dodatkowo zwiększa znaczenie wyceny z myślą o wolumenie.

Masowy korytarz cenowy nie tylko pozwala wyznaczyć przedział cen, dzięki którym można otworzyć błękitny ocean nowego popytu, lecz również dostarcza informacji o tym, w jaki sposób możemy skorygować swoje pierwotne oszacowania cenowe, by móc to osiągnąć. Jeśli nasza oferta pomyślnie przejdzie test strategicznej wyceny, będziemy gotowi na wykonanie następnego kroku.

Od strategicznej wyceny do kalkulacji kosztów

Kalkulacja kosztów, czyli następny etap naszej sekwencji strategicznej, odnosi się do zyskowej strony modelu biznesowego. Punktem wyjścia dla firmy chcącej maksymalizować potencjał zyskowności swojego pomysłu na błękitny ocean powinna być cena strategiczna, od której należy odjąć pożądaną marżę zysku, dochodząc w ten sposób do docelowych kosztów. Istotne jest tutaj, by punktem wyjściowym była cena, od której dojdziemy do kosztów, a nie koszty, na podstawie których skalkulujemy cenę. Tylko wtedy osiągniemy poziom kosztów, który zapewni nam zyskowność i pozwoli zostawić daleko w tyle ewentualnych naśladowców.

Gdy w kalkulacji kosztów oprzemy się na cenie strategicznej, zazwyczaj będziemy musieli działać bardzo agresywnie. Pewnym wyzwaniem dla nas będzie tutaj zmieszczenie się w kosztach określonych w ramach budowy profilu strategicznego, który nie tylko cechuje się pewną odmiennością, lecz również pozwala firmie zredukować koszty. To właśnie dzięki nastawieniu się na redukcję kosztów Cirque du Soleil zyskał na tym, że wyeliminował pokazy ze zwierzętami i występy kosztownych gwiazd, a Ford wygrał na produkcji Modelu T w jednym kolorze i jednym modelu z niewieloma opcjami.

Czasami takie redukcje pozwalają zmieścić się w docelowych kosztach, często jednak to nie wystarcza. Rozważmy innowację kosztową wprowadzoną przez Forda w celu realizacji agresywnych założeń kosztowych dotyczących Modelu T. Ford musiał zrezygnować ze standardowego systemu produkcji, w którym samochody od początku do końca były wytwarzane ręcznie przez wykwalifikowanych rzemieślników. Zamiast tego Ford wprowadził linie montażowe, na których wysoko wykwalifikowani rzemieślnicy zostali zastąpieni przez robotników o niskich kwalifikacjach, którzy wykonywali drobne zadania szybciej i skuteczniej, dzięki czemu czas produkcji Modelu T skrócił się z dwudziestu jeden dni do czterech, przy czym całkowita liczba roboczogodzin spadła o 60%[3]. Gdyby Ford nie wprowadził takiej innowacji kosztowej, nie mógłby zrealizować z zyskiem swojej strategii cenowej.

---

[3] Zob. Ford Motor Company (1924), William J. Abernathy, Kenneth Wayene (1974).

Firmy, które zamiast poszukiwania i tworzenia nowych sposobów kreatywnego spełniania założeń kosztowych, tak jak uczynił to Ford, wybierają kuszącą je drogę maksymalnego windowania ceny strategicznej lub ograniczania użyteczności, schodzą z drogi do lukratywnych błękitnych wód. Firmy mają do dyspozycji trzy podstawowe dźwignie pozwalające im spełnić założenia kosztowe.

Pierwsza dotyczy przebudowy operacji i wprowadzenia innowacji kosztowych w całym procesie, poczynając od wytworzenia, a kończąc na dystrybucji. Czy można surowce wykorzystywane do produktu lub usługi zastąpić niekonwencjonalnymi, mniej kosztownymi – na przykład zamiast metalu wykorzystać plastik albo przenieść centrum obsługi telefonicznej z Anglii do Bangalore? Czy można w znaczący sposób wyeliminować kosztowne i niosące małą wartość dodaną działania będące elementem łańcucha budowy wartości? A może można je ograniczyć albo zlecić na zewnątrz? Czy fizyczna lokalizacja naszej produkcji lub miejsce świadczenia usług może zostać przeniesione z najdroższych nieruchomości w tańsze miejsca, tak jak w handlu detalicznym zrobiły to firmy The Home Depot, IKEA czy Wal-Mart, czy tak jak linie Southwest Airlines przeniosły się z głównych lotnisk na drugorzędne? Czy można zmniejszyć liczbę części lub czynności w procesie wytwórczym, tak jak uczynił to Ford, wprowadzając linię produkcyjną? Czy w celu redukcji kosztów możemy rozbić działania na szereg drobnych czynności, tak jak technika cyfrowa zastępuje analogową?

Odpowiadając sobie na takie i podobne pytania, szwajcarska firma zegarmistrzowska Swatch zdołała ograniczyć swoje całkowite koszty do poziomu o 30% niższego od wszystkich firm tej branży na całym świecie. Na początek Nicolas Hayek, prezes Swatcha, stworzył zespół projektowy, którego zadaniem było ustalenie strategicznej ceny zegarka Swatch. W tym czasie rynek był zdominowany przez niedrogie (ok. 75 dolarów) precyzyjne zegarki kwarcowe produkowane w Japonii i Hongkongu. Swatch ustalił swoją cenę na poziomie 40 dolarów – była to cena, przy której ludzie mogli kupować sobie po kilka zegarków, spełniających również rolę modnych akcesoriów. Tak niska cena nie pozostawiała miejsca na jakąkolwiek marżę dla firm z Japonii czy Hongkongu, co uniemożliwiło im pójście w ślady Swatcha i przebicie go ceną. Swatch był zdeterminowany, by sprzedawać swoje zegarki po takiej właśnie cenie i ani centa wyższej, więc jego zespół projektowy skoncentrował się na tym, by zmieścić się w zakładanych kosztach, a w ramach tego procesu określono między innymi wysokość marży niezbędnej do zrealizowania, by móc sfinansować koszty marketingu i usług i osiągnąć zysk.

Pomimo wysokiego kosztu pracy w Szwajcarii Swatch był w stanie osiągnąć ten cel wyłącznie dzięki radykalnym zmianom w samym produkcie i metodach jego wytwarzania. Na przykład zamiast używać tradycyjnego metalu czy skóry, Swatch wykorzystał plastik. Jego inżynierowie znacznie uprościli też projekt wewnętrznego mechanizmu zegarka, redukując liczbę części ze stu pięćdziesięciu do pięćdziesięciu jeden. Stworzyli też nową, tańszą technikę montażu; na przykład koperty zegarka były spawane przy użyciu techniki ultradźwiękowej, która zastąpiła śrubki. Łącznie wszystkie te zmiany w projekcie i wytwarzaniu umożliwiły firmie Swatch zmniejszenie udziału bezpośrednich kosztów produkcji w kosztach całkowitych z 30% do 10%. Te innowacje kosztowe doprowadziły do stworzenia trudnej do przebicia struktury kosztów i pozwoliły na osiągnięcie przez Swatch dominacji na masowym rynku zegarków na rękę, który wcześniej był zdominowany przez producentów azjatyckich mających dostęp do tańszej siły roboczej.

Oprócz usprawnienia operacyjnego i wprowadzenia innowacji kosztowych istnieje jeszcze druga dźwignia pozwalająca firmom osiągać zakładane cele kosztowe. To partnerstwo. Wprowadzając na rynek nowy produkt czy usługę, wiele firm zupełnie niesłusznie stara się realizować cały proces produkcji i dystrybucji wyłącznie własnymi siłami. Czasami dzieje się tak dlatego, że produkt lub usługa jest dla nich platformą do rozwijania własnych zdolności. W innych przypadkach wynika to jednak po prostu z niebrania pod uwagę innych opcji zewnętrznych. A przecież partnerstwo daje firmom możliwość zapewnienia sobie niezbędnych zdolności w sposób szybki i efektywny, bez podwyższania kosztów. Pozwala firmom zyskać na doświadczeniu i umiejętnościach innych firm i na efekcie skali. Partnerstwo obejmuje wypełnianie luk przez dokonywanie drobnych przejęć, kiedy taka droga okazuje się szybszym i tańszym sposobem zapewnienia sobie dostępu do kompetencji, w których ktoś już się wykształcił.

Możliwość spełnienia założeń kosztowych przez firmę IKEA wynika na przykład w znacznej mierze z wykorzystania partnerstwa. IKEA pozyskuje materiały i zdolności produkcyjne po najniższych cenach, nawiązując partnerskie kontakty z ponad tysiąc pięciuset firmami produkcyjnymi działającymi w ponad pięćdziesięciu krajach, zapewniając sobie w ten sposób najtańszą i najszybszą produkcję około dwudziestu tysięcy różnych wyrobów.

Rozważmy też przykład zlokalizowanej w Niemczech, będącej światowym liderem, firmy SAP wytwarzającej oprogramowanie biznesowe. Dzięki partnerstwu z firmą Oracle SAP zaoszczędził setki milionów, jeśli nie miliardy dolarów na kosztach rozwoju i uzyskał światowej klasy centralną bazę danych Oracle'a, która pełni rolę serc jego kluczowych produktów, mianowicie R/2, a później R/3. SAP poszedł jeszcze jeden krok dalej i nawiązał partnerstwo z wiodącymi firmami konsultingowymi, takimi jak Capgemini czy Accenture, dzięki czemu w ciągu jednego dnia i bez żadnych dodatkowych kosztów pozyskał globalną sieć sprzedaży i zespół wdrożeniowy. W sytuacji, gdy firma Oracle ponosiła koszty stałe dużo mniejszych służb sprzedażnych, SAP zdołał osiągnąć korzyści z posiadania silnej globalnej sieci sprzedaży przez Capgemini i Accenture, dzięki której mógł dotrzeć do swoich docelowych klientów bez żadnych implikacji kosztowych dla własnej firmy. SAP po dziś dzień utrzymuje bardzo rozległy ekosystem, w którym partnerzy odgrywają niezwykle ważną rolę, pomagając tej firmie konstruować, nabywać i wdrażać jej rozwiązania.

Czasami jednak ani usprawnienia i redukcja liczby pracowników, ani innowacje kosztowe czy partnerstwo nie wystarczą, by firma mogła zmieścić się w swoich docelowych kosztach. Wtedy dochodzimy do trzeciej dźwigni, którą firmy mogą wykorzystać, by osiągnąć pożądaną marżę zysku bez kompromisów w zakresie ceny strategicznej: jest to zmiana modelu kalkulacji ceny strategicznej w branży. Zmieniając wykorzystywany model kalkulacji ceny – a nie jej poziom – firmy często mogą rozwiązać ten problem.

Na przykład firma NetJets zmieniła model kalkulacji cen samolotów odrzutowych, wprowadzając system czasowej własności (*time-share*), który pozwolił jej osiągać zyski przy przyjętej cenie strategicznej. Firma z New Jersey udostępnia odrzutowce szerokiej rzeszy klientów korporacyjnych i zamożnych osób prywatnych; klienci ci kupują prawo do korzystania z samolotu przez określony czas, a nie samolot jako taki, co uwalnia znaczny popyt, który w przeciwnym razie byłby znacznie mniejszy. Innym modelem jest z kolei system ułamkowego udziału (*slice-share*) stosowany na przykład przez zarządzających otwartymi funduszami inwestycyjnymi, oferujących wysokiej jakości usługi zarządzania portfelem inwestycyjnym – tradycyjnie oferowane przez prywatne banki najbogatszym klientom – drobnym inwestorom, którym sprzedawany jest cząstkowy udział w takim portfelu inwestycyjnym, a nie cały portfel. Niektóre firmy stosują jeszcze inną strategię cenową, oferując jakiś produkt lub usługę (dotyczy to zwykle oferty cyfrowej: oprogramowania, mediów, gier, usług internetowych itp.) bezpłatnie, by przyciągnąć docelową masę klientów, a następnie pobierając opłaty za chronione prawem właściwości, funkcje lub dobra wirtualne. Strategia cenowa tych firm obejmuje równocześnie ofertę „darmową" i „płatną", aby z jednej strony zawładnąć docelową masą klientów, z drugiej zaś osiągnąć zyski ze sprzedaży tego, co są zdecydowani kupić użytkownicy przyzwyczajeni już do danego produktu czy usługi. Wszystko to są przykłady *innowacji w zakresie ustalania ceny* lub krótko *innowacji cenowej*. Pamiętajmy jednak, że to, co dla jednej branży jest innowacją cenową, w innej często okazuje się standardowym modelem ustalania ceny. Kiedy na przykład IBM rozsadził rynek obliczeniowy, dokonał tego dzięki zmianie modelu cenowego całej branży, a mianowicie dzięki przejściu od sprzedaży do leasingu, co pozwoliło mu osiągnąć swoją strategiczną cenę przy równoczesnym pokryciu struktury kosztowej.

Na rysunku 6-6 pokazujemy, jak innowacja wartości prowadzi zazwyczaj do maksymalizacji zysków przy wykorzystaniu naszych trzech dźwigni. Jak widać na rysunku, punktem wyjścia dla firmy jest cena strategiczna, od której odejmowana jest docelowa marża zysku i w ten sposób wyznaczany jest docelowy koszt. Aby osiągnąć cel kosztowy zapewniający zysk, firmy mają do dyspozycji dwie

Rysunek 6-6. Model zyskowy strategii błękitnego oceanu

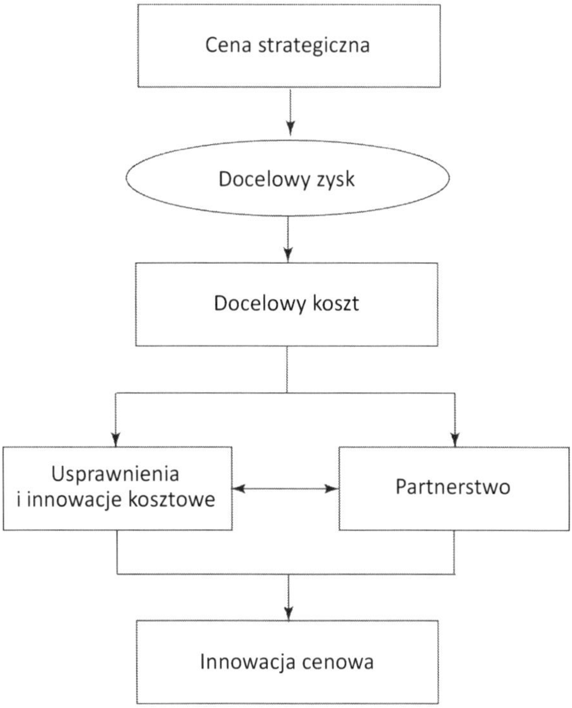

dźwignie: jedną są usprawnienia i innowacje kosztowe, drugą partnerstwo. Gdy nie udaje się zrealizować celów kosztowych, pomimo wszystkich wysiłków włożonych w stworzenie niskokosztowego modelu biznesowego, firma powinna sięgnąć po trzecią dźwignię, innowację cenową, pozwalającą z zyskiem zaoferować rynkowi strategiczną cenę. Oczywiście nawet wtedy, gdy udaje nam się zrealizować cel kosztowy, powinniśmy poszukiwać innowacji cenowej. Jeśli oferta firmy jest w stanie zapewnić skuteczną realizację strony zyskowej modelu biznesowego, firma jest gotowa na wykonanie następnego kroku w strategii błękitnego oceanu.

Model biznesowy sprzężony z sekwencją: wyjątkowa użyteczność, strategiczna cena, docelowy koszt, skutkuje stworzeniem innowacji wartości. W przeciwieństwie do praktyk stosowanych w konwencjonalnych innowacjach technologicznych, innowacja wartości opiera się na grze, w której wszyscy wygrywają: nabywcy, firmy i społeczeństwo. Dodatek C „Dynamika rynku w innowacji wartości" ilustruje sposób rozgrywania tej gry na rynku i pokazuje implikacje ekonomiczne i wpływ na jakość życia wszystkich zainteresowanych stron.

Od użyteczności, ceny i kosztu do zastosowania w praktyce

Nawet trudny do pobicia model biznesowy może nie wystarczyć do zagwarantowania sukcesu komercyjnego pomysłu na błękitny ocean. Niemalże wprost z definicji zagraża on status quo i z tego powodu może wywoływać obawy i opór wśród trzech grup interesariuszy firmy: jej pracowników, partnerów biznesowych i szerokiej publiczności. Przed wyłożeniem pieniędzy na inwestycje w nową ideę firma musi najpierw przezwyciężyć te obawy, edukując obawiających się.

Pracownicy

Nieumiejętność właściwego odniesienia się do obaw pracowników co do wpływu nowej idei biznesowej na ich sytuację może okazać się bardzo kosztowna. Gdy zarząd Merrill Lynch ogłosił swoje plany stworzenia internetowych usług maklerskich, ceny akcji banku spadły o 14%, gdy tylko pojawiły się informacje o oporach i wewnętrznych konfliktach w jego bardzo rozbudowanym detalicznym dziale maklerskim.

Zanim firma ogłosi publicznie swoją ideę, powinna skoncentrować swoje wysiłki na zakomunikowaniu jej swoim pracownikom i zapewnieniu ich o swojej świadomości zagrożeń związanych z jej realizacją. Firmy powinny pracować ze swoją załogą nad znalezieniem sposobów na usunięcie tych zagrożeń, tak by każda osoba w firmie okazała się wygraną pomimo zmiany ról, zakresów odpowiedzialności i wynagrodzenia. Weźmy przykład Netflix, firmy, która stanęła przed trudnym zadaniem „wynalezienia siebie na nowo" i przejścia od filmów DVD dostarczanych pocztą do mediów strumieniowych. W przeciwieństwie do Merrill Lynch firma położyła wielki nacisk na przekonanie pracowników o konieczności zmiany, wyjaśniając im, co ona dla nich znaczy, oraz przygotowując ich do niej, co obejmowało na przykład szkolenia zapewniające pełne zrozumienie przez pracowników czynników napędowych branży mediów strumieniowych. Dotychczasowe wyniki okazały się korzystne: firma w stałym tempie pozyskuje nowych klientów, których liczba w roku 2013 po raz pierwszy przebiła granicę 40 milionów.

Partnerzy biznesowi

Potencjalnie jeszcze bardziej niszczący od niezadowolenia pracowników może być opór partnerów obawiających się, że ich strumienie dochodów lub pozycja rynkowa zostały zagrożone przez nowy pomysł na biznes. Z tym problemem spotkała się firma SAP, tworząc produkt o nazwie AcceleratedSAP (ASAP – dosł. przyśpieszony SAP), system komputerowy dla przedsiębiorstw, którego wdrożenie jest bardzo szybkie, a tym samym mniej kosztowne. ASAP sprawił, że biznesowe oprogramowanie komputerowe po raz pierwszy znalazło się w zasięgu średnich i małych firm. Problem polegał jednak na tym, że stworzenie zgodnych z dobrymi praktykami szablonów dla ASAP wymagało aktywnej współpracy z wielkimi firmami konsultingowymi, czerpiącymi znaczne dochody z długotrwałych procesów wdrażania innych produktów SAP. Dlatego niekoniecznie czuły się one zmotywowane do znalezienia najszybszego sposobu wdrożenia oprogramowania SAP.

Firma rozwiązała ten dylemat, otwarcie dyskutując z partnerami. Jej menedżerowie przekonali firmy konsultingowe, że dzięki takiej współpracy mogą zarobić jeszcze więcej. Wyjaśnili, że pomimo iż ASAP spowoduje skrócenie czasu wdrożenia w małych i średnich firmach, konsultanci zyskają dostęp do bazy nowych klientów, co na pewno z nawiązką skompensuje niektóre z utraconych przychodów od większych firm. Nowy system udostępni też konsultantom nową drogę do reagowania na coraz głośniej wypowiadane obawy klientów, że wdrażanie systemów biznesowych trwa zbyt długo. Sukces ASAP był ważnym krokiem na drodze SAP do zaopatrywania w aplikacje biznesowe nie tylko wielkich korporacji, ale również organizacji średnich i małych.

Szeroka publiczność

Opozycja w stosunku do nowych idei biznesowych może rozszerzyć się także na szeroką publiczność, szczególnie wtedy, gdy idea ta jest bardzo nowa i innowacyjna i zagraża utartym normom społecznym i politycznym. Skutki tego mogą być bardzo niszczące. Rozważmy przykład Monsanto, firmy produkującej żywność modyfikowaną genetycznie. Jej intencje były kwestionowane przez konsumentów europejskich, głównie za sprawą działań ugrupowań ekologicznych, takich jak Greenpeace, Friends of the Earth czy Soil Association. Ataki tych ugrupowań trafiły do serc wielu ludzi na kontynencie mającym długą historię troski o środowisko naturalne i silne lobby rolnicze. Od tamtego czasu dyskusja na temat żywności modyfikowanej genetycznie nasiliła się i objęła cały glob, przy czym Monsanto często jest głównym celem ataków.

O ile zagadnienie żywności modyfikowanej genetycznie jest samo w sobie bardzo poważne, o tyle błąd firmy Monsanto polegał na tym, że pozwoliła innym pokierować tą debatą. Powinna była wyedukować ugrupowania ekologiczne i szeroką publiczność, pokazać jej korzyści z modyfikowanej genetycznie żywności i jej potencjału w walce z głodem i chorobami na świecie. Gdy produkty zostały już wprowadzone na rynek, Monsanto powinna zapewnić klientom wybór między zdrową (organiczną) żywnością i żywnością modyfikowaną genetycznie, oznaczając produkty, które zostały wytworzone z użyciem modyfikowanych genetycznie ziaren. Gdyby firma podjęła takie działania, wsłuchiwała się w zastrzeżenia i starała się zapewnić rozwiązania odpowiadające na obawy ludzi, na przykład akceptując obowiązkowe wyraźne oznakowanie na etykietach, to nie tylko nie byłaby szkalowana, lecz być może wzbudziłaby zaufanie opinii publicznej, a nawet ostatecznie pokazałaby się w korzystnym świetle jako dostawca technologii przyczyniającej się do wyeliminowania głodu i chorób dzięki zastosowaniu zmodyfikowanych nasion.

Kluczowym wyzwaniem edukowania tych trzech grup interesariuszy – pracowników, partnerów i szerokiej publiczności – jest zaangażowanie ich w otwartą dyskusję o tym, dlaczego zastosowanie w praktyce naszej nowej idei jest rzeczą konieczną. Musimy wyjaśnić jej zalety, ustalić, jakie są oczekiwania co do jej konsekwencji, i opisać, jak nasza firma zamierza się do nich odnieść. Interesariusze muszą wiedzieć, że ich głosy zostały wysłuchane i że nie będzie żadnych niespodzianek. Firmy podejmujące trud takiego dialogu z interesariuszami przekonają się, że czas i wysiłek w to włożony nie idzie na marne, lecz zwraca się z hojną nawiązką. (Szersze omówienie sposobów na zaangażowanie interesariuszy zawarte jest w rozdziale 8).

Indeks idei błękitnego oceanu

Co prawda firmy powinny budować swoją strategię błękitnego oceanu w sekwencji: użyteczność, cena, koszt, zastosowanie, ale te kryteria tylko wtedy pozwolą osiągnąć komercyjny sukces, gdy będą tworzyły jedną spójną całość. *Indeks idei błękitnego oceanu* (BOI) jest prostym, ale mocnym testem oceny systemu (zob. rysunek 6-7).

Jak pokazano na rysunku 6-7, gdyby Philips i Motorola określiły dla swoich produktów – odpowiednio CD-i oraz Iridium – wartość indeksu BOI, przekonałyby się, jak daleko im do otwarcia lukratywnego błękitnego oceanu. Jeśli chodzi o CD-i Philipsa, nie stworzył on wyjątkowej wartości dla nabywców, oferując skomplikowane technologicznie funkcje z ograniczonym oprogramowaniem.

Rysunek 6-7. Indeks idei błękitnego oceanu (BOI)

		Philips CD-i	**Motorola Iridium**	**DoCoMo i-mode Japonia**
Użyteczność	Czy jest w tym wyjątkowa użyteczność? Czy są jakieś wyjątkowe powody, by kupić oferowany produkt?	–	–	+
Cena	Czy cena jest łatwo akceptowalna dla masowych nabywców?	–	–	+
Koszt	Czy z naszą strukturą kosztów mieścimy się w koszcie docelowym?	–	–	+
Zastosowanie	Czy odnieśliśmy się zawczasu do przeszkód w zastosowaniu?	–	+/–	+

Produkt został wyceniony zbyt wysoko dla masowego nabywcy, a jego proces produkcyjny był skomplikowany i kosztowny. Wyjaśnienie działania urządzenia o skomplikowanym wzornictwie i sprzedanie go klientowi zajmowało ponad pół godziny, co nie zachęcało sprzedawców do sprzedawania go w sklepach detalicznych, gdzie liczyła się szybkość. Zatem CD-i Philipsa nie spełniło żadnego z czterech kryteriów indeksu BOI, mimo że wpompowano w nie miliardy dolarów.

Gdyby Philips już na etapie tworzenia ocenił swoją ideę biznesową CD-i, stosując indeks BOI, zauważyłby braki tkwiące w tej idei i już na wstępie odniósłby się do nich, upraszczając swój produkt, ustalając przystępną dla mas cenę strategiczną, stosując kalkulację kosztów „cena minus" zamiast „koszt plus" i współpracując z detalistami w celu znalezienia prostego sposobu, w jaki sprzedawcy mogliby w ciągu kilku minut demonstrować i sprzedawać produkt.

Podobnie było z Iridium Motoroli, który był nierozsądnie drogi z powodu wysokich kosztów produkcji. Nie oferował atrakcyjnych cech użyteczności dla masowych nabywców, nie nadawał się do użytku w budynkach i w samochodach i był wielkości cegły. Jeśli chodzi o zastosowanie, Motorola zdołała poradzić sobie z licznymi wymogami regulacyjnymi i zapewnić sobie prawo do transmisji z wielu krajów. Pracownicy, partnerzy i społeczeństwo – wszyscy czuli się mocno zmotywowani do zaakceptowania tej idei. Firma miała jednak słaby zespół sprzedażowy i nieefektywne kanały marketingowe na rynkach globalnych. Ponieważ Motorola nie była w stanie skutecznie zarządzać sprzedażą, telefony Iridium czasami nie były dostępne nawet na zamówienie. Słaba użyteczność, wysoka cena i koszty oraz przeciętna zdolność zastosowania pokazały, że idea Iridium musi skończyć się klapą.

Przeciwieństwem tych porażek jest wprowadzenie w Japonii urządzenia NTT DoCoMo i-mode. W roku 1999, gdy większość operatorów telekomunikacyjnych koncentrowała się na wyścigu technologicznym i konkurencji cenowej bezprzewodowych urządzeń do transmisji głosu, największy japoński operator telekomunikacyjny wprowadził system i-mode, oferujący internet w telefonie komórkowym. Był to pierwszy na świecie smartfon, który przyjął się w skali całego kraju.

Przed pojawieniem się i-mode zwykła telefonia komórkowa w Japonii osiągnęła już wysoki poziom zaawansowania w kategoriach mobilności, jakości głosu, łatwości użytkowania i wzornictwa urządzeń. Podobnie jak wszystkie ówczesne produkty branży telefonii komórkowej oferowała jednak niewiele usług związanych z transmisją danych, takich e-mail, dostęp do informacji, wiadomości czy gry, a także możliwości zawierania transakcji, które cieszyły się niezwykłą popularnością w świecie komputerów osobistych i internetu. Usługa i-mode zmieniła ten stan rzeczy. Stanowiła połączenie wszystkich najważniejszych zalet tych dwóch alternatywnych branż – telefonii komórkowej oraz komputerów osobistych i internetu – i tworzyła unikatową i bardzo wysoką użyteczność dla nabywcy.

Usługa i-mode oferowała nabywcy wyjątkową użyteczność po cenie przystępnej dla masowej klienteli. Miesięczna opłata abonamentowa za usługę i-mode, opłata za transmisję głosu i danych oraz cena za te dane znalazły się w strategicznym obszarze cen „zakupu bez namysłu", zachęcając do zakupu pod wpływem impulsu i umożliwiając niemal natychmiastowe dotarcie do mas. Przykładowo, miesięczna opłata abonamentowa kształtowała się w granicach 100–300 jenów (1–3 dolary) i została wyznaczona na podstawie wskaźników porównawczych kosztów tygodników, które większość Japończyków regularnie kupowała w kioskach na stacjach metra.

Po ustaleniu ceny strategicznej atrakcyjnej dla masowego nabywcy firma NTT DoCoMo podjęła wysiłki, by posiąść kompetencje niezbędne do zaoferowania usługi w ramach swoich celów kosztowych, tak by móc na tym wszystkim osiągnąć zysk. W dążeniu do tego celu firma nigdy nie ograniczała się do własnych zasobów i umiejętności. Koncentrując się na swojej tradycyjnej roli operatora, czyli rozwijając i utrzymując w ramach projektu i-mode szybką i przepustową sieć, starała się dostarczać inne kluczowe elementy swojej oferty w ramach aktywnego partnerstwa z producentami aparatów telefonicznych i firmami udostępniającymi serwisy informacyjne.

Tworząc sieć partnerską, w której wszyscy byli wygranymi, firma starała się w trwały sposób osiągnąć swój cel kosztowy wyznaczony przez cenę strategiczną. Chociaż jej sieć partnerska składa się z wielu partnerów i ma wiele wymiarów, to jednak szczególne znaczenie ma tylko kilka aspektów. Po pierwsze, NTT DoCoMo regularnie i stale dzieli się wiedzą i technologią ze swoimi partnerami wytwarzającymi aparaty telefoniczne, co pomaga im utrzymać przewagę nad konkurencją. Po drugie, firma odegrała rolę portalu i bramy do sieci bezprzewodowej, rozszerzając i uaktualniając listę menu witryn i-mode i tworząc taką ich zawartość, by podsycić ruch w sieci. Prowadząc za niewielką opłatą biling dla dostawców, firma umożliwiła na przykład dostawcom informacji oszczędności w kosztach związanych z tworzeniem systemu bilingowego. Równocześnie firma sama zwiększyła swoje dochody.

Co więcej, zamiast używać do tworzenia witryn języka WML (*Wireless Markup Language*) w standardzie WAP, i-mode wykorzystała c-HTML, język istniejący i szeroko już stosowany w Japonii. Dzięki temu usługa i-mode była jeszcze bardziej atrakcyjna dla dostawców treści, ponieważ stosujący już język c-HTML programiści nie potrzebowali dodatkowego przeszkolenia, by przekształcić istniejące witryny, stworzone dla środowiska internetowego, w witryny dla i-mode, nie pojawiały się więc dodatkowe koszty. NTT DoCoMo zawarła także umowy o współpracę z kluczowymi partnerami zagranicznymi, takimi jak Microsoft, redukując w ten sposób całkowite koszty rozwoju i skracając czas efektywnego wprowadzania produktu na rynek.

Innym kluczowym aspektem strategii i-mode był sposób prowadzenia projektu. Zespół stworzony specjalnie w tym celu otrzymał jasno postawione zadanie i autonomię. Szef zespołu i-mode osobiście wybrał większość jego członków i zaangażował ich w otwartą dyskusję o tym, jak stworzyć nowy rynek mobilnej transmisji danych.

Dzięki temu zaangażowali się w projekt. Wszystko to przyczyniło się do stworzenia korzystnego klimatu korporacyjnego dla wprowadzenia w życie i-mode. Co więcej, gra, w której wszyscy wygrywali, jaką firma urządziła dla swoich partnerów, jak również gotowość szerokiej publiczności japońskiej do korzystania z usług baz danych, także przyczyniły się do sukcesu w zastosowaniu i-mode w praktyce.

Usługa i-mode spełniała wszystkie kryteria indeksu BOI, jak pokazaliśmy przed chwilą na rysunku 6-7. I i-mode rzeczywiście okazał się oszałamiającym sukcesem.

Firmy, które przejdą test indeksu idei błękitnego oceanu, są gotowe do zmiany biegu z formułowania strategii błękitnego oceanu do jej realizacji. W tym momencie pojawia się pytanie: Jak skłonisz organizację do realizacji strategii, mimo że często wiąże się ona z definitywnym odejściem od przeszłości? Tak dochodzimy do trzeciej części tej książki i piątej reguły strategii błękitnego oceanu: przezwyciężania przeszkód organizacyjnych. Jest to przedmiotem następnego rozdziału.

CZĘŚĆ III

Realizacja strategii błękitnego oceanu

ROZDZIAŁ 7

Przezwyciężanie głównych przeszkód organizacyjnych

FIRMA, KTÓREJ UDAŁO SIĘ stworzyć strategię błękitnego oceanu i zapewniający zyski model biznesowy, musi tę strategię wdrożyć. Jest rzeczą oczywistą, że wdrożenie to nie lada wyzwanie dla każdej strategii. Firmy, podobnie jak i poszczególni ludzie, często przeżywają trudne chwile, starając się przekształcić myśli w czyny, bez względu na to, czy są zanurzone w czerwonym, czy w błękitnym oceanie. Jednak w porównaniu ze strategią czerwonego oceanu strategia błękitnego oceanu cechuje się zdecydowanym odejściem od status quo. Polega na przejściu od zbieżności do rozbieżności w krzywej wartości przy niższych kosztach. I to właśnie jest problem związany z realizacją.

Menedżerowie przekonują nas, że to naprawdę ogromne wyzwanie, i wskazują cztery rodzaje przeszkód. Pierwsza jest natury percepcyjnej: trzeba sprawić, by pracownicy otworzyli się na potrzebę zmiany strategicznej. Droga do przyszłego zyskownego wzrostu nie może prowadzić przez czerwone oceany, jednak to właśnie w tych miejscach ludzie czują się komfortowo i wszystko to wydaje się dotychczas tak dobrze służyć organizacji – po co więc obciążać łódź zbędnym balastem?

Druga przeszkoda to ograniczone zasoby. Im większy przeskok w strategii, tym większe wydaje się zapotrzebowanie na zasoby niezbędne do jego wykonania. A jednak w wielu organizacjach, które przebadaliśmy, okazało się, że zasoby nie tylko nie zostały powiększone, ale wręcz zredukowane.

Trzecia przeszkoda to motywacja. Jak motywujesz swoich najważniejszych zawodników do szybszego i bardziej wytrwałego działania, mającego przełamać status quo? To może przecież zająć całe lata, a menedżerowie nie mają aż tyle czasu.

I ostatnia przeszkoda to polityka. Jak ujął to jeden z menedżerów: „W naszej organizacji padniesz martwy, zanim jeszcze zdołasz się podnieść".

Wprawdzie w różnych organizacjach przeszkody te objawiają się z różnym nasileniem, a czasami niektóre z nich mogą ich w ogóle nie dotyczyć, jednak zawsze wiedza o tym, jak je przezwyciężyć, jest kluczem do złagodzenia ryzyka organizacyjnego. W ten sposób docieramy do piątej reguły strategii błękitnego oceanu: przezwyciężania przeszkód organizacyjnych, tak by mogła zadziałać strategia błękitnego oceanu.

Osiągnięcie tego wymaga jednak, by firmy porzuciły swoją dotychczasową mądrość na temat wprowadzania zmian. Konwencjonalna mądrość podpowiada, że im większa zmiana, tym więcej zasobów i czasu potrzeba, by zobaczyć jej rezultaty. Ty jednak musisz postawić tę mądrość na głowie i zastosować coś, co nazywamy *przywództwem w punkcie krytycznym* (ang. *tipping point leadership*). Jest to technika umożliwiająca przezwyciężenie tych czterech przeszkód w sposób szybki i tani, a przy tym zyskujący poparcie pracowników w przełamywaniu status quo[1].

---

[1] Koncepcja przywództwa w punkcie krytycznym ma swoje korzenie w dziedzinie epidemiologii i teorii punktów krytycznych. Opiera się na poglądzie,

Lider punktu krytycznego w akcji

Rozważmy przykład New York City Police Department (NYPD), czyli nowojorskiej policji, której udało się zrealizować strategię błękitnego oceanu w sektorze publicznym. Gdy w lutym 1994 roku Bill Bratton objął stanowisko komisarza policji w Nowym Jorku, wszystko wskazywało na to, że ma niewielkie szanse na sukces i staje przed problemami, jakie napotykają tylko nieliczni szefowie. Nowy Jork pogrążał się wówczas w anarchii. Liczba morderstw osiągała rekordowy poziom. Rozboje, porachunki mafijne i napady z bronią w ręku codziennie wypełniały tytuły na pierwszych stronach gazet. Nowy Jork żył jak w stanie oblężenia, a budżet Brattona został zamrożony. Po trzydziestu latach narastającej przestępczości w Nowym Jorku wielu socjologów dochodziło już do przekonania, że jest to zjawisko zupełnie odporne na interwencję policji. Mieszkańcy miasta byli oburzeni. Z marną płacą, niebezpieczną i wielogodzinną pracą i nikłą nadzieją na awans w istniejącym systemie,

---

że w każdej organizacji może szybko dojść do fundamentalnych zmian, jeśli przekonania i energia pewnej krytycznej masy ludzi wytwarzają epidemiczny ruch w kierunku jakiejś idei. Pierwsze zastosowanie terminu *tipping points* w odniesieniu do zachowań społecznych znajdujemy w badaniach nad segregacją rasową prowadzonych przez Mortona Grodzinsa w roku 1957. Pełnego rozwinięcia tego terminu dokonał ekonomista z Uniwersytetu Stanu Maryland Thomas Schielling (1978). Ostatnio temat ten został spopularyzowany dzięki książce Malcolma Gladwella *The Tipping Point* (2000), a termin na dobre zadomowił się w języku potocznym. Trzeba jednak zauważyć, że nasze ujęcie teorii punktów krytycznych pod ważnymi względami różni się od koncepcji Gladwella. O ile on koncentruje się na tym, co wyzwala epidemie w społeczeństwach, o tyle my skupiamy się na przywództwie w kontekście transformacji organizacji, aby zrozumieć, w jaki sposób liderzy mogą pokonać cztery najważniejsze przeszkody organizacyjne zidentyfikowane w naszych badaniach jako główne blokady realizacji strategii. W konsekwencji fundamentalne czynniki napędowe, które nazywamy czynnikami nieproporcjonalnie dużych wpływów i które według naszych badań są najważniejsze z punktu widzenia szybkiej i taniej transformacji organizacji, różnią się od „speców", „łączników" i „sprzedawców" Gladwella. Badania Gladwella i nasze różnią się zarówno pod względem kontekstu, jak i rozpatrywanych środków prowadzących do zmiany epidemicznej.

morale trzydziestu sześciu tysięcy funkcjonariuszy NYPD sięgało dna – nie mówiąc już o niszczących skutkach cięć budżetowych, sprzęcie w opłakanym stanie i korupcji.

Mówiąc językiem biznesowym, NYPD było ograbioną z pieniędzy organizacją z trzydziestoma sześcioma tysiącami pracowników przywiązanych do status quo, zdemotywowanych i słabo opłacanych, z bazą niezadowolonych klientów – mieszkańców Nowego Jorku, wreszcie z dramatycznie pogarszającymi się wynikami, których miarą był wzrost przestępczości, lęk i chaos. A nad tym wszystkim górowała walka o wpływy i polityka. Krótko mówiąc, dla kogoś, kto stanął przed zadaniem pokierowania zmianą strategii w NYPD, zadanie to mogło się wydać koszmarem niemieszczącym się w wyobrażeniach większości menedżerów. Konkurencja – wszelkiej maści przestępcy – była silna i wciąż rosła w siłę.

Mimo to jednak w ciągu niespełna dwóch lat i bez zwiększania budżetu Bratton sprawił, że Nowy Jork stał się najbezpieczniejszym dużym miastem w Stanach Zjednoczonych. Przezwyciężył czerwony ocean dzięki policyjnej strategii błękitnego oceanu, która zrewolucjonizowała amerykańską policję. W latach 1994–1996 organizacja osiągnęła sukces – wzrost „zysków" mierzonych następująco: liczba ciężkich przestępstw zmniejszyła się o 39%, morderstw o 50%, a kradzieży o 35%. Wygrali „klienci": badania Instytutu Gallupa wykazały, że zaufanie społeczne dla NYPD wzrosło z 37 do 73%. Wygrali też pracownicy: wewnętrzne badania wykazały, że poziom zadowolenia z pracy w NYPD sięgnął szczytów. Jak stwierdził jeden z policjantów patrolujących miasto: „Za tym facetem poszlibyśmy do piekła i z powrotem". Najbardziej uderzające jest jednak to, że zmiany te przetrwały czasy ich lidera: po jego ustąpieniu wskaźniki przestępczości wciąż spadały, co wskazywało na fundamentalną transformację kultury organizacyjnej i strategii NYPD. Choć obecne środowiskowe i polityczne warunki funkcjonowania NYPD są całkiem inne niż w latach dziewięćdziesiątych, w roku

2014 Bill Bratton został ponownie powołany na stanowisko komisarza policji nowojorskiej.

Tylko nieliczni przywódcy organizacji napotykają w odchodzeniu od status quo tak poważne przeszkody jak te, które stały na drodze Brattonowi. A jeszcze mniej liczni są w stanie wywołać taki skok wyników, jaki osiągnął Bratton, nie mając ku temu nawet odpowiednich warunków organizacyjnych, nie wspominając już o tym, w jak trudnych okolicznościach przyszło mu działać. Nawet Jack Welch potrzebował prawie dziesięciu lat i dziesiątków milionów dolarów, by dzięki restrukturyzacji i szkoleniu dokonać transformacji GE.

Co więcej, odchodząc od konwencjonalnej mądrości, Bratton osiągnął te przełomowe wyniki w rekordowo krótkim czasie, przy ograniczonych zasobach, podbudowując równocześnie morale pracowników i stwarzając warunki, w których wszyscy mogli czuć się wygrani. Nie był to dla Brattona pierwszy zwrot w strategii. To piąta

Rysunek 7-1. Cztery przeszkody organizacyjne w realizacji strategii

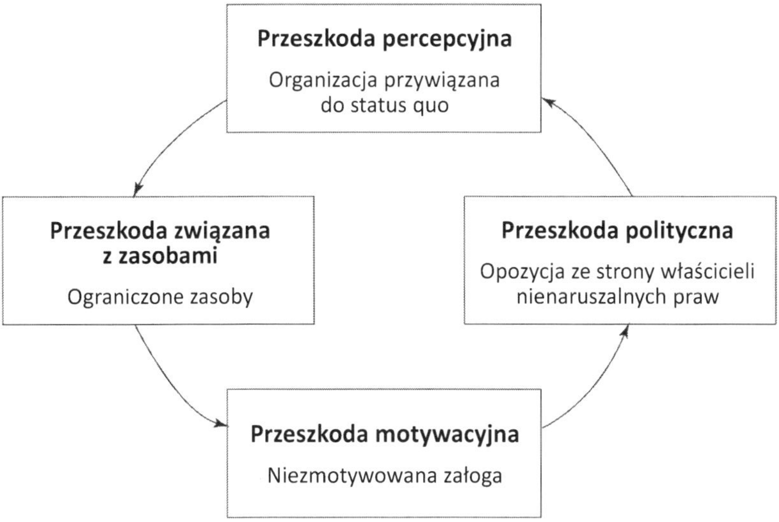

taka sytuacja, a w każdej z pozostałych również osiągał sukcesy, mimo że napotykał te same cztery przeszkody, na które nieustannie skarżą się menedżerowie, twierdząc, że ograniczają one ich możliwości realizacji strategii błękitnego oceanu: percepcyjną polegającą na niedostrzeganiu przez pracowników konieczności radykalnych zmian, powszechną w firmach bolączkę ograniczonych zasobów, przeszkodę motywacyjną zniechęcającą i demoralizującą załogę i wreszcie przeszkodę polityczną, powodującą wewnętrzny i zewnętrzny opór wobec zmiany (zob. rysunek 7-1).

Dźwignia główna: niewspółmierne czynniki wpływu

Przywództwo w punktach krytycznych ma swoje korzenie w epidemiologii i teorii ognisk epidemii. Opiera się na rzadko wykorzystywanym fakcie z życia korporacji, że każda organizacja to *ludzie*, *czyny* i *działania* wywierające *niewspółmierny wpływ* na wyniki. Dlatego, wbrew konwencjonalnej mądrości, stawienie czoła wielkiemu wyzwaniu nie polega na równie silnej reakcji tam, gdzie lepsze wyniki można uzyskać dzięki proporcjonalnym inwestycjom czasu i środków. Chodzi raczej o ograniczenie środków i czasu poprzez koncentrację na identyfikacji, a potem na równoważeniu czynników niewspółmiernych wpływów w organizacji.

Kluczowe pytania, na jakie muszą odpowiedzieć liderzy punktów krytycznych, to: Jakie czynniki lub czyny mają niewspółmiernie duży pozytywny wpływ na przełamanie status quo? Na maksymalny zysk z każdego dolara zainwestowanych środków? Na motywowanie kluczowych osób, by agresywnie parły naprzód we wprowadzaniu zmian? I na przełamywanie barier politycznych, które często stają na przeszkodzie nawet najlepszym strategiom? Koncentrując się wyłącznie na punktach niewspółmiernych wpływów, liderzy punktów krytycznych mogą pokonać cztery przeszkody ograniczające możliwości realizacji strategii błękitnego oceanu. Mogą zrobić to szybko i przy niskich kosztach.

Zastanówmy się więc, jak możesz sterować niewspółmiernymi czynnikami wpływu, by pokonać wszystkie cztery przeszkody i przejść od myśli do czynów w realizacji strategii błękitnego oceanu.

Przełam przeszkodę percepcyjną

W wielu przewrotach i przekształceniach korporacji najcięższe bitwy toczą się zazwyczaj o to, by uświadomić ludziom potrzebę strategicznych zmian i przekonująco uzasadnić ich przyczyny. Większość dyrektorów firm stara się uzasadnić zmiany, pokazując po prostu zestawienia jakichś liczb i twierdząc, że firma powinna uzyskiwać lepsze wyniki: „Istnieją tylko dwa rodzaje wyników: albo wykonuje się plan, albo nie".

Ale jak wszyscy wiemy, danymi można manipulować. Upieranie się przy realizacji zbyt wyśrubowanych celów zachęca do nadużyć w procesie budżetowania. To z kolei stwarza atmosferę wzajemnej wrogości i podejrzliwości różnych grup w organizacji. Nawet jeśli nie mamy do czynienia z manipulowaniem liczbami, może się okazać, że błędnie je interpretujemy. Sprzedawca z wynagrodzeniem prowizyjnym rzadko na przykład zwraca uwagę na koszty sprzedaży.

Co więcej, informacje wynikające z liczb rzadko przemawiają do ludzi. Potrzeba zmian wydaje się abstrakcyjna i odległa od sfery działania menedżerów „liniowych", których zaangażowania najbardziej potrzebuje dyrektor generalny, by zrealizować swoje zamierzenia. Menedżerowie jednostek osiągających dobre wyniki są przekonani, że słowa krytyki nie są kierowane do nich; że jest to problem zarządu. Równocześnie menedżerowie jednostek gorzej sobie radzących czują się wywołani do raportu, a ludzie, którzy martwią się o własne bezpieczeństwo pracy, często chętniej analizują oferty rynku pracy niż starają się rozwiązywać problemy firmy, w której aktualnie pracują.

Przywództwo w punktach krytycznych, zmierzające do rozwiązania problemów percepcyjnych w organizacji, nie opiera się na liczbach. W celu szybkiego pokonania przeszkody percepcyjnej liderzy punktów krytycznych, tacy jak Bratton, koncentrują się na czynach wywierających niewspółmiernie wielki wpływ – na tym, co sprawia, że ludzie natychmiast dostrzegają i odczuwają twardą rzeczywistość. Badania w dziedzinie neurologii i percepcji wykazują, że ludzie pamiętają i reagują bardziej efektywnie na to, co dostrzegają i odczuwają: „Widzieć znaczy wierzyć". W dziedzinie doświadczania pozytywne bodźce stymulują do określonych zachowań, podczas gdy bodźce negatywne stymulują do zmiany nastawienia i zachowania. Mówiąc po prostu: jeśli dziecko włoży palec do garnka z polewą czekoladową i skosztuje, jak ona smakuje, to im lepszy będzie ten smak, tym częściej będzie próbowało. Żadna zachęta ze strony rodziców nie będzie konieczna do wywołania takiego zachowania. Jeśli jednak dziecko włoży palec do garnka z wrzątkiem, nigdy więcej już tego nie uczyni. Po negatywnym doświadczeniu dzieci zmieniają swoje zachowania według własnego uznania; również w tym wypadku ingerencja rodziców jest zbędna[2]. Z drugiej jednak strony doświadczenia niezwiązane z dotykaniem i oglądaniem albo odczuwaniem bezpośrednich skutków, prezentowane w formie abstrakcyjnych zestawień liczb, pozostają bez większego wpływu lub szybko popadają w zapomnienie[3].

Przywództwo w punkcie krytycznym opiera się na tym właśnie spostrzeżeniu i liderzy starają się zainspirować do szybkich zmian świadomie powodowanych przez ludzi *kierujących się własnymi odczuciami*. Zamiast opierać się na liczbach, starają się przezwyciężać przeszkodę percepcyjną, pozwalając ludziom doświadczać potrzeby zmian. Czynią to na dwa sposoby.

---

[2] Zob. Joseph Ledoux (1998), J.S. Morris i in. (1998).

[3] Zob. Baddely (1990) i Kolb (1983).

Przejażdżka „elektrycznym rynsztokiem"

Dla przełamania status quo pracownicy muszą spotkać się twarzą w twarz z problemami operacyjnymi. Nie pozwól, by to ludzie najwyżsi rangą, wysocy rangą czy średni rangą tworzyli hipotezy na temat rzeczywistości. Z liczbami można dyskutować, liczby nie inspirują, jeśli natomiast staniemy twarzą w twarz z problemem słabych wyników, będzie to przeżycie szokujące i nieuchronne, ale skłaniające do działania. Takie bezpośrednie doświadczenie ma niewspółmiernie większy wpływ na szybkie rozwiązanie problemu percepcji.

Rozważmy taki przykład: w latach dziewięćdziesiątych system kolei podziemnych Nowego Jorku napawał takim strachem, że zyskał nawet miano „elektrycznego rynsztoka". Przychody szybko spadały, bo mieszkańcy miasta bojkotowali ten system, jednak pracownicy policji komunikacyjnej w Nowym Jorku (New York City Transit Police) zdawali się tego nie zauważać. Dlaczego? Bo tylko 3% największych przestępstw w mieście zdarzało się w metrze. Dlatego wszelkie skargi mieszkańców pozostawały bez echa. Nie dostrzegano potrzeby zastanowienia się nad strategią policji komunikacyjnej.

Wtedy właśnie szefem policji został Bratton i w ciągu kilku tygodni spowodował zupełny przełom w status quo głęboko zakorzenionym w świadomości miejskiej policji. Jak? Nie siłą, nie liczbami, lecz zmuszając policjantów wyższych i średnich rangą – zaczynając od samego siebie – do podróżowania elektrycznym rynsztokiem w dzień i w nocy. Przed Brattonem nigdy czegoś takiego nie było.

Wprawdzie statystyki mogły podpowiadać policjantom, że metro jest bezpieczne, jednak teraz mogli oni na własne oczy zobaczyć to, co na co dzień oglądali mieszkańcy Nowego Jorku: metro pogrążone w anarchii. Gangi młodocianych przeszukujące wagony, ludzie przeskakujący przez barierki przy wejściu, pasażerowie na każdym kroku spotykający się z niewybrednym graffiti, agresywnym żebractwem i pijaczkami polegującymi na ławkach. Policja nie mogła już dalej uciekać przed niepiękną prawdą. Było oczywiste, że aktualna strategia policji wymagała zdecydowanego i szybkiego odejścia od status quo.

Pokazanie brutalnej rzeczywistości przełożonym również może szybko zmienić ich myślenie. Podobne podejście okazuje się skuteczne w szybkim uwrażliwieniu przełożonych na potrzeby liderów. A jednak niewielu liderów wykorzystuje siłę tego sygnału do szybkiego przebudzenia. Czynią raczej dokładnie na odwrót. Starają się zyskać przychylność, pokazując liczby, a takie podejście nigdy nie ukaże pilności sprawy i nie zadziała na emocje. Czasem dla zyskania przychylności starają się też wyeksponować sztandarowy przykład swojej skuteczności operacyjnej. To może okazać się skuteczne, ale nigdy nie prowadzi do tak szybkiego pokonania przeszkody percepcyjnej ani nie wywiera takiego wrażenia, jak pokazanie najgorszego.

Gdy Bratton kierował policją w Massachusetts Bay Transportation Authority (MBTA), zarząd podjął decyzję o zakupie małych radiowozów, które były tańsze zarówno pod względem ceny zakupu, jak i kosztów eksploatacji od dotychczas kupowanych pojazdów. Było to sprzeczne z nową strategią Brattona wobec policji. Zamiast jednak dyskutować z tą decyzją albo walczyć o większy budżet – czyli podejmować działania, które zajęłyby wiele miesięcy i najprawdopodobniej nie przyniosłyby w końcu i tak żadnych rezultatów – Bratton zaprosił dyrektora generalnego MBTA na przejażdżkę po dzielnicy.

Chcąc, by dyrektor zauważył, z jakim koszmarem starają się walczyć, zabrał go do małego samochodu, dokładnie takiego, jakie zostały zadysponowane. Maksymalnie dosunął do przodu siedzenia, by dyrektor poczuł, jak mało miejsca ma na nogi wysoki na metr osiemdziesiąt policjant, a potem najeżdżał na każdą dziurę w drodze, jaką tylko udało mu się napotkać. Zabrał też ze sobą na tę przejażdżkę swój pas, kajdanki i pistolet, żeby dyrektor widział, jak mało miejsca było na pełne wyposażenie, które powinien mieć ze sobą policjant. Po dwóch godzinach dyrektor miał dość. Powiedział Brattonowi, że nie wie, jak może on wytrzymywać tak długo w takim ciasnym samochodzie, nawet jeśli na tylnym siedzeniu nie ma jakiegoś bandyty. I Bratton dostał większe samochody, takie, jakich wymagała jego strategia.

Spotkaj się z niezadowolonymi klientami

Przezwyciężanie przeszkody percepcyjnej wymaga od ciebie nie tylko wyciągnięcia z biura twoich przełożonych, by na własne oczy zobaczyli koszmar działań operacyjnych, ale również by wysłuchali swoich najbardziej niezadowolonych klientów. Nie polegaj na badaniach rynku i tym podobnych raportach. W jakim stopniu twój zespół aktywnie sam obserwuje rynek i spotyka się z najbardziej niezadowolonymi klientami, by wysłuchać ich skarg i obaw? Czy kiedykolwiek zastanawiałeś się nad tym, dlaczego wielkość sprzedaży nie odzwierciedla waszego przekonania o zaletach sprzedawanego produktu? Mówiąc najprościej, nie ma nic lepszego nad bezpośrednie spotkanie z niezadowolonymi klientami i ich wysłuchanie.

U schyłku lat siedemdziesiątych Bostoński Okręg Policyjny nr 4, w którym znajdowały się takie obiekty jak Symphony Hall, Christian Science Mother Church i inne instytucje kulturalne, przeżywał poważną falę przestępczości. Ludzie czuli się coraz bardziej zastraszeni; mieszkańcy sprzedawali swoje domy i wyprowadzali się, a to sprawiało, że spirala kryzysu społecznego jeszcze bardziej się nakręcała. Jednak pomimo eksodusu mieszkańców policjanci pod kierownictwem Brattona byli przekonani, że wykonują dobrą robotę. Wskaźniki efektywności działania, których używali historycznie dla porównania siebie z innymi okręgami policyjnymi, były wyśmienite: zmniejszał się czas reakcji na telefony alarmowe, a wzrastała liczba zatrzymań sprawców. By rozwikłać ten paradoks, Bratton zorganizował w ratuszu serię spotkań swoich funkcjonariuszy z mieszkańcami.

Znalezienie różnic w postrzeganiu rzeczywistości nie zajęło wiele czasu. Policjanci byli wprawdzie bardzo dumni z krótkiego czasu reakcji i rekordowych wskaźników zwalczania większych przestępstw, jednak ich wysiłki pozostawały niezauważone przez mieszkańców;

tylko nieliczni odczuwali obawy przed przestępczością na wielką skalę. Czuli się bardziej poszkodowani i nękani przez nieustanne drobne występki: pijaństwo, żebractwo, prostytucję i graffiti.

Ratuszowe spotkania doprowadziły do całkowitego przeorganizowania priorytetów policji, która koncentrowała się teraz na strategii błękitnego oceanu „wybitych okien"[4]. Przestępczość spadła, a okolica znów stała się bezpieczna.

Jeśli zamierzasz otworzyć oczy organizacji na potrzebę zmiany i przełamania status quo, czy posługujesz się liczbami? A może zbierasz swoich menedżerów, pracowników i przełożonych, stajesz twarzą w twarz z nimi i z największymi problemami operacyjnymi? Czy wysyłasz swoich menedżerów „na rynek", by wysłuchali niezadowolonych klientów? Czy też odwracasz oczy i polegasz na badaniach i ankietach?

Przeskocz przeszkodę ograniczonych zasobów

Gdy ludzie w organizacji zaakceptują już potrzebę strategicznych zmian i mniej lub więcej zgodzą się co do kształtu nowej strategii, większość liderów zderza się z twardymi realiami ograniczonych zasobów. Czy mają pieniądze, które będzie trzeba wydać na niezbędne zmiany? W tym momencie większość reformatorskich szefów firm robi dwie rzeczy. Jedni powstrzymują swoje ambicje i od nowa demoralizują swoich pracowników, inni podejmują walkę o większe środki, starając się je wydrzeć od banków lub akcjonariuszy, co jest procesem czasochłonnym i może odwrócić uwagę od podstawowych problemów. Nie chcę przez to powiedzieć, że takie podejście jest zbędne lub niewarte zachodu, ale zdobywanie większych środków jest często procesem długotrwałym i politycznym.

---

[4] Omówienie teorii wybitych okien można znaleźć w: James Q. Wilson, George L. Kelling (1982).

Jak sprawić, by organizacja przestawiła swoją strategię, angażując w to mniejsze zasoby? Zamiast koncentrować się na pozyskiwaniu dodatkowych środków, liderzy punktów krytycznych koncentrują się na zwielokrotnianiu wartości środków, którymi w danej chwili dysponują. Gdy mowa o niedoborach określonych zasobów, zazwyczaj mamy do czynienia z trzema czynnikami niewspółmiernych wpływów, które mogą uwolnić zarządzający, by z jednej strony znacznie lewarować wolne zasoby, a z drugiej zwielokrotniać ich wartość. Są to gorące punkty, zimne punkty i handel wymienny.

Gorące punkty to działania wymagające zaangażowania nieznacznych zasobów, ale pociągające za sobą znaczne skutki w wynikach. Z kolei *zimne punkty* to działania angażujące znaczne zasoby i w niewielkim stopniu wpływające na wyniki. W każdej organizacji jest zazwyczaj całe mnóstwo gorących i zimnych punktów. Pojęcie *handlu wymiennego* odnosi się do wzajemnych ustępstw między różnymi jednostkami organizacyjnymi, dysponującymi w różnych obszarach nadmiarem zasobów, a w innych ich brakiem. Ucząc się właściwego wykorzystania aktualnie posiadanych zasobów, firmy często bez problemu pokonują przeszkodę braku środków.

Jakie działania pochłaniają u nas najwięcej środków, przynosząc przy tym niewielkie efekty w postaci wyników? A jakie z kolei działania mają największy wpływ na wyniki, a równocześnie nie angażują zbyt wielkich środków? Stawiając sobie w ten sposób pytania, organizacje szybko dostrzegą możliwości uwolnienia zasobów z miejsc, w których przynoszą one nikłe efekty, i skierowania ich w obszary o znaczącym wpływie na wyniki. W ten sposób równocześnie odnajdziemy drogę do obniżenia kosztów i wykreowania wyższej wartości i potrafimy dojść tą drogą do celu.

Przekieruj zasoby do gorących punktów

Poprzednicy Brattona w New York Transit Police twierdzili, że aby zapewnić bezpieczeństwo w metrze, musieliby ulokować policjanta w każdym pociągu oraz patrolować każde wejście i wyjście. W celu osiągnięcia wyższych zysków (obniżenia przestępczości) trzeba było ponieść koszty (utrzymania funkcjonariuszy) tak znacząco wyższe, że nie mieściło się to w zakładanym budżecie. Kierowano się przy tym następującą logiką: lepsze wyniki można osiągnąć wyłącznie przez ponoszenie odpowiednio wyższych kosztów. Taką samą logiką kieruje się większość firm, starając się zwiększać swoje zyski.

Bratton osiągnął jednak najsilniejszy spadek przestępczości, zastraszenia i bałaganu w metrze w całej historii policji komunikacyjnej nie dzięki zwiększeniu liczby policjantów, lecz dzięki skierowaniu ich do gorących punktów. Jego analizy wykazały, że chociaż system kolei podziemnej jest labiryntem linii, wejść i wyjść, większość przestępstw ma miejsce tylko na niektórych stacjach i liniach. Odkrył też, że miejsca te nie były zbyt pilnie strzeżone przez policję, mimo że to właśnie one miały niewspółmiernie wysoki wpływ na statystyki przestępczości, podczas gdy stacje i linie, na których niemal nigdy nie odnotowano działań o charakterze przestępczym, były nie gorzej obsadzone. Rozwiązanie polegało na całkowitej zmianie rozmieszczenia policjantów i skierowaniu jak największej ich liczby do gorących punktów, tak by swoją siłą przytłoczyli kryminalistów. Zaraz też nastąpił szybki spadek przestępczości, choć całkowita liczba policjantów nie uległa zmianie.

Zanim Bratton stanął na czele nowojorskiej policji, jednostka antynarkotykowa NYPD pracowała wyłącznie w dni robocze na zmianach dziennych od dziewiątej do piątej po południu i liczyła sobie mniej niż 5% całkowitego zatrudnienia departamentu. W celu zbadania gorących punktów związanych z zatrudnieniem, na jednym z pierwszych spotkań z szefami NYPD zastępca Brattona do spraw strategii kryminalnej, Jack Maple, zapytał siedzących przy stole, ile – ich zdaniem – procent wszystkich przestępstw wiąże się z użyciem narkotyków. Większość stwierdziła, że 50%, niektórzy, że 70%, a najniższa ocena wynosiła 30%. Na tej podstawie i zgodnie z tym, co stwierdził Maple, trudno było zaprzeczyć, że jednostka do spraw narkotyków, licząca 5% wszystkich ludzi NYPD, ma niedobór zatrudnienia. Co więcej, okazało się, że wóz patrolowy ekipy antynarkotykowej jeździł po mieście głównie od poniedziałku do piątku, podczas gdy większość sprzedaży narkotyków odbywała się w weekendy, kiedy to notowano również większość przestępstw związanych z narkotykami. Dlaczego? Bo zawsze tak było; to było po prostu niekwestionowane modus operandi.

Gdy przedstawiono te fakty i zidentyfikowano gorące punkty, warunek Brattona, by dokonać w NYPD istotnej realokacji pracowników i zasobów, zyskał powszechną akceptację. Tak więc Bratton przeniósł ludzi i zasoby do gorących punktów – i liczba przestępstw związanych z narkotykami gwałtownie spadła.

Skąd wziął zasoby, by to uczynić? Po prostu równocześnie zbadał zimne punkty organizacji.

Wyprowadź zasoby z zimnych punktów

Liderzy powinni uwalniać zasoby, poszukując zimnych punktów. Tak jak Bratton, który w nowojorskim metrze odkrył również, że największym zimnym punktem były procesy sądowe przestępców. Przeciętnie funkcjonariusz poświęcał szesnaście godzin na dowiezienie na salę sądową w centrum miasta sprawców nawet najdrobniejszych występków. W tym czasie nie patrolował on oczywiście metra, czyli nie generował żadnej wartości.

Bratton zmienił to wszystko. Zamiast dowozić przestępców do sądu, zorganizował ruchome centra procesowe w furgonetkach, w których urządził mobilne areszty zaparkowane przy stacjach metra. Teraz zamiast eskortować podejrzanego do budynku sądu, funkcjonariusz musiał wyprowadzić go tylko na ulicę, do tej właśnie furgonetki. W ten sposób kierowanie sprawy do sądu skróciło się z szesnastu godzin do jednej, dzięki czemu więcej funkcjonariuszy miało czas na patrolowanie metra i wyłapywanie przestępców.

Stosuj handel wymienny

Oprócz wewnętrznego przeorganizowania i ukierunkowania zasobów, którymi dysponują, liderzy punktów krytycznych umiejętnie handlują zasobami, kupując te, których im brak, za te, których nie potrzebują. Posłużmy się jeszcze raz przykładem Brattona. Szefowie organizacji sektora publicznego wiedzą, że wielkość ich budżetu i liczba ludzi, którymi zarządzają, są często przedmiotem burzliwych dyskusji, ponieważ środki sektora publicznego są notorycznie ograniczane. To sprawia, że niechętnie przyznają się do posiadania czegoś w nadmiarze, nie mówiąc już o udostępnianiu tego na przykład innym częściom większych organizacji. Mogłoby to dla nich oznaczać utratę kontroli nad tymi zasobami. W konsekwencji z czasem niektóre organizacje obrastają w zasoby, których nie potrzebują, nawet jeśli równocześnie brakuje im tych potrzebnych.

Dean Esserman (obecnie szef policji w Providence, Rhode Island) generalny doradca Brattona i radca policji, który w roku 1990 objął stanowisko szefa New York Transit Police, odegrał kluczową rolę w handlu wymiennym. Esserman zauważył, że jednostka odpowiedzialna za transport i komunikację (Transit), która cierpiała z powodu niedoboru powierzchni biurowej, jednocześnie wykorzystywała flotę nieoznakowanych samochodów w liczbie przewyższającej jej potrzeby. Z kolei wydział zwolnień warunkowych New York Division of Parole miał niewystarczającą liczbę samochodów, ale za to nadmiar powierzchni biurowej. Esserman i Bratton zaproponowali więc oczywistą wymianę, która spotkała się z wdzięcznością kuratorów zajmujących się osobami na zwolnieniach warunkowych. Z kolei funkcjonariusze jednostki odpowiedzialnej za transport i komunikację cieszyli się z całego pierwszego piętra, które mieli teraz do dyspozycji w reprezentacyjnym budynku w centrum miasta. Dzięki tej transakcji Bratton zyskał dużą wiarygodność w organizacji, co później ułatwiło mu wprowadzenie bardziej fundamentalnych zmian. Jednocześnie dzięki temu zyskał w oczach swoich politycznych przełożonych opinię człowieka, który potrafi rozwiązywać problemy.

Na rysunku 7-2 pokazujemy, jak radykalnych zmian dokonał Bratton w alokacji zasobów departamentu Transit Police dla przełamania czerwonego oceanu i realizacji strategii błękitnego oceanu. Oś pionowa wskazuje relatywny poziom alokacji zasobów, a na osi poziomej umiejscowione są różne elementy strategii, w które inwestowano. Obniżając rangę lub praktycznie eliminując niektóre tradycyjne funkcje policji transportowej, a równocześnie kładąc nacisk

Rysunek 7-2. Kanwa strategii policji transportowej: jak Bratton dokonał realokacji zasobów

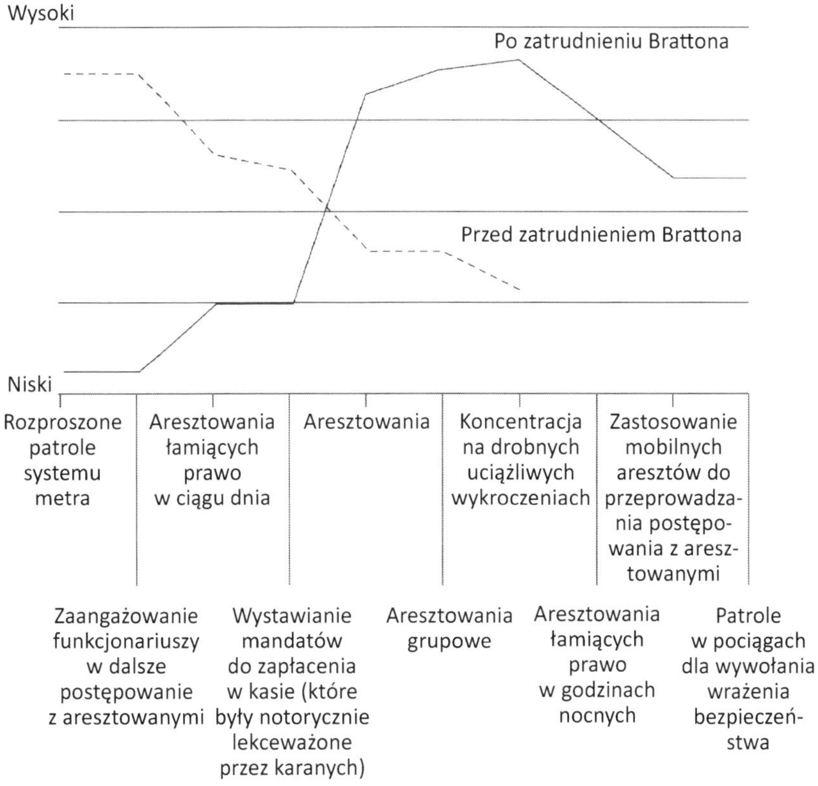

na inne lub nawet tworząc nowe, Bratton osiągnął znaczącą poprawę w alokacji zasobów.

Działania polegające na eliminacji lub ograniczaniu przyczyniają się do obniżenia kosztów w organizacji, natomiast podwyższanie rangi lub wprowadzanie pewnych nowych elementów wymaga dodatkowych inwestycji. Jak można zobaczyć na kanwie strategii, całkowita inwestycja środków pozostaje mniej więcej stała. Równocześnie jednak znacząco rośnie wartość dla mieszkańców miasta. Eliminacja praktyki szerokiego pokrycia systemu metra i zastąpienie go strategią zogniskowaną w gorących punktach pozwoliła policji skuteczniej i efektywniej zwalczać przestępczość w środkach transportu. Ograniczenie zaangażowania funkcjonariuszy w dalsze postępowanie z aresztowanymi lub w działania związane z zimnymi punktami oraz stworzenie „aresztów na kółkach" znacząco zwiększyło wartość mierzoną siłą policji, gdyż umożliwiło funkcjonariuszom lepsze wykorzystanie czasu i skoncentrowanie uwagi na zapewnieniu bezpieczeństwa w metrze. Zwiększenie poziomu inwestycji w walkę z codziennymi występkami, a nie z wielkimi przestępstwami, sprawiło, że większe zasoby policji zostały skoncentrowane na walce z niebezpieczeństwami dnia codziennego mieszkańców miasta. Posunięcia te sprawiły, że w New York Transit Police znacząco wzrosła efektywność pracy funkcjonariuszy, którzy zostali uwolnieni od żmudnych zajęć administracyjnych i którym powierzono jasno określone obowiązki, polegające na zwalczaniu określonych rodzajów przestępstw w określonych miejscach.

Zastanów się, czy alokujesz zasoby w oparciu o stare założenia, czy jesteś dociekliwy i koncentrujesz zasoby w gorących punktach? Gdzie znajdują się twoje gorące punkty? Jakie działania mają największy wpływ na osiągane wyniki, ale równocześnie brak im zasobów? Jakie są twoje zimne punkty? Jakie działania są nadmiernie wyposażone, a równocześnie mają niewielki wpływ na wyniki? Czy masz możliwość handlu wymiennego?

Pokonywanie bariery motywacyjnej

Dla osiągnięcia organizacyjnego punktu krytycznego i wprowadzenia w życie strategii błękitnego oceanu musisz zmobilizować pracowników, by zrozumieli i zaakceptowali potrzebę zmiany strategicznej i znaleźli sposoby, by ją wprowadzić przy ograniczonych zasobach. Aby nowa strategia stała się faktem i działaniem, ludzie nie tylko muszą widzieć, co jest do zrobienia, ale muszą również działać zgodnie z tym, co widzą, działać nieustannie i w sposób celowy.

Jak szybko i bez ponoszenia zbędnych kosztów motywować masę pracowników? Większość liderów chcących przełamać status quo i przekształcić swoje organizacje roztacza wielkie wizje strategiczne i stara się odgórnie wyzwalać inicjatywy mobilizujące. Działają przy założeniu, że dla wywołania masowej reakcji potrzebne są proporcjonalnie wielkie zmasowane działania. Często jest to jednak proces uciążliwy, kosztowny i długotrwały ze względu na różnorodność sposobów motywowania w dużych firmach. Poza tym roztaczanie strategicznych wizji często inspiruje jedynie do wielkich słów zamiast do systematycznych działań, które w takiej sytuacji mogą wydawać się praktycznie niewykonalne.

Czy jest jakiś inny sposób? Zamiast rozpraszać na wszystkie strony wysiłki związane z wprowadzaniem zmiany, liderzy punktów krytycznych obierają przeciwny kurs, zmierzając ku masowej koncentracji. Koncentrują się na trzech czynnikach niewspółmiernych wpływów w motywowaniu pracowników. Czynniki te nazywamy grubymi rybami, zarządzaniem metodą kulistego akwarium i atomizacją.

Zbliżenie na grube ryby

Zmiana strategiczna tylko wtedy będzie miała na coś rzeczywisty wpływ, gdy pracownicy wszystkich szczebli podejmą zmasowane działania. Wywołanie epidemicznego ruchu powodowanego pozytywną energią nie jest możliwe, jeśli rozmienimy się na drobne. Dlatego powinniśmy koncentrować swoje wysiłki na *grubych rybach*, czyli kluczowych czynnikach wpływu w organizacji. Te czynniki to ludzie będący w organizacji naturalnymi liderami, cieszący się uznaniem i umiejący przekonywać, ludzie, którzy potrafią odblokować lub zablokować dostęp do najważniejszych zasobów. Są jak główne klocki w kręglach – jeśli trafisz prosto w nie, zaczną przewracać się wszystkie pozostałe. To pozwala uwolnić organizację od zajmowania się każdym z osobna, bo w końcu i tak każdy poczuje nasz wpływ i ulegnie zmianie. A ponieważ w większości organizacji liczba osób naprawdę wpływowych jest stosunkowo niewielka i osoby te mają podobne problemy i obawy, dyrektorowi generalnemu jest dość łatwo je zidentyfikować i motywować.

Na przykład w NYPD Bratton „dokonał zbliżenia" na siedemdziesięciu sześciu komendantów komisariatów, traktując ich jako osoby najbardziej wpływowe, główne pionki. Dlaczego? Dlatego, że każdy komendant komisariatu był bezpośrednim przełożonym od dwustu do czterystu funkcjonariuszy policji. Dlatego też pobudzenie do działania tych siedemdziesięciu sześciu policjantów w naturalny sposób odbiło się dalszym echem, pobudziło i zmotywowało rzeszę trzydziestu sześciu tysięcy funkcjonariuszy policji do przyjęcia nowej strategii działania ich organizacji.

Umieść grube ryby w szklanej kuli

Istotą motywowania grubych ryb w sposób trwały i znaczący jest umieszczanie ich działań w centrum uwagi i czynienie tego w sposób powtarzalny i wyraźnie dostrzegalny. To właśnie nazywamy zarządzaniem metodą *kulistego akwarium* – zarządzaniem, w którym zarówno działania, jak i zaniechania głównych pionków są tak przejrzyste i widoczne dla innych, jak ryba w kulistym słoju. Umieszczając w taki sposób grube ryby w szklanej kuli, możemy znacznie zwiększyć stawkę za zaniechania. Żaden maruder nie zdoła się ukryć w tłumie, a osoby energicznie działające na rzecz szybkich zmian będą miały szansę zabłysnąć. Aby metoda ta zadziałała, musi opierać się na przejrzystości, zaangażowaniu i czystości procesu.

Szklaną kulą Brattona w NYPD były przeprowadzane co dwa tygodnie spotkania, na których dokonywano przeglądu strategii kryminalnej. Spotkania zyskały miano Compstat i gromadziły wszystkich wyższych oficerów w mieście, którzy analizowali wyniki pracy siedemdziesięciu sześciu komendantów miejskich komisariatów i oceniali stopień wdrożenia nowej strategii. Uczestnictwo w spotkaniach było obowiązkowe dla wszystkich komendantów komisariatów; uczestniczyli w nich również ich zastępcy, funkcjonariusze posiadający co najmniej trzy gwiazdki oraz szefowie okręgów. Sam Bratton bywał tam w miarę możliwości. Podczas gdy każdy komendant komisariatu był w obecności kolegów i zwierzchników odpytywany ze spadku lub wzrostu przestępczości w kontekście wytycznych do nowej strategii organizacji, na dużym ekranie pojawiały się generowane przez komputer mapy i wykresy, stanowiące dobitną wizualizację osiągnięć danego komendanta w realizacji nowej strategii. Zadaniem komendanta było objaśnianie map, informowanie, w jaki sposób jego funkcjonariusze odnoszą się do poszczególnych problemów, i tłumaczenie, dlaczego osiągnięto poprawę albo dlaczego nastąpiło pogorszenie wyników. Te wymagające pełnego zaangażowania spotkania sprawiły, że niemal natychmiast każdy wyraźnie widział rezultaty i zadania do wykonania.

Dzięki temu w ciągu kilku tygodni wytworzyła się silna kultura nastawiona na osiągnięcia – były to tygodnie, nie miesiące, czy tym bardziej lata – ponieważ żaden spośród kluczowych funkcjonariuszy nie chciał wstydzić się przed innymi, wszyscy woleli błyszczeć zarówno w oczach kolegów, jak i przełożonych. Wystawieni na widok publiczny, niekompetentni komendanci nie byli w stanie dłużej ukrywać swoich porażek, zrzucając winę na niedociągnięcia w sąsiednich komisariatach, gdyż ich koledzy z sąsiednich komisariatów również byli przy tym obecni i mogli odpierać zarzuty. Na pierwszej stronie okolicznościowej broszury wydrukowano nawet obrazek przedstawiający komendanta komisariatu przypiekanego na rożnie podczas spotkania strategicznego – z komentarzem, że to komendant odpowiada za wyniki swojego komisariatu.

Z tych samych powodów wystawienie na widok publiczny dało szansę tym, którzy osiągali najlepsze rezultaty – mogli oni zyskać uznanie za pracę we własnych komendach i za pomoc innym. Spotkania były też okazją dla twórców procedur do skonfrontowania swoich doświadczeń z innymi. Przed przyjściem Brattona komendanci rzadko mieli okazję spotykać się w takiej grupie. Z czasem styl zarządzania „na widoku publicznym" przeniknął na niższe szczeble, gdyż komendanci zaczęli eksperymentować z własnymi wersjami spotkań, jakie dla nich organizował Bratton. Ponieważ światło jupiterów wyraźnie wydobywało na widok publiczny ich osiągnięcia w realizacji strategii, czuli się silnie zmotywowani do tego, by zachęcać podległych im funkcjonariuszy do wspólnego marszu ku nowej strategii.

Jednak aby to zadziałało, organizacje muszą równocześnie zapewnić uczciwy proces jako modus operandi. Pod pojęciem *uczciwy proces* rozumiemy zaangażowanie wszystkich ludzi, których dotyczy ten proces, wyjaśnienie im podstaw podjętych decyzji i powodów przyszłych awansów lub ich braku i jasne przedstawienie oczekiwań, które pozwolą zrozumieć, co dla każdego pracownika oznacza pojęcie osiągnięcia. Na spotkaniach strategicznych NYPD w sprawie walki z przestępczością nikt nie mógł nikomu zarzucić, że proces nie jest uczciwy. Zasada wystawiania na widok publiczny dotyczyła wszystkich grubych ryb. Sposób oceny osiągnięć każdego z komendantów był jasny i przejrzysty, jasne było, jak wynika z niego awans lub degradacja, a na każdym spotkaniu wyraźnie określano, czego oczekuje się od każdego z uczestników.

W ten sposób uczciwy proces sygnalizował ludziom zasady gry i pokazywał, że liderzy cenią wartość intelektualną i emocjonalną swoich pracowników, pomimo wszystkich zmian, które mogą okazać się konieczne do wprowadzenia. To w dużym stopniu niweluje uczucie podejrzliwości lub zwątpienia, które niemal zawsze przychodzi na myśl pracownikom, gdy ich firma przymierza się do znaczących zmian strategicznych. Łagodzące to uczucie wsparcie, wynikające z uczciwego procesu, połączone z wyeksponowanym na widok publiczny działaniem na rzecz jak najwyższych osiągnięć, dostarcza ludziom pozytywnych bodźców i wsparcia w drodze, jaką mają do przebycia, a menedżerowie mogą przez to okazać swoim pracownikom intelektualny i emocjonalnych szacunek. (Pełniejsza dyskusja dotycząca uczciwego procesu i jego implikacji motywacyjnych została przedstawiona w rozdziale 8).

Atomizuj, by skłonić organizację do zmian

Ostatnim czynnikiem nieproporcjonalnie wielkiego wpływu jest atomizacja. *Atomizacja* odnosi się do rzucania strategicznych wyzwań – jest to jedno z najbardziej subtelnych i wrażliwych zadań lidera punktu krytycznego. Jeśli ludzie nie uwierzą, że potrafią sprostać strategicznemu wyzwaniu, najprawdopodobniej nie odniosą w tym sukcesu. A cel Brattona w Nowym Jorku był tak ambitny, że trudno było uwierzyć w szansę jego realizacji. Kto by przypuszczał, że jeden człowiek może zmienić całe olbrzymie miasto i sprawić, że z najniebezpieczniejszego miejsca w kraju stanie się ono najbezpieczniejszym? I kto by chciał inwestować czas i energię w dążenie do spełnienia nierealnych marzeń?

Chcąc stawić czoło wyzwaniu, Bratton rozbił je na drobne atomy, na cząstki, do których mogli się odnieść funkcjonariusze na różnych szczeblach. Wyzwanie, przed jakim stanęła NYPD, ujął bardzo prosto: ulice Nowego Jorku mają być bezpieczne „od przecznicy do przecznicy, od posterunku do posterunku, od okręgu do okręgu". Tak postawione wyzwanie było i wszechogarniające, i wykonalne. Dla funkcjonariuszy patrolujących ulice wyzwaniem było zapewnienie bezpieczeństwa w ich rewirze – nic więcej. Dla komendantów wyzwaniem było zapewnienie bezpieczeństwa na podległych im terenach – nic więcej. Szefowie okręgów mieli koncentrować się na osiąganiu celów w obszarach ich możliwości: mieli zapewnić bezpieczeństwo swoich okręgów – i nic więcej. Nikt nie mógł powiedzieć, że to, o co został poproszony, jest zbyt trudne. Nikt nie mógł się skarżyć, że nie ma zbyt wielkiego wpływu na osiągnięcie tego celu – „To jest poza moim zasięgiem". Tak więc odpowiedzialność za realizację Brattonowskiej strategii błękitnego oceanu została przeniesiona z niego samego na każdego z trzydziestu sześciu tysięcy funkcjonariuszy NYPD.

Czy na różne sposoby starasz się motywować masy? Czy raczej koncentrujesz się na kluczowych graczach, swoich grubych rybach? Czy rzucasz światło jupiterów na te osoby, wystawiając je na widok publiczny i zapewniając im uczciwy proces? Czy może tylko wymagasz wybitnych osiągnięć i czekasz z założonymi rękami na wyniki następnego kwartału? Czy roztaczasz wielkie strategiczne wizje? I czy atomizujesz zadanie, by stało się wykonalne na wszystkich szczeblach?

Przeskocz przeszkodę polityczną

Młodość i umiejętności zawsze wygrywają ze starością i podstępem. Prawda czy fałsz? Fałsz. Nawet najlepsi i najmądrzejsi są regularnie zjadani żywcem przez politykę, intrygi i spiski. Polityka organizacyjna to w życiu korporacyjnym i publicznym rzeczywistość, przed którą trudno uciec. Nawet jeśli organizacja osiągnie punkt krytyczny w realizacji swoich celów, będą istniały w niej jakieś żywotne interesy, wywołujące opór wobec nadchodzących zmian. (Dyskusja na temat przeszkód utrudniających przyjęcie strategii znajduje się w rozdziale 6). Im bardziej prawdopodobna staje się zmiana, tym bardziej zawzięcie i głośno będą walczyć o swoje pozycje osoby o negatywnym wpływie – osoby z wewnątrz i z zewnątrz – a ich opór może poważnie zaszkodzić procesowi realizacji strategii lub nawet ten proces udaremnić.

By przezwyciężyć opór polityczny, liderzy punktu krytycznego muszą koncentrować się na trzech czynnikach nieproporcjonalnie dużych wpływów: wspierać działania aniołów, uciszać demony i zapewnić obecność doradcy w zespole zarządzających najwyższego szczebla. *Anioły* to osoby, które mają najwięcej do wygrania w związku ze strategiczną zmianą. *Demony* to ci, którzy mają najwięcej do stracenia. A *doradca* to ktoś z wewnątrz biegły w polityce i cieszący się dużym szacunkiem, ktoś, kto z wyprzedzeniem zauważy czyhające niebezpieczeństwo i kto domyśli się, które osoby będą cię zwalczać, a które będą cię wspierać.

Zapewnij obecność doradcy w zespole zarządzających najwyższego szczebla

Większość liderów koncentruje się na budowaniu zespołu zarządzającego złożonego z osób mających wysokie kwalifikacje w takich dziedzinach jak marketing, działalność operacyjna, finanse – i jest to bardzo ważne. Jednak liderzy punktu krytycznego znajdują w nim miejsce na rolę, o której uwzględnieniu myśli niewielu menedżerów – rolę doradcy. Bratton zawsze dbał o to, by w swoim zespole zarządzającym mieć szanowaną i doświadczoną osobę, która wiedziałaby, jakie miny może on napotkać, kiedy będzie wdrażał w policji swoją nową strategię. W NYPD Bratton zatrudnił Johna Timoneya (który jest obecnie komisarzem policji w Miami) jako osobę numer dwa. Timoney był wybitnym policjantem, który wzbudzał szacunek i respekt z powodu swojego zaangażowania w sprawy NYPD i ponad sześćdziesięciu odznaczeń i krzyżów zasługi, które otrzymał. Dwadzieścia lat służby nauczyło go nie tylko tego, kim są główni gracze, ale również tego, w jaki sposób rozgrywają swoje polityczne gierki. Jednym z pierwszych zadań Timoneya było raportowanie

Brattonowi o prawdopodobnych reakcjach najwyższych oficerów NYPD na nową strategię policji, rozpoznawanie, którzy z nich będą otwarcie walczyć, a którzy po cichu sabotować nową inicjatywę. Spowodowało to dość drastyczną zmianę warty.

Wspieraj anioły i uciszaj demony

Pokonywanie przeszkód politycznych wymaga, byś zadał sobie następujące pytania:

- Kto jest dla mnie demonem? Kto będzie ze mną walczył? Kto straci najwięcej na nowej strategii błękitnego oceanu?
- Kto jest dla mnie aniołem? Kto w naturalny sposób stanie przy mnie? Kto najwięcej zyska na zmianie strategicznej?

Nie walcz sam. Dopuść do głosu tych, którzy będą walczyć razem z tobą. Zidentyfikuj swoich krytyków i stronników – zapomnij o średniakach – staraj się stworzyć warunki, by wygrali jedni i drudzy. Działaj jednak szybko. Odizoluj krytyków, budując szerszą koalicję aniołów jeszcze przed pierwszą bitwą. W ten sposób zniechęcisz do prowadzenia wojny, zanim jeszcze będzie miała szansę się zacząć lub rozwinąć.

Jednym z najpoważniejszych źródeł zagrożeń dla nowej strategii policji wprowadzonej przez Brattona były nowojorskie sądy. Wiedząc, że jego nowa strategia, koncentrująca się na przestępstwach przeciwko jakości życia, doprowadzi do zasypania systemu drobnymi procesami za prostytucję czy publiczne pijaństwo, sądy stanęły w opozycji do tych strategicznych zmian. By poradzić sobie z taką opozycją, Bratton w jasny sposób uświadomił swoim zwolennikom, wśród których znalazł się burmistrz, prokuratorzy okręgowi, dyrektorzy więzień, że system sądowy naprawdę może sobie poradzić z tego rodzaju przestępstwami i że koncentracja na nich w dłuższej perspektywie czasu doprowadzi do zmniejszenia obciążenia wynikającego z ogromnej liczby procesów. Burmistrz postanowił podjąć odpowiednie działania w tej sprawie.

Tak więc dowodzona przez burmistrza koalicja Brattona ruszyła z ofensywą prasową, niosąc jasne i proste przesłanie: jeśli sądy nie przyłączą się do tej koalicji z całą swoją mocą, przestępczość w mieście nie spadnie. Współpraca Brattona z burmistrzem i najważniejszymi gazetami w mieście skutecznie odizolowała sądy. Trudno sobie wyobrazić, by w takiej sytuacji sądy sprzeciwiły się inicjatywie, która miała nie tylko sprawić, że Nowy Jork stanie się atrakcyjniejszym miastem do zamieszkania, ale w ostatecznym rozrachunku doprowadzić do zmniejszenia liczby spraw sądowych. Burmistrz głośno mówił w wywiadach prasowych o potrzebie zwalczania przestępstw godzących w jakość życia, a najbardziej szanowana w mieście liberalna gazeta uwiarygodniła nową strategię policji; w takiej sytuacji koszty walki ze strategią Brattona wydawały się zbyt wysokie. Bratton wygrał bitwę: sądy dostosowały się do potrzeby chwili. Wygrał też inną bitwę: przestępczość naprawdę spadła.

Kluczem do wygranej z oponentami lub demonami jest znajomość wszystkich miejsc, z których mogą zaatakować, i budowa kontrargumentów popartych faktami. Na przykład, gdy na początku komendanci posterunków NYPD zostali zobowiązani do przygotowania szczegółowych danych i map dotyczących przestępstw, pomysł ten nie spodobał im się, bo sądzili, że jego realizacja zajmie im bardzo dużo czasu. Przewidując taką reakcję, Bratton sprawdził w praktyce, ile czasu może zająć taka czynność: okazało się, że nie więcej niż osiemnaście minut dziennie, a to przecież mniej niż jeden procent ich zwykłego obłożenia pracą. Wyposażony w taki argument nie do zbicia był gotowy na stawienie czoła politycznej przeszkodzie i wygranie bitwy, zanim jeszcze się rozpoczęła.

Czy posiadasz w swoim zespole zarządzającym doradcę – osobę szanowaną wewnątrz organizacji – czy opierasz się tylko na dyrektorze finansowym i innych szefach jednostek funkcjonalnych? Czy wiesz, kto będzie z tobą walczył, a kto stanie przy tobie, by bronić nowej strategii? Czy budujesz koalicję naturalnych sprzymierzeńców, którzy pomogą otoczyć dysydentów? Czy masz doradcę, który pomoże usunąć najbardziej niebezpieczne miny, tak byś nie musiał koncentrować się na zmienianiu tych, którzy nie mogą i nie chcą się zmienić?

Wyzwanie dla konwencjonalnej mądrości

Jak pokazano na rysunku 7-3, konwencjonalna teoria zmian organizacyjnych opiera się na transformacji mas. Wysiłki związane z wprowadzaniem zmiany koncentrują się zatem na poruszaniu mas, co wymaga zaangażowania znacznych zasobów i długiego czasu, a na taki luksus może sobie pozwolić niewielu menedżerów. Przywództwo w punkcie krytycznym obiera kurs przeciwny. W celu zmiany mas koncentruje się na transformacji ekstremów: ludzi, zachowań i działań niewspółmiernie silnie wpływających na wyniki. Transformując ekstrema, liderzy punktów krytycznych są w stanie zmieniać samą istotę spraw szybko i po niskich kosztach, realizując w ten sposób swoją nową strategię.

Zmiana strategiczna nigdy nie jest łatwa do wprowadzenia, a zrobienie tego szybko i kosztem niewielkich zasobów jest jeszcze trudniejsze. Nasze badania pokazują jednak, że można to osiągnąć przez przywództwo w punkcie krytycznym. Świadomie odnosząc się do przeszkód, jakie stają nam na drodze do realizacji strategii, i koncentrując się na czynnikach niewspółmiernego wpływu można je pokonać i wprowadzić niezbędne zmiany strategiczne. Nie słuchaj konwencjonalnej mądrości. Nie każde wyzwanie wymaga proporcjonalnie silnych działań. Koncentruj się na działaniach o nieproporcjonalnie dużym wpływie. To jest najistotniejszy element przywództwa sprawiającego, że strategia błękitnego oceanu zadziała.

Rysunek 7-3. Konwencjonalna mądrość a przywództwo w punkcie krytycznym

Konwencjonalna mądrość

Teoria zmiany organizacyjnej opiera się na *transformacji mas*. Wysiłki koncentrują się zatem na poruszaniu mas, co wymaga zaangażowania znacznych zasobów i długiego czasu.

Przywództwo w punkcie krytycznym

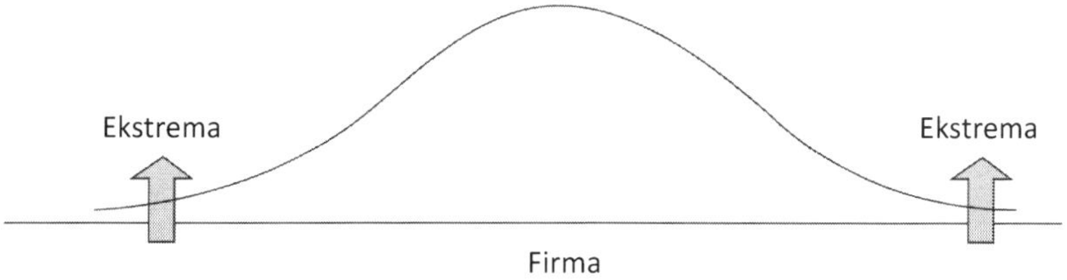

Chcąc zmienić masy, skoncentruj się na ekstremach – na ludziach, zachowaniach i działaniach niewspółmiernie silnie wpływających na wyniki. W ten sposób zrealizujesz zmianę strategiczną szybko i po niskim koszcie.

W następnym rozdziale jeszcze bardziej zgłębimy ten temat. Zajmiemy się tam sprawą zmiany i odpowiedniego ukierunkowania myślenia ludzi, pozyskania ich serc dla nowej strategii przez budowę kultury zaufania, zaangażowania i dobrowolnego działania na rzecz jej realizacji oraz wsparcia dla lidera.

ROZDZIAŁ 8

Wbuduj w swoją strategię jej realizację

FIRMA TO NIE TYLKO jej najwyższe czy średnie kierownictwo. Firma to wszyscy od szczytu do samego dołu. I tylko wtedy może ona być wyjątkowym i konsekwentnym wykonawcą strategii, gdy wszyscy członkowie jej organizacji zgadzają się z tą strategią i są zdecydowani jednoznacznie ją popierać. Przezwyciężanie barier organizacyjnych w realizacji strategii jest ważnym krokiem zbliżającym nas do tego celu. Pozwala ono usunąć przeszkody, które mogłyby udaremnić nawet najlepszą strategię.

W końcu jednak firma musi potrafić wywołać najbardziej fundamentalne podstawy działania: nastawienie i zachowania jej ludzi, członków jej organizacji. Trzeba potrafić stworzyć kulturę zaufania i zaangażowania, która motywowałaby ludzi do realizacji wybranej strategii – nie jej litery, lecz ducha. Nowa strategia musi być w myślach i sercach ludzi, tak by na poziomie każdej indywidualnej osoby wszyscy z własnej inicjatywy przyjmowali ją i ochoczo przechodzili od przymusowego jej wykonywania do dobrowolnej współpracy w jej realizacji.

Gdy mówimy o strategii błękitnego oceanu, mamy do czynienia z jeszcze większym wyzwaniem. W ludziach zmuszonych do wyjścia z ich własnych stref bezpieczeństwa i zmiany sposobu, w jaki musieli pracować w przeszłości, narasta obawa. Zastanawiają się, jakie są prawdziwe powody tej zmiany. Czy zarządzający są z nimi szczerzy, gdy mówią o budowie przyszłego wzrostu przez zmianę orientacji strategicznej? Czy może chcą nas zwolnić?

Im niżej są oni w hierarchii i im mniej byli zaangażowani w tworzenie nowej strategii, tym większe są ich obawy. Na linii frontu, czyli na poziomie, na którym nowa strategia musi być realizowana na co dzień, ludzie mogą z niechęcią odnosić się do strategii, do realizacji której zostali niejako zmuszeni bez pytania, co sami myślą i czują. Tak więc kiedy już myślisz, że wszystko zrobiłeś bardzo dobrze, sprawy mogą nagle zacząć się komplikować na linii frontu.

W ten sposób dochodzimy do szóstej reguły strategii błękitnego oceanu: Trzeba budować zaufanie ludzi na najniższych szczeblach, zyskiwać ich zaangażowanie i inspirować do dobrowolnej współpracy, od samego początku wbudowując w strategię jej realizację. Ta reguła umożliwia zarządzającym firmami minimalizację ryzyka utraty zaufania, braku współpracy, a nawet sabotażu. To ryzyko zarządcze ma istotne znaczenie w realizacji strategii zarówno na czerwonych, jak i na błękitnych oceanach, jednak w przypadku błękitnych oceanów jest dużo większe, gdyż realizacja takiej strategii często wymaga wprowadzenia dość zasadniczych zmian. Dlatego też minimalizacja tego ryzyka jest sprawą kluczową w realizacji strategii błękitnego oceanu. Firmy muszą sięgać poza wątpliwej skuteczności metodę kija i marchewki. Muszą odwoływać się do uczciwych procesów w opracowywaniu i realizacji swojej strategii.

Nasze badania wykazują, że uczciwy proces jest kluczowym czynnikiem decydującym o sukcesie lub porażce działań strategicznych błękitnego oceanu. Obecność lub brak uczciwego procesu może uskutecznić lub udaremnić nawet najlepsze działania realizacyjne podejmowane przez firmy.

Nieprawidłowy proces może zrujnować realizację strategii

Rozważmy przykład globalnego lidera w dostawie wytwarzanych na bazie wody ciekłych chłodziw dla branży wyrobów metalowych. Nazwijmy tę organizację Lubber. Ze względu na wielość parametrów procesu obróbki metali istnieje kilkaset typów chłodziw do wyboru. Wybór odpowiedniego chłodziwa to bardzo delikatny proces. Przed zakupem produkty muszą zostać poddane testom na maszynach produkcyjnych, a decyzja często opiera się na metodach logiki zbiorów rozmytych. W konsekwencji pojawiają się koszty przygotowania prób i wyłączenia maszyny z regularnej produkcji, za co płacą i klienci, i Lubber.

Chcąc zaoferować swoim klientom przyrost wartości, Lubber stworzył strategię wyeliminowania złożoności i kosztowności fazy testowej. Wykorzystując sztuczną inteligencję, stworzył system ekspercki pozwalający zmniejszyć wskaźnik złych wyborów chłodziw poniżej 10%, podczas gdy średnia w branży wynosiła 50%. System przyczynił się też do skrócenia czasu wyłączenia maszyny z regularnej produkcji, ułatwił gospodarkę chłodziwami i spowodował wzrost jakości produkowanych wyrobów. Korzyścią firmy Lubber było zdecydowane uproszczenie procesu sprzedaży, co pozwoliło przedstawicielom handlowym zaoszczędzić czas na zawieranie nowych transakcji i obniżenie kosztów w przeliczeniu na jedną transakcję.

To strategiczne i innowacyjne posunięcie, w wyniku którego obie strony zyskały dodatkową wartość, było jednak od samego początku skazane na niepowodzenie. Nie chodziło tu o to, że ta strategia nie była dobra albo że system ekspercki źle działał – działał on doskonale. Strategia była skazana na niepowodzenie, ponieważ zwalczali ją pracownicy sprzedaży.

Nie uczestnicząc w procesie tworzenia nowej strategii i nie oceniając przesłanek do wprowadzenia takiej strategicznej zmiany, przedstawiciele handlowi widzieli ten system ekspercki w bardzo niekorzystnym świetle. Nikt z zespołu projektowego ani z zarządzających nawet nie przypuszczał, że może on być tak źle postrzegany. Dla handlowców stanowił on jednak bezpośrednie zagrożenie dla tego, co sami uznawali za swój najcenniejszy wkład – pomajstrowanie w fazie testowej i wyszukiwanie z długiej listy chłodziw tego najbardziej odpowiedniego. Wszystkie wspaniałe korzyści – uniknięcie kłopotliwego elementu swojej pracy, oszczędność czasu, czyli możliwość większej sprzedaży i pozyskania większej liczby kontraktów dzięki wyjątkowej ofercie dla branży – pozostały niezauważone i niedocenione.

Gdy służby handlowe poczuły się zagrożone i sprzedawcy często podejmowali działania wymierzone w system ekspercki, zwierzając się klientom ze swoich wątpliwości co do jego skuteczności, sprzedaż wcale nie rosła. Zarządzający ponieśli więc przykre konsekwencje swojej arogancji i odebrali twardą nauczkę, jak radzić sobie z ryzykiem zarządczym przez prowadzony od samego początku uczciwy proces; musieli wycofać z rynku system ekspercki i włożyć dużo pracy w odbudowanie zaufania swoich przedstawicieli handlowych.

Siła uczciwego procesu

Czym jest zatem uczciwy proces? I w jaki sposób umożliwia firmom wbudowanie realizacji w samą strategię? Motyw uczciwości lub sprawiedliwości przez wieki absorbował pisarzy i filozofów. Bezpośrednich teoretycznych początków uczciwego procesu należy jednak szukać u dwóch badaczy w zakresie nauk społecznych: Johna W. Thibaulta i Laurensa Walkera. W połowie lat siedemdziesiątych dwudziestego wieku połączyli oni swoje zainteresowania psychologią sprawiedliwości z badaniami nad procesem, tworząc pojęcie *sprawiedliwości proceduralnej*[1]. Koncentrując swoją uwagę na aspektach

[1] Thibault, Walker (1975).

Rysunek 8-1. Jak uczciwy proces wpływa na nastawienie ludzi i ich zachowanie

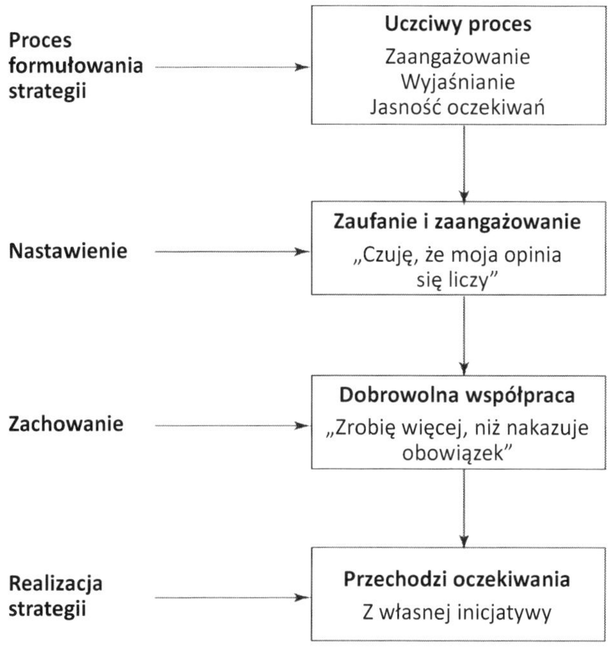

prawnych, starali się zrozumieć, co sprawia, że ludzie tak mocno wierzą w system prawny, iż przestrzegają prawa bez szczególnego przymusu. Ich badania wykazały, że ludzie przywiązują większą wagę do sprawiedliwości procesu prowadzącego do określonego wyniku niż do samego wyniku. Ich zadowolenie z wyniku i zaangażowanie wzrastało, gdy mieli do czynienia ze sprawiedliwością proceduralną[2].

Współpraca na zasadzie dobrowolności jest czymś więcej niż tylko mechaniczną realizacją, w której ludzie robią tylko to, co na-

[2] Późniejsi badacze, tacy jak Tom R. Tyler i E. Allan Lind, wykazali potęgę uczciwego procesu w różnych kulturach i systemach społecznych. Zob. E.A. Lind, T.R. Tyler (1988) – w pozycji tej omówione są badania prowadzone przez autorów oraz inne prace powiązane z tym tematem.

kazuje obowiązek i co jest konieczne do przetrwania. Jest wyjściem poza narzucone obowiązki; ludzie angażują swoją energię i inicjatywę, wykazują swoje największe zdolności – a nawet podporządkowują swoje osobiste interesy – by zrealizować powstałe w tym procesie strategie[3]. Na rysunku 8-1 przedstawiamy związki przyczynowe, które zaobserwowaliśmy w uczciwym procesie, nastawieniu i zachowaniu.

Reguła trzech E uczciwego procesu

Istnieją trzy wzajemnie wzmacniające się elementy definiujące uczciwy proces: zaangażowanie (ang. *engagement*), wyjaśnienie (ang. *explanation*) i jasne oczekiwania (ang. *clarity of expectation*)[4]. Ludzie, niezależnie od tego, czy na najwyższych stanowiskach zarządczych, czy za ladą sklepową, poszukują tych trzech elementów. Nazywamy to z angielskiego *regułą trzech E.*

Zaangażowanie (*engagement*) oznacza, że poszczególne osoby biorą udział w podejmowaniu tych decyzji strategicznych, które mają na nie wpływ – są proszone o wniesienie swojego wkładu i mają możliwość kwestionowania pomysłów i założeń zgłaszanych i bronionych przez inne osoby. Umożliwienie zaangażowania jest sygnałem od menedżerów, że szanują ludzi i ich pomysły. Zachęta do dyskusji pobudza do myślenia i pozwala budować wspólną mądrość. Zaangażowanie powoduje, że zarządzający podejmują lepsze decyzje strategiczne, a wszyscy uczestniczący w ich realizacji wykonują to z większym przekonaniem.

Wyjaśnienie (*explanation*) oznacza, że każdy zaangażowany i każdy, na kogo decyzja ma wpływ, powinien zrozumieć, dlaczego podjęto

[3] Omówienie dobrowolnej współpracy można znaleźć w: C. O'Reilly, J. Catman (1986), D. Katz, P.M. Blau (1964).

[4] Zob. Kim, Mauborgne (1997b).

takie, a nie inne ostateczne decyzje strategiczne. Wyjaśnienie toku myślenia w trakcie podejmowania decyzji utwierdza ludzi w przekonaniu, że menedżerowie uwzględnili ich opinie i podjęli decyzje obiektywnie, w interesie całej firmy. Dzięki wyjaśnieniu pracownicy mogą wierzyć w intencje zarządzających, nawet jeśli ich własne opinie zostały odrzucone. Powstaje w ten sposób pętla sprzężenia zwrotnego, wzmacniająca proces uczenia się.

Jasność oczekiwań (*expectation clarity*) wymaga, by już po wyznaczeniu strategii menedżerowie jasno przedstawili nowe reguły gry. Nawet jeśli oczekiwania są bardzo wygórowane, pracownicy powinni z wyprzedzeniem wiedzieć, według jakich standardów będą oceniani i jakie kary spotkają ich za niespełnienie oczekiwań. Jakie są cele nowej strategii? Jakie są nowe zadania i kamienie milowe? Kto jest za co odpowiedzialny? Dla uczciwości procesu mniej jest istotne, jakie są nowe cele, oczekiwania i obowiązki, a bardziej to, że zostały one w pełni zrozumiane. Gdy ludzie dobrze rozumieją, czego się od nich oczekuje, następuje minimalizacja politycznych rozgrywek i faworyzowania wybranych, a ludzie mogą natychmiast skoncentrować się na realizacji strategii.

W sumie kryteria te *kolektywnie* prowadzą do wyroków zapadających w uczciwym procesie. Jest to ważne, ponieważ uwzględnienie tylko niektórych z nich nie zapewnia tej uczciwości.

Opowieść o dwóch zakładach

Jak reguła trzech E uczciwego procesu wpływa na realizację strategii głęboko wewnątrz organizacji? Rozważmy to na przykładzie transformacji producenta urządzeń dźwigowych, którego nazwiemy Elco. W omawianym okresie sprzedaż w tej branży spadła. Nadpodaż powierzchni biurowych w niektórych dużych amerykańskich miastach była tak duża, że wskaźniki niewykorzystanej powierzchni sięgały nawet 20%.

Wobec spadającego popytu krajowego firma Elco postanowiła zaoferować swoim nabywcom skok wartości przez obniżenie kosztów. Spodziewała się, że wywoła tym nowy popyt i wyprzedzi konkurencję. Chcąc w ten sposób stworzyć i zrealizować strategię błękitnego oceanu, firma zrozumiała, że musi zastąpić system produkcji w partiach systemem komórkowym (ang. *cellular manufacturing* – produkcja zorganizowana pod kątem produktu, a nie technologii – *przyp. tłum.*), w którym samozarządzające się zespoły osiągałyby najwyższe wyniki. Zespół zarządzający był na to przygotowany i chętny do działania. By zrealizować ten kluczowy element swojej strategii, zespół obrał drogę, która wydawała mu się najszybsza i najefektywniejsza.

Najpierw postanowił zainstalować nowy system w zakładzie w Chester, a następnie w drugim w High Park. Logika była prosta. W zakładzie w Chester panowały wzorowe stosunki między pracownikami. Były one tak dobre, że pracownicy sami rozwiązali organizację związkową. Zarządzający mieli pewność, że mogą liczyć na ich współpracę w realizacji zmiany strategicznej w systemie produkcji. W firmie mówiło się przecież, że „to jest idealna załoga". Następnie Elco miała przenieść ten system do zakładu w High Park, gdzie działała silna organizacja związkowa, której opór wobec tej i każdej innej zmiany był do przewidzenia. Zarządzający liczyli na to, że jeśli realizacja w Chester nabierze rozpędu, będzie to miało pośrednio pozytywny wpływ na High Park.

Teoria była dobra. W praktyce jednak sprawy przyjęły niespodziewany obrót. Wprowadzenie nowego procesu produkcyjnego w Chester szybko doprowadziło do kompletnego chaosu i buntu. W ciągu kilku miesięcy i koszty, i jakość wykonania znalazły się na równi pochyłej. Pracownicy zaczęli rozmawiać o reaktywacji związków zawodowych. Zdesperowany dyrektor zakładu, który całkowicie utracił kontrolę, zwrócił się o pomoc do psychologa.

Z kolei zakład w High Park, mimo że był znany z oporu wobec zmian, zaakceptował strategiczną zmianę w procesie produkcji.

Codziennie dyrektor zakładu oczekiwał krachu, ale nic takiego się nie stało. Nawet ludzie, którym nie podobała się ta decyzja, czuli, że są traktowani uczciwie, i dobrowolnie włączali się w szybką realizację ustawiania nowego procesu produkcyjnego, będącego zasadniczym elementem nowej strategii firmy.

Bliższe przyjrzenie się sposobowi wprowadzania tej strategicznej zmiany w każdym z zakładów pozwoliło dostrzec powody tej oczywistej anomalii. W zakładzie w Chester menedżerowie Elco złamali wszystkie trzy podstawowe reguły uczciwego procesu. Po pierwsze, nie potrafili zaangażować pracowników w podejmowanie strategicznych decyzji, które miały na nich bezpośredni wpływ. Nie mając doświadczenia w produkcji w systemie komórkowym, Elco wynajęło firmę konsultingową, której zadaniem było stworzenie generalnego planu konwersji. Konsultantom polecono, by pracowali szybko i w minimalnym stopniu przeszkadzali pracownikom, bo tylko tak można zrobić wszystko szybko i bezboleśnie. Konsultanci dostosowali się do tych zaleceń. Gdy pracownicy w Chester przyszli do pracy, napotkali w zakładzie obcych ludzi, nie tylko inaczej ubranych – w ciemne garnitury, białe koszule i krawaty – ale również rozmawiających ściszonym głosem. By nie przeszkadzać, nie kontaktowali się oni z pracownikami. Zamiast tego cicho przemykali za plecami pracujących, robili notatki i coś szkicowali. Po całym zakładzie rozeszły się plotki, że gdy pracownicy pójdą do domu, ci sami ludzie wleją się tłumnie na hale, przeszukają stanowiska pracy i będą zawzięcie dyskutować.

W tym czasie dyrektor zakładu rzadko był obecny na miejscu w fabryce. Większość czasu spędzał w centrali Elco na spotkaniach z konsultantami, które celowo zostały zorganizowane poza terenem zakładu, by nie przeszkadzać w pracy. Nieobecność dyrektora przyniosła jednak przeciwny efekt. Ludzie byli coraz bardziej zaniepokojeni, zastanawiali się, dlaczego kapitan ich statku zachowuje się tak, jakby chciał ich opuścić, a domysłom i plotkom nie było końca. Każdy był przekonany, że konsultanci doprowadzą do zmniejszenia skali działania zakładu i że będzie się to wiązało z utratą pracy. Fakt, że dyrektor ulotnił się bez słowa wyjaśnienia – bo oczywiście ich unikał – mógł znaczyć tylko tyle, że – jak myśleli – zarządzający „chcą nam pokazać, o co chodzi". Zaufanie i zaangażowanie w zakładzie w Chester szybko rozwiało się niczym mgła.

Wkrótce ludzie przeczytali w gazetach o innych zakładach zamykanych z pomocą konsultantów. Pracownicy zaczęli się więc uważać za rychłe ofiary ukrytych zamiarów zarządzających, by zwinąć zakład i wyrzucić ludzi z pracy. A tak naprawdę zarządzający Elco wcale nie mieli zamiaru zamykać zakładu. Chcieli ograniczyć straty, dać ludziom możliwość produkowania wind wyższej jakości po niższych kosztach, aby wyskoczyć przed konkurencję. Skąd jednak pracownicy mieli o tym wiedzieć?

Menedżerowie w Chester nie wyjaśnili też, dlaczego zostały podjęte takie decyzje strategiczne i co oznaczają one dla kariery pracowników i dla metod pracy. Zarządzający ujawnili plan generalny zmian podczas trzydziestominutowego spotkania z pracownikami.

Zgromadzeni pracownicy usłyszeli, że ich tradycyjne metody pracy zostaną zarzucone i zastąpione czymś, co jest nazywane „produkcją w systemie komórkowym". Nikt nie wyjaśnił, dlaczego taka zmiana strategiczna jest potrzebna, w jaki sposób firma powinna dystansować się od konkurencji, by stymulować nowy popyt, i dlaczego zmiana procesu produkcji jest kluczowym elementem tej strategii. Zszokowani pracownicy siedzieli w milczeniu, nie rozumiejąc powodów takiego postępowania. Menedżerowie błędnie uznali taką reakcję za wyraz akceptacji, zapominając, jak długo – aż kilka miesięcy – im samym zajęło oswojenie się z pomysłem przejścia na system komórkowy w celu realizacji nowej strategii.

Z planem generalnym w rękach menedżerowie szybko wzięli się za wprowadzanie nowych porządków w zakładzie. Gdy pracownicy pytali, co ma być osiągnięte przez nowy układ, słyszeli odpowiedź: „poprawa efektywności". Menedżerowie nie mieli czasu, by wyjaśniać, dlaczego to właśnie efektywność miała być przedmiotem ulepszeń, i nie chcieli niepokoić pracowników. Bez możliwości intelektualnego zrozumienia tego, co się wokół nich dzieje, niektórzy pracownicy czuli się chorzy na samą myśl o przyjściu do pracy.

Menedżerowie zaniedbali też wyjaśnienie, czego oczekują od pracowników w ramach nowego procesu produkcji. Poinformowali pracowników, że nie będą już oceniani za indywidualne osiągnięcia, tylko za pracę komórki. Powiedzieli też, że szybsi i bardziej doświadczeni będą musieli dobierać sobie wolniejszych lub mniej doświadczonych kolegów. Nie byli jednak w tym wyjaśnieniu zbyt szczegółowi. Nie wyjaśnili wyczerpująco, jak powinien działać nowy system komórkowy.

Złamanie zasad uczciwego procesu podważyło zaufanie pracowników zarówno do samej zmiany strategicznej, jak i do zarządzających. Tak naprawdę ten nowy, komórkowy sposób organizacji oferował pracownikom ogromne korzyści – łatwiej było na przykład zaplanować urlopy, większe były też szanse poszerzenia kwalifikacji i zaangażowania się w bardziej różnorodną pracę. Mimo to pracownicy byli w stanie dostrzec tylko ujemne strony tego, co się działo. Swoje obawy i frustracje zaczęli przenosić na innych. W zakładzie wybuchały kłótnie, gdy pracownicy odmawiali pomocy tym, o których mówili „lenie, którzy nie potrafią skończyć własnej pracy", lub gdy propozycję pomocy interpretowali jako mieszanie się w ich sprawy i reagowali na nią odzywką: „To moja sprawa, a ty zajmij się swoimi".

Modelowa załoga z Chester zaczęła popadać w rozsypkę. Po raz pierwszy w karierze dyrektora zakładu pracownicy odmawiali wykonania jego poleceń, twierdząc, że nie zrobią tego nawet „jeśli ich zwolni". Czuli, że nie mogą już ufać lubianemu niegdyś dyrektorowi, dlatego zaczęli go ignorować i kierować swoje skargi bezpośrednio do jego przełożonego w centrali. Wobec braku uczciwego procesu pracownicy zakładu w Chester odrzucili całą transformację i odmówili odegrania roli w realizacji nowej strategii.

Z kolei zarządzający zakładem w High Park dochowali wszystkich trzech reguł uczciwego procesu w trakcie wprowadzania zmian strategicznych. Gdy konsultanci przybyli do zakładu, dyrektor przedstawił ich pracownikom. Zarządzający zaangażowali też załogę w uczestnictwo w serii spotkań z konsultantami w całym zakładzie, podczas których menedżerowie otwarcie dyskutowali na temat pogarszającej się sytuacji gospodarczej i potrzeby zmiany strategicznej, wobec której stoi firma, jeśli chce wyrwać się konkurencji i osiągnąć wyższą wartość niższym kosztem. Wyjaśnili, że odwiedzali zakłady innych firm i zauważali tam poprawę produktywności dzięki systemowi komórkowemu. Wyjaśnili również, dlaczego jest to zasadniczy wyznacznik zdolności firmy do realizacji nowej strategii. Ogłosili też zasady obowiązujące w okresie przejściowym, co uspokoiło uzasadnione obawy pracowników o ich miejsca pracy. Ponieważ zarzucono stare miary osiągnięć, menedżerowie wspólnie z pracownikami poświęcili czas i wysiłek na stworzenie nowych miar i określenie nowych obowiązków każdego z zespołów-komórek. Cele i oczekiwania były dla pracowników jasne i zrozumiałe.

Podporządkowując się trzem regułom uczciwego procesu *równocześnie*, zarządzający zyskali zrozumienie i wsparcie ze strony pracowników High Park. Pracownicy z podziwem wyrażali się o swoim dyrektorze zakładu i współczuli menedżerom Elco, że z takimi trudnościami muszą realizować nową strategię i wprowadzać nowy system komórkowy. Byli też przekonani, że jest to konieczne, cenne i pozytywne doświadczenie.

Menedżerowie Elco uważają zaś, że było to jedno z najbardziej bolesnych doświadczeń w ich karierze. Nauczyli się, że ludziom na linii frontu zależy tak samo na właściwym procesie, jak tym na samym szczycie. Łamiąc zasady uczciwego procesu i w ten sposób rozwijając strategię, menedżerowie mogą zamienić najlepszych pracowników w najgorszych, stracić zaufanie i napotkać opór nawet wobec takiej strategii, od realizacji której zależy przyszłość ich wszystkich. Jeśli menedżerowie będą jednak przestrzegać praktyk uczciwego procesu, najgorsi pracownicy staną się najlepszymi i wprowadzenie nawet najtrudniejszej zmiany strategicznej okaże się możliwe dzięki dobrowolnemu zaangażowaniu i atmosferze zaufania.

Dlaczego uczciwy proces jest tak ważny?

Dlaczego uczciwy proces jest tak ważny w kształtowaniu ludzkich nastawień i zachowań? W szczególności, dlaczego przestrzeganie lub łamanie reguł uczciwego procesu podczas tworzenia strategii może zaważyć na jej realizacji? Wszystko to sprowadza się do problemu uznania intelektualnego i emocjonalnego.

Emocjonalnie każdy człowiek pragnie uznania swojej wartości nie jako „siły roboczej", „personelu" czy „zasobu ludzkiego", lecz jako istoty ludzkiej, traktowanej z szacunkiem i godnością i docenianej za indywidualną wartość, niezależnie od jej pozycji w hierarchii. Intelektualnie ludzie pragną uznania dla swoich pomysłów, chcą widzieć, że ktoś się nimi interesuje i poświęca im uwagę, że chce usłyszeć jakieś wyjaśnienia. Takie często cytowane wyrażenia, jak „to dotyczy wszystkich, których znam", czy „każdy chce odczuć" oraz nieustanne odwoływanie się do „ludzi" i „osób" skłania menedżerów do dbałości o niemal uniwersalną wartość intelektualnego i emocjonalnego uznania, jaką niesie w sobie każdy uczciwy proces.

Teoria uznania intelektualnego i emocjonalnego

Wykorzystanie uczciwego procesu w tworzeniu strategii wiąże się ściśle z uznaniem intelektualnym i emocjonalnym[5]. W działaniu sprawdza się, czy mamy do czynienia z żywym i szczerym zaufaniem

[5] Zob. Kim, Mauborgne (1998a).

i docenianiem poszczególnych osób oraz głębokim przekonaniem o ich wiedzy, talentach i umiejętnościach.

Osoby, które czują się doceniane za ich walory intelektualne, chcą dzielić się swoją wiedzą, a nawet są zainspirowane do pokazywania, co potrafią, i do potwierdzania swojej wartości intelektualnej, aktywnie tworząc nowe idee i przekazując swoją wiedzę innym[6]. Podobnie, osoby traktowane z szacunkiem emocjonalnym czują się emocjonalnie związane ze strategią i zainspirowane, by dać z siebie wszystko. W klasycznych badaniach Fredricka Herzberga nad motywacją uznanie zostało zidentyfikowane jako czynnik silnie motywujący, zachęcający ludzi do wyjścia poza wyznaczone obowiązki i zaangażowania się we współpracę na zasadzie dobrowolności[7]. Dlatego to, w jakim stopniu uczciwy proces niesie ze sobą uznanie intelektualne i emocjonalne, decyduje, czy ludzie lepiej wykorzystają swoją wiedzę i umiejętności i czy dobrowolnie podejmą wysiłki na rzecz współpracy w doprowadzeniu do sukcesu w realizacji strategii firmy.

Drugą stroną tej sytuacji, zasługującą na taką samą lub nawet większą uwagę, jest złamanie reguł uczciwego procesu przy równoczesnym braku uznania dla intelektualnych i emocjonalnych wartości ludzi. Takie myślenie i zachowanie można podsumować następująco. Jeśli w traktowaniu ludzi nie okażemy im, że cenimy ich wiedzę, poczują się intelektualnie zubożeni i nie będą chcieli dzielić się swoimi pomysłami i umiejętnościami. Będą raczej ukrywać się ze swoimi najlepszymi pomysłami i twórczymi ideami, nie wystawiając na światło dzienne swoich spostrzeżeń. Co więcej, odrzucą również wartość intelektualną innych osób, jakby chcieli powiedzieć: „Nie liczą się dla ciebie moje pomysły, więc dla mnie nie liczą się twoje i nie ufam decyzjom strategicznym, które podejmujesz. Nie dbam o nie".

---

[6] Zob. Kim, Mauborgne (1995).

[7] Zob. omówienie tematu w: F. Herzberg (1966).

Rysunek 8-2. Konsekwencje istnienia uczciwego procesu lub jego braku dla tworzenia i realizacji strategii

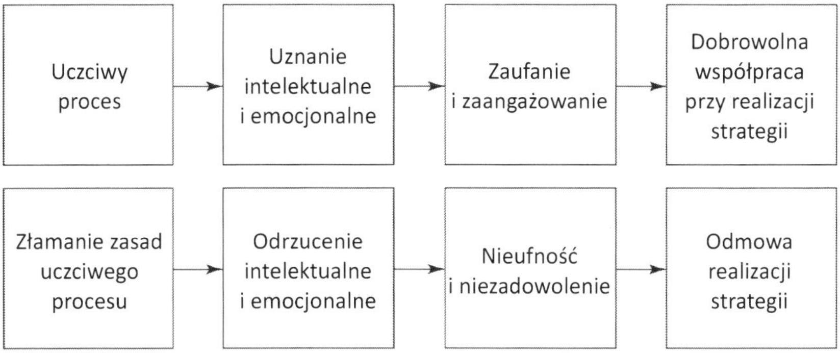

Podobnie jeśli nie zapewnimy ludziom uznania emocjonalnego, będą odczuwali gniew i nie zainwestują swojej energii w działania; będą się raczej ociągać i opierać, uciekając się nawet do sabotażu, tak jak w zakładzie Elco w Chester. Taka sytuacja doprowadza często pracowników do oporu wobec strategii narzuconej im w sposób nieuczciwy, nawet jeśli strategia ta sama w sobie będzie dobra – krytyczna dla sukcesu firmy lub korzystna dla samych pracowników i ich menedżerów. Jeśli zabraknie zaufania do procesu tworzenia strategii, zabraknie też zaufania do powstałej w jego wyniku strategii. Taka właśnie jest emocjonalna siła, jaką może wyzwolić uczciwy proces. Ludzie rozzłoszczeni naruszeniem uczciwego procesu nie tylko chcą jego przywrócenia, ale także dążą do ukarania osób, które go pogwałciły. Teoretycy mówią w związku z tym o *sprawiedliwości retrybutywnej*. Na rysunku 8-2 przedstawiamy obserwowane związki przyczynowo-skutkowe.

Uczciwy proces a strategia błękitnego oceanu

Zaangażowanie, zaufanie i dobrowolna współpraca to nie tylko nastawienie i zachowanie. To również niematerialny kapitał. Gdy ludzie darzą nas zaufaniem, mają większe przekonanie do intencji i działań innych osób. Gdy są zaangażowani, są gotowi nawet do przedłożenia interesu firmy nad osobisty.

Jeśli zapytamy o to jakąkolwiek firmę, która z sukcesem stworzyła i zrealizowała strategię błękitnego oceanu, jej menedżerowie szybko i wyczerpująco odpowiedzą, jak ważny dla ich sukcesu był ten niematerialny kapitał. Z kolei menedżerowie firm, które poległy w realizacji strategii błękitnego oceanu, pokażą, jak brak tego kapitału przyczynił się do ich porażki. Ich firmy nie były w stanie przeprowadzić strategicznych zmian, ponieważ zabrakło im zaufania i zaangażowania ludzi. Zaangażowanie, zaufanie i dobrowolna współpraca umożliwia firmom wygrać szybkością, jakością i spójnością w realizacji i implementacji zmian strategicznych, które odbywają się szybko i przy niskich kosztach.

Pytanie, z jakim firmy muszą się zmierzyć, to pytanie o to, jak zbudować zaufanie, zaangażowanie i dobrowolną współpracę, jak sprawić, by wniknęły one w głąb firmy. Nie można tego zrobić, oddzielając formułowanie strategii od jej realizacji. Mimo że rozdzielenie tych dwóch spraw może być charakterystyczne dla praktyk stosowanych przez większość firm, jest również charakterystyczne dla powolnej i wątpliwej implementacji i w najlepszym razie dla mechanicznego podążania za ciosem. Oczywiście tradycyjne zachęty posiadających władzę i pieniądze – kij i marchewka – mogą pomóc. Nie są jednak w stanie zainspirować ludzi do zachowań, w których kierowaliby się czymś więcej niż własnym interesem. Tam, gdzie nie można śledzić wszystkich zachowań, pojawia się miejsce dla działania na zwłokę i sabotażu.

Zastosowanie uczciwego procesu pozwala rozwiązać ten dylemat. Organizując proces formułowania strategii przy uwzględnieniu reguł uczciwego procesu, można od samego początku wbudować w tworzenie strategii jej realizację. Widząc uczciwy proces, ludzie mają większą skłonność do angażowania się we wspieranie powstałej strategii, nawet jeśli uważają ją za niekorzystną lub jest ona sprzeczna z ich własnym postrzeganiem tego, co jest strategicznie pożądane dla ich jednostki. Uświadamiają sobie, że kompromisy i poświęcenia są niezbędne w budowie silnej firmy. Godzą się z potrzebą krótkotrwałych poświęceń ze swojej strony dla osiągnięcia korzyści w długoterminowych interesach firmy. Akceptacja ta jest jednak warunkowa i zależy od tego, czy mamy do czynienia z uczciwym procesem. Niezależnie od kontekstu, w jakim realizowana jest przez firmę strategia błękitnego oceanu, zawsze obserwowaliśmy, że zasada ta sprawdza się w działaniu.

Uczciwy proces a zewnętrzne grupy zainteresowanych

Znaczenie uczciwego procesu omawialiśmy dotąd głównie w kontekście wewnętrznych grup zainteresowanych organizacją. Jednak w dzisiejszym świecie coraz silniejszych wzajemnych zależności duże znaczenie dla sukcesu wielu organizacji mają grupy zewnętrzne. Można wręcz powiedzieć, że praktyka uczciwego procesu w odniesieniu do zewnętrznych grup zainteresowanych odgrywa w realizacji strategii jeszcze większą rolę, ponieważ grupy te pozostają poza kontrolą hierarchii organizacji, a ponadto często mają rozbieżne interesy i punkty widzenia. Ważne są oczywiście umowy z zewnętrznymi partnerami i możliwości ich egzekwowania, ale asymetria informacyjna w relacjach pomiędzy organizacjami w połączeniu z naturalnym zróżnicowaniem interesów i punktów widzenia sprawiają, że uczciwy proces nabiera kluczowego znaczenia. Bez zaangażowania i współpracy grup zewnętrznych realizacja strategii może się łatwo zamienić w śliską równię pochyłą niedotrzymanych terminów, nieszczerego zaangażowania w sprawy jakości i przekraczania limitów kosztowych. Prawdopodobieństwo takiego biegu rzeczy jest tym większe, w im większym stopniu organizacja polega na grupach zewnętrznych i im bardziej złożona jest natura tych zależności.

Przypomnijmy sobie omawiany w rozdziale 5 program F-35. Samolot ten stanowił koncepcyjny przełom w dziedzinie projektowania myśliwców i obiecywał błękitny ocean wysokich osiągów i niskich kosztów. W roku 2001 firma Lockheed Martin zdobyła kontrakt na budowę F-35 oparty na opracowanym przez nią prototypowym samolocie. Pentagon był przekonany, że program ten przyniesie duży sukces.

A jednak w roku 2014 realizacja programu F-35 absolutnie nie wyglądała dobrze. Doszło do poważnej eskalacji kosztów i opóźnień w harmonogramach, ucierpiała też wartość, jaką on obiecywał. Program F-35 jest dobrym przykładem pomysłu na błękitny ocean, który przyniósł marne rezultaty głównie z powodu złej realizacji. Wskazywano rozmaite przyczyny takiego biegu wypadków, na przykład same rozmiary i złożoność przedsięwzięcia oraz nadmierny nacisk, jaki Lockheed kładł na krótkookresowe cele gospodarcze kosztem udanej realizacji projektu. Te same jednak powody sprawiają, że uczciwy proces nabiera jeszcze większego znaczenia. Bliższa analiza ujawnia, że wiele problemów, które trapiły realizację programu F-35, można przypisać brakowi zaangażowania, wyjaśnień i jasnych oczekiwań w relacjach pomiędzy armią, Lockheedem i całą złożoną siecią innych grup zewnętrznych, od których zależała udana realizacja. To nieprzestrzeganie reguły trzech E uczciwego procesu niekorzystnie wpłynęło zarówno na wymianę wiedzy, jak i dobrowolną współpracę – a oba te elementy były niezbędne.

Gdy rozpoczynał się program F-35, obowiązująca w Pentagonie polityka zarządzania była dość wstrzemięźliwa, co było skutkiem fali deregulacji lat dziewięćdziesiątych. Chodziło o ograniczanie kosztownego nadzoru rządowego i przyznanie kontrahentom większej autonomii przy realizacji zawartych już umów. W przypadku

F-35 posunięto się z tym jednak o parę kroków za daleko, co doprowadziło do braku efektywnego zaangażowania w relacje z Lockheedem. Skutek jest taki, że Lockheed ostatecznie podejmował dwie trzecie kluczowych decyzji w sprawach projektu, opracowania, testowania, oblatywania i produkcji F-35 bez aktywnego zaangażowania i wkładu Pentagonu. Ponieważ firma nie zwracała się aktywnie do ekspertów technicznych z wojsk lądowych, marynarki i piechoty morskiej ani nie wykorzystywała ich w pełni przy podejmowaniu pojawiających się ważnych decyzji dotyczących projektu, minimalne były szanse na wymianę rozmaitych idei i wiedzy pomiędzy zainteresowanymi grupami, ich wyjaśnianie, odrzucanie i syntetyzowanie. Ten brak zaangażowania i wyjaśniania z kolei tłumił gotowość trzech rodzajów wojsk do kompromisu w sprawach specyfikacji, gdy pojawiała się taka potrzeba, co skutkowało dodatkową presją na koszty projektu.

Co więcej, niejasne pozostawały oczekiwania – do tego stopnia, że różne grupy zainteresowanych rozmaicie interpretowały sam kontrakt. Lockheedowi przedstawiono bardzo ogólne wytyczne, wymagając na przykład, by samolot był łatwy w konserwacji, zdolny do działania z pasów startowych, trudno wykrywalny przez radar i możliwy do uzbrojenia w bomby[8]. Wobec braku szczegółowych specyfikacji Pentagon przekonywał się coraz wyraźniej, że kontrahent inaczej niż on interpretuje zapisy umowy. Jak wskazuje gen. por. Christopher Bogdan, z ramienia Pentagonu odpowiedzialny za program F-35 od grudnia 2012 roku, oznaczało to, że kiedy armia wskazywała, że F-35 musi robić X, Y i Z, to Lockheed Martin odpowiadał, że dano mu tylko ogólne uprawnienie do czegoś w rodzaju Z[9]. Mieszane oczekiwania prowadziły do dalszych korekt, kosztów i wzajemnych oskarżeń. Na dodatek zaś niejasne były oczekiwania całej złożonej sieci podwykonawców. O ile na przykład

---

[8] Zob. A. Ciralsky (2013).

[9] Zob. uwagi gen. por. Christophera Bogdana cytowane w: A. Ciralsky (2013).

główny inspektor Pentagonu obwiniał biuro odpowiedzialne za program F-35 o nieodpowiednie przekazywanie wykonawcom i podwykonawcom najważniejszych wymagań dotyczących bezpieczeństwa, jakości i rozwiązań technicznych, o tyle samo to biuro uważało, że to Lockheed Martin jest odpowiedzialny za zapewnienie spełniania wszystkich wymagań przez podwykonawców. Doszło w ten sposób do niezgodności sprzętu i oprogramowania, przy czym Lockheed Martin i jego podwykonawcy nie realizowali procesów projektowania, produkcji i kontroli jakości tak rygorystycznie, jak Pentagon oczekiwał i jak na to liczył. Brak definitywnych wymagań zaszkodził zdolności dostawców do podnoszenia jakości procesów i dostarczania odpowiednich produktów. Te szkodliwe efekty ogromnie się spotęgowały, gdy zastosowano metodę przyśpieszonej produkcji równoległej polegającej na tym, że przystąpiono do wytwarzania F-35 jeszcze przed przystąpieniem do oblatywania. Ponieważ program F-35 wciąż ujawniał alarmującą liczbę problemów w zakresie specyfikacji, jakości i standardów, konieczne stawało się ciągłe bardzo kosztowne i czasochłonne przerabianie samolotu.

Naruszanie zasad uczciwego procesu i komunikacji pomiędzy wewnętrznymi i zewnętrznymi grupami zainteresowanych przyczyniło się do marnej realizacji projektu F-35, jednak podejmuje się próby zdecydowanego podjęcia problemu i naprawy sytuacji poprzez większe zaangażowanie i wyjaśnianie oparte na czytelniejszych porozumieniach. We wrześniu 2013 roku gen. Bogdan powiedział: „Miejsce, w którym dziś jesteśmy, daje mi otuchę. Mogę stwierdzić, że kiedy wszyscy zaczynają mówić i słuchać, zaczynają też znajdować rozwiązania, a nie winnych”[10].

Oczywiście czas tylko pokaże, czy Pentagon zdoła stworzyć i utrzymać kulturę aktywnego zaangażowania, wyjaśniania i jasnych

[10] Tekst przemówienia gen. por. Christophera Bogdana wygłoszonego we wrześniu 2013 roku w Waszyngtonie podczas AFA Air and Space Technology Exposition można znaleźć w: Air Force Association (2013).

oczekiwań w całej złożonej sieci wewnętrznych i zewnętrznych grup odpowiedzialnych ostatecznie za losy projektu F-35. Jedno wszakże jest pewne. Jak pokazują dotychczasowe doświadczenia, Pentagon nie może sobie pozwolić, by uczciwy proces wraz ze związaną z nim dobrowolną współpracą i wymianą wiedzy choć na chwilę zszedł z właściwego toru.

Jesteśmy teraz gotowi połączyć w jedną całość wszystkie dotychczasowe nauki, by w kolejnym rozdziale podjąć ważną kwestię wyrównania strategii. Wyrównanie strategii to integralna koncepcja obejmująca i syntetyzująca wszystkie najważniejsze punkty i analizy z poprzednich rozdziałów. Zamyka ona pętlę, gwarantując, że wszystkie przedstawione dotąd części strategii organizacji – od wartości poprzez zyski po ludzi – będą się wzajemnie wzmacniały, dając strategię wysoce skuteczną i trwałą.

ROZDZIAŁ 9

Wyrównanie oferty wartości, oferty zysku i oferty dla ludzi

GDY PROSIMY LUDZI O OKREŚLENIE, na czym polega strategia błękitnego oceanu i od czego zależy jej powodzenie, otrzymujemy zwykle jedną z trzech odpowiedzi. Niektórzy widzą w niej zasadniczo rekonstrukcję granic rynku i ofertę skokowego wzrostu wartości dla klientów. Inni uważają, że istotą strategii błękitnego oceanu jest uwolnienie innowacji w dziedzinie modelu działalności poprzez strategię wyceny, docelowe koszty itd., co pozwala firmie w rentowny sposób pozyskiwać nowych klientów. Jeszcze inni sądzą, że chodzi w niej w gruncie rzeczy o uwolnienie kreatywności, dzielenie się wiedzą i dobrowolną współpracę ludzi dzięki właściwemu podejściu do pracowników i partnerów. Wszystkie te odpowiedzi są poprawne. W istocie bowiem jak dotąd omawialiśmy kolejno każde z nich, przedstawiając narzędzia i schematy pojęciowe, którymi mogą się posłużyć firmy, by osiągnąć każdy z tych celów przy minimalnym ryzyku i maksymalnym wykorzystaniu szans. O ile jednak wszystkie trzy odpowiedzi są poprawne, o tyle są również cząstkowe. Doprowadza nas to do przedostatniej zasady strategii błękitnego oceanu, mianowicie do wyrównywania, którym zamkniemy pętlę wiodącą od tworzenia do opanowywania błękitnych oceanów, otrzymując strategię wysoce skuteczną i trwałą.

Trzy oferty strategiczne

Na najwyższym poziomie ogólności istnieją trzy oferty istotne dla sukcesu strategii: oferta wartości, oferta zysku i oferta dla ludzi[1]. Aby jakaś strategia była udana i trwała, organizacja musi opracować ofertę przyciągającą nabywców; musi stworzyć model działalności umożliwiający jej zarabianie na tej ofercie; musi wreszcie motywować ludzi pracujących w niej lub dla niej, by realizowali tę strategię. O ile dobra treść strategii opiera się na przekonującej ofercie wartości dla nabywców i zdrowej ofercie zysków dla organizacji, o tyle trwała realizacja strategii opiera się przede wszystkim na ofercie motywującej ludzi. Motywowanie wymaga czegoś więcej niż tylko pokonywania przeszkód wewnątrz organizacji i pozyskiwania zaufania dzięki uczciwemu procesowi. Opiera się również na wyrównanych i uczciwych bodźcach.

W tym sensie trzy oferty strategiczne dostarczają konstrukcyjnego zrębu zapewniającego, że organizacja w holistyczny sposób podchodzi do formułowania i egzekwowania strategii[2]. Jeśli strategia

---

[1] Zob. Kim, Mauborgne (2009).

[2] Te trzy oferty strategiczne odpowiadają tradycyjnemu systemowi aktywności organizacji. Ponieważ ostatecznymi produktami działań organizacji są wartość dla nabywcy i wartość przychodu dla siebie, a jej nakładami są koszty wyprodukowania oraz ludzie, którzy te wartości realizują, trzy strategiczne oferty: oferta wartości dla nabywcy, oferta zysków (przychody minus koszty) oraz oferta dla ludzi, obejmują istotę systemu aktywności organizacji. Inaczej niż jest to w przypadku marketingu, produkcji, zasobów ludzkich i innych funkcji firmy, dobra strategia powinna obejmować cały system aktywności organizacji. Na przykład dział marketingu może się koncentrować na ofercie wartości i nie zwracać dostatecznej uwagi na pozostałe dwie oferty. Podobnie dział produkcji może lekceważyć potrzeby nabywcy lub traktować ludzi jako zmienną kosztową.

nie w pełni rozwija te trzy oferty strategiczne ani ich nie wyrównuje, zwykłym wynikiem jest krótkotrwały sukces lub porażka. Jest to pułapka, w którą wpada wiele firm. Jeśli organizacji brakuje holistycznego zrozumienia strategii, łatwo jej skupić się przede wszystkim na jednej czy dwóch ofertach strategicznych z pominięciem innych. Wyobraźmy sobie na przykład organizację, która gorliwie koncentruje się na prawidłowej ofercie wartości lub zysku, lecz zwraca niewiele uwagi na wyrównanie oferty dla ludzi. Cmentarzyska przedsiębiorstw są pełne takich firm. Jest to klasyczny przykład niepowodzenia realizacji. Podobnie dobra realizacja strategii dzięki ofercie motywującej ludzi w połączeniu z marną treścią strategii odzwierciedlaną w ofercie wartości lub zysków również jest drogą do słabych wyników.

W niektórych sytuacjach oferta strategiczna musi być skierowana do więcej niż jednej grupy zainteresowanych. Tak więc jeśli udana realizacja strategii opiera się na pozyskaniu jedynie pracowników, potrzebna jest tylko jedna oferta dla ludzi. Jeżeli zaś firma potrzebuje również wsparcia ze strony na przykład partnera w łańcuchu podaży, to musi ona dać potencjalnemu partnerowi przekonujący powód, by rzeczywiście poparł jej strategię. W takim wypadku firma musi mieć dwie propozycje dla ludzi: odrębną dla pracowników i odrębną dla partnera w łańcuchu. Podobnie na rynkach przemysłowych konieczne bywają dwie oferty wartości: jedna dla klienta biznesowego i druga dla klientów tego klienta.

Odpowiedzialność za wyrównanie strategii spoczywa na ścisłym kierownictwie organizacji; nie jest zadaniem ludzi odpowiedzialnych za marketing, produkcję, zasoby ludzkie itd. Dyrektorzy mocno powiązani z jakąś funkcją na ogół nie mogą z powodzeniem się z niego wywiązać, ponieważ mają skłonność do koncentrowania się na części trzech ofert strategicznych, a nie na ich całości, a tym

---

Dlatego właśnie trwała *strategia* błękitnego oceanu wymaga w pełni rozwiniętego i spójnego zestawu wszystkich trzech ofert.

Rysunek 9-1. Wyrównanie strategii

samym gubią wyrównanie. Na przykład dział produkcji może lekceważyć potrzeby nabywcy albo traktować ludzi jako zmienną kosztową. Podobnie dział marketingu może się skupiać na ofercie wartości i zwracać niedostateczną uwagę na pozostałe dwie oferty. Kiedy jednak wszystkie te trzy oferty strategiczne obejmujące całą organizację zostaną w pełni rozwinięte i wyrównane, zostaje osiągnięta wysoce skuteczna i trwała strategia.

Opracowanie pełnego zespołu spójnych ofert strategicznych jest oczywiście istotne bez względu na to, czy firma kieruje się strategią oceanu błękitnego, czy czerwonego. Rzeczywista rozbieżność obu koncepcji zaznacza się dopiero w sposobie wyrównania ofert strategicznych. W przypadku strategii czerwonego oceanu trzy oferty strategiczne organizacja musi wyrównywać poprzez szczególnego rodzaju wybór: *albo* wyróżnianie się, *albo* niskie koszty w danych warunkach branży. Tak więc wyróżnianie się i niskie koszty odpowiadają alternatywnym pozycjom strategicznym firmy w jej branży.

W przypadku natomiast strategii błękitnego oceanu organizacja osiąga najlepsze wyniki, gdy wszystkie trzy oferty strategiczne zmierzają *zarówno* do wyróżniania się, *jak i* do niskich kosztów. To właśnie takie wyrównanie zmierzające do wyróżniania się *oraz* niskich kosztów zapewnia udaną, a przy tym trwałą strategię błękitnego oceanu (zob. rysunek 9-1). O ile jedną czy dwie oferty strategiczne można imitować, o tyle kopiowanie wszystkich trzech jest trudne; dotyczy to zwłaszcza oferty dla ludzi, ponieważ jest ona osadzona w relacjach międzyludzkich, których kultywowanie wymaga czasu. Kiedy w grę wchodzą również zewnętrzne grupy zainteresowanych i są one ważne, potencjalni naśladowcy potrzebują jeszcze więcej czasu i wysiłków na odpowiednie ukształtowanie oferty dla ludzi, a to oznacza zwykle wydłużenie trwałości wyrównanej strategii.

Osiąganie wyrównania strategii błękitnego oceanu

Aby zrozumieć, w jaki sposób organizacja doprowadza do wyrównania ofert, by uzyskać wysoce skuteczną i trwałą strategię błękitnego oceanu, przyjrzyjmy się Comic Relief, brytyjskiej organizacji zajmującej się gromadzeniem funduszy na cele dobroczynne. Ta założona w roku 1985 organizacja przeskoczyła swoje brytyjskie rywalki, niezwykle wyróżniła się na ich tle, a ponadto ma najniższe w branży koszty. W tej zatłoczonej branży trapionej przez rosnące koszty, malejący popyt i ogólną dezorientację społeczeństwa spowodowaną samą wielką liczbą działających w niej organizacji Comic Relief osiągnął nagle rozpoznawalność marki na poziomie 96% w skali całego kraju i zebrał ponad 950 mln funtów, inspirując do składania datków wszystkich – od tradycyjnych bogatych darczyńców po ludzi, którzy wcześniej nie wpłacali na cele charytatywne. Co więcej, o ile brytyjskie organizacje charytatywne uzyskują od społeczeństwa średnio tylko 45% swoich funduszy – reszta pochodzi z grantów rządowych i od przedsiębiorstw – o tyle Comic Relief zgromadził całe 100% środków bezpośrednio od ludzi i dokonał tego bez żadnego płatnego marketingu ani kampanii listowych. Obecnie, po upływie trzydziestu lat, na stworzonym przez Comic Relief błękitnym oceanie wciąż nie ma wiarygodnych naśladowców. Zobaczmy, w jaki sposób wyrównanie pozwoliło osiągnąć takie trwałe, znakomite wyniki.

W przypadku Comic Relief klientami są darczyńcy, których trzeba przyciągnąć przekonującą ofertą wartości. Oferta zysków sprowadza się do modelu działalności nastawionego na maksymalizację „zysku", którym dla Comic Relief jest nadwyżka przychodów ponad koszty – nadwyżka, którą można ostatecznie przekazać instytucjom charytatywnym. Oferta dla ludzi wreszcie sprowadza się do pozytywnej motywacji i bodźców dla pracowników oraz całej sieci wolontariuszy gromadzących środki, partnerów korporacyjnych i znanych osobistości.

Rozważmy różnice między trzema ofertami strategicznymi Comic Relief i innych brytyjskich organizacji tego rodzaju. Jeśli przyjrzymy się trzem ofertom strategicznym, przekonamy się, że gdy są wyrównane z myślą o wyróżnianiu się i niskich kosztach, to główne czynniki jednej oferty często wspierają pozostałe dwie, tworząc mocny, pozytywny cykl. I tak na przykład organizacje mogą wykorzystać przekonującą ofertę wartości, by wzmocnić oferty zysku i ofertę dla ludzi, albo budować na mocnej ofercie dla ludzi, by stworzyć mocną ofertę wartości, która z kolei wzmacnia ofertę zysku – a wszystko to ogromnie utrudnia naśladownictwo. Oto jak współgrają ze sobą oferty wartości, zysku i dla ludzi w Comic Relief.

Oferta wartości

Tradycyjne brytyjskie organizacje zbierające środki na cele charytatywne posługują się w swoich kampaniach smutnymi lub szokującymi obrazami, stymulując negatywne uczucia winy i żalu, by w ten sposób skłonić do działania potencjalnych darczyńców. Koncentrują się na pozyskiwaniu dużych darowizn głównie od darczyńców zamożnych, wykształconych, starszych, prowadząc kampanie i gromadząc środki przez okrągły rok.

Comic Relief natomiast wyeliminował żal i winę. Wykorzystuje swoją przełomową, nową metodę gromadzenia środków: „dzień czerwonego nosa", podwójnie czarodziejską kombinację ogólnokrajowego dnia psikusów, podczas którego ludzie we wspólnotach lokalnych robią rozmaite błazeństwa, by gromadzić pieniądze, z naszpikowanym gwiazdami wielorodzinnym programem telewizyjnym zatytułowanym *Wieczór czerwonego nosa*. Zapomnijmy o żalu. Chodzi tylko o to, by robić coś zabawnego za pieniądze, które pozwolą zmienić świat.

Darczyńcy Comic Relief nie muszą wypisywać na czekach wielkich liczb. Udział w imprezie jest tani, łatwy i zabawny. Ludzie mogą wnieść ofiarę, kupując sprzedawany wszędzie mały plastikowy czerwony nos za 1 funta – i nie mogą się powstrzymać od uśmiechu. Jak dotąd kupiono ich ponad 66 milionów, każdy je nosi. Można też zasponsorować niemądrą błazenadę z udziałem przyjaciół, rodziny, sąsiadów czy kolegów, dając pieniądze w zamian za mnóstwo śmiechu. Na przykład przyjaciele i koledzy pewnej londyńskiej agentki biura podróży, która miała reputację trajkotki, zaproponowali jej, by przez 24 godziny nie powiedziała ani słowa. Złożyli się na sumę ponad 500 funtów przeznaczoną dla Comic Relief, jeśli jej się uda, i mieli mnóstwo śmiechu, obserwując walkę koleżanki o zachowanie milczenia.

Takie swoiste dla Comic Relief wykorzystanie gromadzenia funduszy przez same wspólnoty lokalne opiera się nie tylko na skłonności ludzi do zabawy. Odwołuje się również do odczuć osobistych. O datek nie prosi bowiem ktoś nieznany, jak to jest w przypadku większości innych organizacji charytatywnych. Jest to przyjaciel, ktoś kochany, kolega, który jest nam nieobojętny i którego chcemy wesprzeć.

W odróżnieniu od tradycyjnych organizacji z tej branży Comic Relief docenia nawet najdrobniejsze datki i wyraża uznanie za ich złożenie: na przykład celebryci uczestniczący w *Wieczorze czerwonego nosa* wyjaśniają wszystkim, że szczodry datek jednej małej dziewczynki, która oddała „całe swoje kieszonkowe" – 1,90 funta – pozwala wyżywić siedmioro dzieci w Afryce. Ludzie dowiadują się, że liczy się i swoje waży każdy grosz. Dzięki temu nawet najbiedniejsi i najmłodsi uświadamiają sobie, że i oni mogą wnieść swój ważny wkład, stać się częścią czegoś wielkiego, osobiście przyczynić do „zmieniania świata".

O ile tradycyjne organizacje gromadzą środki od stałych kręgów darczyńców przez cały rok i z roku na rok, Comic Relief koncentruje się na swoich niepowtarzalnych przedsięwzięciach raz na dwa lata, by uniknąć nudy i natarczywości. Ofiarodawcy bywają zmęczeni stałymi prośbami innych organizacji, natomiast podekscytowani oczekują kolejnego „dnia czerwonego nosa", który stał się w Wielkiej Brytanii niemal ogólnokrajowym świętem.

Comic Relief niezmiennie przekazuje na cele charytatywne 100% wszystkich zgromadzonych środków, trzymając się swojej złotej zasady, że nic z tego nie wyda na swoje koszty ogólne czy operacyjne, jak robi to przeciętna brytyjska organizacja z tej branży. Ta transparentność jest krzepiąca dla ludzi, którzy często zastanawiają się, jaka część funduszy trafia ostatecznie do potrzebujących. W taki sposób powstaje oferta wartości nie tylko zabawna, ekscytująca i czytelna, ale również dająca ofiarodawcom poczuć, że drobnym datkiem mogą dokonać bardzo wiele. Innymi słowy, wyróżnia się i jest tania, dostępna dla wszystkich – od bardzo młodych po bardzo starych, od ubogich po bogatych.

Oferta zysku

W jaki sposób Comic Relief gromadzi tak niezwykłe kwoty i wspiera swoją działalność, nie odchodząc od swojej złotej zasady? Otóż swoją przekonującą ofertę wartości uzupełnia niezrównaną ofertą zysku, która równocześnie zapewnia niską strukturę kosztów i generuje różnorodnie pozyskiwane fundusze.

Tradycyjne organizacje charytatywne posługują się rozmaitymi metodami, by pozyskiwać środki z kilku źródeł, na przykład piszą wnioski o przyznanie grantów do instytucji rządowych, trustów i fundacji, organizują dobroczynne gale dla bogatych, wpływowych ludzi i dla korporacji, proszą o datki bezpośrednio za pomocą marketingu pocztowego i telefonicznego, wreszcie prowadzą sklepy charytatywne. Niemal wszystkie te działania pociągają za sobą znaczne koszty ogólne personelu, zarządzania i administracji, jak również ewentualnego wynajmu lub zakupu pomieszczeń.

Comic Relief natomiast wyeliminował to wszystko. Nie topi czasu ani pieniędzy w kosztownych galach, nie pisze wniosków o granty, nie prowadzi sklepów. Zamiast tego wykorzystuje mieszczące się przy głównych ulicach placówki handlowe – od supermarketów po salony mody – by sprzedawać swoje małe czerwone nosy. A ponieważ przekazuje środki innym instytucjom charytatywnym zamiast wprowadzać konkurencyjne programy na i tak już zatłoczonym rynku, koszty administrowania tymi środkami można było spektakularnie obniżyć. Według niektórych szacunków w Comic Relief są one o ponad 75% niższe niż w organizacjach tradycyjnych.

Comic Relief może sobie pozwolić na utrzymywanie kosztów na niskim poziomie dzięki swoistemu sposobowi gromadzenia pieniędzy. To nie organizacja naciska na ofiarodawcę, by złożył datek, ale sama sprawa go przyciąga. A ponieważ ludzie dobrowolnie gromadzą większość środków, angażując się w niemądre zabawy sponsorowane przez innych, koszty personelu Comic Relief pozostają bardzo niskie. Tradycyjne organizacje wykorzystują gromadzenie funduszy we wspólnotach lokalnych całkiem wyjątkowo i rzadko, natomiast Comic Relief, organizując swój „dzień czerwonego nosa", uczynił z tej metody systematyczny, dominujący kanał pozyskiwania datków.

O ile tradycyjne organizacje skupiają się na ogół na zamożnych, starszych darczyńcach, o tyle „dzień czerwonego nosa" sprowadza się do pozyskiwania masowego darczyńcy i gromadzenia środków poprzez drobne wpłaty. W „dniu czerwonego nosa" zwykli ludzie robią rzeczy niezwykłe i zbierają olbrzymie kwoty poprzez mnóstwo małych wpłat.

Co więcej, *Wieczór czerwonego nosa* – naszpikowany gwiazdami, ekstrawagancko komiczny program telewizyjny, który rozśmiesza ludzi, by zebrać pieniądze na cel charytatywny – nie kosztuje ani grosza. Wszyscy angażują się za darmo (stacja telewizyjna, studia, gwiazdy). Tradycyjne organizacje prowadzą kosztowny marketing, by wyróżnić się w zatłoczonej branży, natomiast Comic Relief unika wielkich kosztów reklamy dzięki powszechnemu zainteresowaniu mediów i darmowej reklamie za pośrednictwem poczty pantoflowej podekscytowanej „dniem czerwonego nosa".

Aby pomóc Comic Relief w przestrzeganiu złotej zasady, partnerzy korporacyjni tej organizacji pokrywają jej koszty operacyjne w gotówce lub w naturze. Ostatecznym zaś wynikiem jest nie tylko przekonująca oferta wartości, ale także oferta zysku obejmująca zarazem wyróżnianie się i niskie koszty.

Oferta dla ludzi

Wszyscy związani z Comic Relief wygrywają – nie tylko ludzie, którym pomaga ta organizacja. Ponieważ Comic Relief ma tylko niewielki personel złożony z mocno zmotywowanych ludzi zainspirowanych ofertą wartości, oferta dla ludzi koncentruje się na wolontariuszach gromadzących środki, sponsorach korporacyjnych i celebrytach, których zaangażowanie jest niezbędne, by oferty wartości i zysku okazały się trwałe.

W tym zaś celu Comic Relief zaczyna od stworzenia w postaci „dnia czerwonego nosa" wiarygodnej platformy dla wszystkich, którzy chcą trochę zaszaleć i mieć niezapomnianą zabawę, występując równocześnie w roli wolontariuszy zbierających pieniądze. Dalej – Comic Relief dba o to, by uczestnictwo w „dniu" było łatwe: strona internetowa organizacji proponuje wszelkiego rodzaju zwariowane pomysły rozpalające wyobraźnię i zachęcające do zabawnych wybryków, a także wskazówki, w jaki sposób można nakłonić ludzi z własnego otoczenia do ich sponsorowania. Uczestnicząc w gromadzeniu funduszy i stając się aktorami, ludzie zdobywają szacunek przyjaciół, rodziny i kolegów, mając jednocześnie poczucie dumy, że w widoczny sposób przynależą do grupy pracującej na rzecz ulepszenia świata.

Ludzie, którzy mają szansę aktywnie zaangażować się w gromadzenie funduszy poprzez niemądre sztuczki, nie tylko dobrze się bawią, ale też osobiście uczestniczą w wielkiej sprawie poprawy świata. Dzięki Comic Relief stają się aktorami i uczestnikami wielkiej całodniowej imprezy, podczas której wszyscy wnoszą swój wkład w zmianę świata, a jednocześnie znakomicie spędzają czas.

Wszystko to osiąga się, nie nadwerężając najcenniejszego zasobu większości ludzi, mianowicie czasu; udział w „dniu czerwonego nosa" nie pochłania go wiele, ponieważ trzeba tylko zrobić coś śmiesznego raz na dwa lata. W ten sposób Comic Relief tworzy przekonującą, tanią ofertę dla ludzi, inspirując Brytyjczyków w całym kraju do wolontariatu i gromadzenia pieniędzy na rzecz tej organizacji. Łatwo przeciwstawić to tradycyjnym organizacjom, których wolontariusze wykonujący nieciekawą i żmudną pracę często myślą skrycie, że poświęcają się, by pomagać innym.

Tania i wyróżniająca się oferta dla ludzi obejmuje również korporacje i celebrytów. Przedsiębiorstwa sponsorujące Comic Relief i wspierający go celebryci otrzymują oprócz korzyści, jakie osiągają zwykli obywatele za swój wolontariat, olbrzymi darmowy rozgłos w całej Wielkiej Brytanii. Dzieje się tak dlatego, że wyróżniająca się i oparta na niskich kosztach oferta wartości Comic Relief ściąga olbrzymie zainteresowanie mediów: ponad dwieście godzin czasu telewizyjnego, setki godzin radiowych i ponad dziesięć tysięcy artykułów prasowych. Tak więc organizacja nie musi błagać sponsorów korporacyjnych ani celebrytów o wsparcie swojego przedsięwzięcia. Przeciwnie, to oni gorliwie się w nie angażują, pomagając Comic

Relief wywiązać się ze złotego zobowiązania przekazywania 100% datków na szlachetne cele – a to oznacza korzyści dla wszystkich stron. Jak pokazuje przykład Comic Relief, wyrównanie oferty wartości, zysków i dla ludzi na bazie wyróżniania się i niskich kosztów generuje potężną synergię z pożytkiem dla wszystkich zainteresowanych.

Przykład strategii nieodpowiednio wyrównanej

Odpowiednio wyrównana strategia błękitnego oceanu, jak pokazuje przykład Comic Relief, wykazuje się wewnętrzną trwałością, ponieważ jest trudna do naśladowania, jeżeli jednak brakuje odpowiedniego wyrównania, to nawet przekonujący pomysł na błękitny ocean połączony z imponującym wejściem na rynek może nie utrzymać swej atrakcyjności, mieć kłopoty z odzyskaniem pierwotnego impetu, a w niektórych przypadkach nawet ostatecznie zawieść. Dlatego właśnie tak wiele innowacji wytwarzających nowe rynki przyjmowanych jest początkowo z ekscytacją, lecz kończy się fiaskiem. Weźmy przykład samochodu Tata Nano. Kiedy wprowadzano go na rynek, został okrzyknięty samochodem dla ludu. Model ściągnął na siebie większą uwagę mediów niż jakikolwiek samochód wprowadzany w owych czasach na rynek. Odnotował również największą początkową sprzedaż w historii globalnej branży automobilowej. Kiedy w marcu 2009 roku oficjalnie zadebiutował na rynku, w ciągu dwóch tygodni spłynęło ponad 200 tysięcy zamówień. Stało się to nie bez powodu.

Oferta wartości nosiła znamiona błękitnego oceanu. Firma Tata Motors zrekonstruowała główne czynniki wartości dla nabywcy na całym rynku samochodów osobowych i rynku pojazdów jednośladowych. Tata Nano podobnie jak samochód osobowy stanowił bezpieczny, wygodny, niezawodny, poważny i uniezależniony od warunków atmosferycznych środek transportu dla rodzin w Indiach.

Jednocześnie zaś został wyceniony w odniesieniu do daleko tańszego rynku pojazdów jednośladowych, za pomocą których większość Hindusów zaspokaja swoje codzienne potrzeby transportowe. Tak więc oferta wartości Tata Nano obejmowała równocześnie wyróżnianie się i niski koszt, po raz pierwszy w historii stawiając samochód w zasięgu większości Hindusów.

Firma Tata Motors połączyła przekonującą ofertę wartości z równie przekonującą ofertą zysku. Zespół pracujący nad Nano pod kierownictwem Ratana Taty, prezesa Tata Group, wprowadził wiele innowacji kosztowych w dziedzinie projektu, produkcji, marketingu i konserwacji, co przyniosło ofertę zysku wyróżniającą się i zarazem obejmującą niskie koszty. Zastosowano na przykład dwucylindrowy silnik umiejscowiony z tyłu pojazdu oraz napęd na tylne koła, osiągając nie tylko obniżkę kosztów, ale także poprawę wydajności zużycia paliwa oraz powiększenie przestrzeni wewnętrznej bez konsekwencji dla zewnętrznych wymiarów samochodu. Dwucylindrowy silnik Nano był ponadto wykonany z aluminium, a nie ze stali (jak w konwencjonalnych silnikach), dzięki czemu był lżejszy, jego budowa była tańsza, a wskaźnik zużycia paliwa – jeszcze korzystniejszy. Wreszcie części składowe zostały spektakularnie uproszczone, na przykład projekt klamek wykorzystywał o 70% mniej części niż w rozwiązaniach tradycyjnych.

Zespół Nano wyeliminował w ofercie zysku nieistotne cechy luksusowe, jednak nie zmierzał do redukcji kosztów za wszelką cenę. Można było na przykład osiągnąć znaczne oszczędności, gdyby Nano miał być samochodem dwudrzwiowym, oznaczałoby to jednak znaczną niewygodę dla typowej wielopokoleniowej rodziny hinduskiej, toteż zrezygnowano z tego rozwiązania. Babci owiniętej w sari trudno byłoby ulokować się na tylnym siedzeniu. Tak więc wysiłki zmierzające do obniżenia kosztów raczej wzmacniały ofertę wartości, niż czyniły w niej uszczerbek, co zaowocowało dobrze wyrównaną ofertą zysku obejmującą wyróżnianie się i niskie koszty.

Pomimo jednak przekonującej oferty wartości i rentownej oferty zysku początkowy sukces Tata Nano okazał się niemożliwy do utrzymania: ostatecznie nie udało się osiągnąć celów sprzedaży i zaspokoić oczekiwań rynku. W czym tkwił błąd? Bliższa analiza ujawnia, że niepowodzenie było rezultatem przede wszystkim poważnej słabości oferty dla ludzi w części adresowanej do niezwykle ważnej zewnętrznej grupy zainteresowanych, której współpraca była firmie niezbędna. Przy całej dobrej woli i najlepszych intencjach Tata Motors nie udało się zapewnić wsparcia ze strony społeczności okolic Singur w Bengalu Zachodnim, gdzie firma zamierzała zbudować swoje zakłady produkcyjne. Spór dotyczył przede wszystkim dzierżawy gruntów rolnych na cele przemysłowe oraz procesu negocjacji i poziomu rekompensat dla lokalnych właścicieli. Ten brak wyrównania strategii zmusił firmę do całkowitej zmiany lokalizacji zakładów produkcyjnych Nano i przygasił początkowy sukces modelu. Choć od tamtego czasu firma powołała nowy zespół, by wprowadzić projekt Nano na dawne dobre tory, jest to dobry przykład braku wyrównania propozycji, który może mieć negatywne skutki dla losów przedsięwzięcia.

Aby stworzyć wysoce skuteczną i trwałą strategię błękitnego oceanu, trzeba sobie zadać następujące pytania: Czy wyrównaliśmy wszystkie trzy oferty strategiczne w dążeniu do wyróżniania się i niskich kosztów? Czy zidentyfikowaliśmy wszystkie najważniejsze grupy zainteresowanych, w tym także zewnętrzne, od których będzie zależała skuteczna realizacja strategii błękitnego oceanu? Czy opracowaliśmy przekonujące oferty dla ludzi adresowane do wszystkich tych grup, by zapewnić ich właściwą motywację i uzyskać ich wsparcie dla realizacji naszego nowego pomysłu?

Połączyć wszystko razem

Przykłady aplikacji Napster oraz iTunes firmy Apple w branży muzyki cyfrowej pozwalają nam połączyć wszystko razem. Mamy tu bowiem w jednej dziedzinie dwa strategiczne posunięcia, z których każde zmierzało do stworzenia bezpiecznej przestrzeni rynkowej i zawładnięcia nią. Napster miał oczywistą przewagę rozpoczynającego, zgromadził ponad 80 milionów zarejestrowanych użytkowników, a jego oferta wartości budziła ogólny zachwyt, lecz jego strategia ostatecznie zawiodła. Zabrakło trwałości. Natomiast iTunes osiągnął trwały sukces i nie tylko zdominował, ale także powiększył błękitny ocean muzyki cyfrowej. Fundamentalna różnica pomiędzy wynikami tych dwóch posunięć strategicznych sprowadza się do wyrównania.

Zespołowi Napstera brakowało holistycznego ujęcia strategii, toteż nie udało mu się wyrównać oferty dla ludzi adresowanej do partnerów zewnętrznych potrzebnych do wsparcia uwolnionej przez aplikację przekonującej wartości. Kiedy firmy fonograficzne zwróciły się do Napstera, by wypracować taki model podziału zysków z cyfrowego ładowania muzyki, jaki byłby korzystny dla obu stron, Napster stanął okoniem. Podekscytowany spektakularnym wzrostem nie docenił faktu, że potrzebuje oferty dla ludzi z zewnątrz, która zapewniałaby jego głównym partnerom, mianowicie wytwórniom muzycznym, wyróżnianie się i niskie koszty. Zamiast pracować nad budową przekonującej oferty dla ludzi, która doprowadziłaby do wzajemnie korzystnego porozumienia z wytwórniami fonograficznymi, Napster przyjął postawę wojowniczą, deklarując, że będzie szedł przed siebie z ich wsparciem albo i bez niego. Reszta jest historią: Napster był zmuszony zamknąć swoją stronę internetową z powodu naruszania praw autorskich. Na zawsze uniemożliwiło to mu opracowanie oferty zysku, która czerpałaby z olbrzymiej bazy użytkowników. Brak wyrównania strategicznego spowodował, że sukces Napstera był krótkotrwały.

Firma Apple z kolei stworzyła cały zespół w pełni rozwiniętych i wyrównanych ofert strategicznych. Przekonująca oferta wartości dla nabywców została uzupełniona przekonującą ofertą adresowaną do partnerów zewnętrznych, mianowicie do głównych wytwórni płytowych, co pozwoliło Apple'owi uzyskać wsparcie wszystkich pięciu największych graczy z tej branży – BMG, EMI Group, Sony, Universal Music Group i Warner Brothers Record. Dla iTunes przyjęto rozwiązanie przewidujące, że firmy muzyczne otrzymują 70% ceny zakupu każdego ściągniętego utworu, co oznacza korzyść obustronną – zarówno dla Apple'a, jak i dla jego partnerów biznesowych. A ponieważ iTunes napędza również sprzedaż i tak już ogromnie modnych iPodów, oferta zysku Apple'a zostaje zmultiplikowana, co prowadzi do dodatniego sprzężenia zwrotnego zysków z tych dwóch platform. W ten właśnie sposób wyrównanie ofert wartości, zysku i dla ludzi sprawiło, że iTunes zapoczątkował nową erę muzyki, pozwalając Apple'owi stworzyć nową przestrzeń na rynku muzyki cyfrowej, zawładnąć nią i ją zdominować.

Czy masz holistyczne podejście do strategii? Czy twoja nowa strategia jest w pełni rozwinięta i wyrównuje trzy oferty strategiczne z myślą o trwałym sukcesie? Od tego zależą nieprzerwane sukcesy strategii twojej firmy.

Doprowadza to nasze analizy do ostatniej zasady strategii błękitnego oceanu: zajmiemy się teraz ważną kwestią odnawiania błękitnych oceanów wraz z upływem czasu.

ROZDZIAŁ 10

Odnawianie błękitnych oceanów

TWORZENIE BŁĘKITNYCH OCEANÓW nie jest jakimś statycznym osiągnięciem, lecz dynamicznym procesem. Gdy firma stworzy już błękitny ocean i znane są jego przemożne wpływy na wyniki, wcześniej czy później na horyzoncie pojawią się naśladowcy. Można tylko pytać o to, czy przyjdą wcześniej, czy później. Jak łatwo lub jak trudno jest powielić tę strategię błękitnego oceanu? Innymi słowy, jakie bariery chronią przed imitacją?

W miarę jak firma i jej pierwsi naśladowcy odnoszą sukcesy i poszerzają błękitny ocean, coraz więcej firm chce do niego wskoczyć, co ostatecznie zabarwia ocean na czerwono. Tak rodzi się pokrewne pytanie: Kiedy nasza firma powinna podjąć próbę stworzenia następnego błękitnego oceanu? W tym końcowym rozdziale odpowiemy na te pytania, odnosząc się do spraw naśladownictwa i odnawialności strategii błękitnego oceanu. Zrozumienie procesu odnawialności gwarantuje, że tworzenie nowego oceanu nie będzie wydarzeniem jednostkowym, lecz zostanie w ramach organizacji zinstytucjonalizowane w formie powtarzalnego procesu.

Bariery dla naśladownictwa

Strategia błękitnego oceanu niesie ze sobą istotne bariery dla naśladownictwa, które efektywnie wydłużają jej trwałość. Mogą być one związane z wyrównywaniem, z marką, mieć charakter poznawczy, organizacyjny, ekonomiczny lub prawny. Najczęściej zdarza się, że strategia błękitnego oceanu nie napotyka istotnych wyzwań przez wiele lat. Błękitny ocean Cirque du Soleil przetrwał ponad dwadzieścia lat, Comic Relief – niemal trzydzieści; w przypadku iTunes firmy Apple liczy on już ponad dziesięć lat. Można tu też wyliczyć JCDecaux, programy Quicken firmy Intuit i Salesforce.com.

Tę trwałość można przypisać następującym barierom dla naśladownictwa:

- **Bariera wyrównywania.** Jak wskazaliśmy w rozdziale 9, wyrównanie trzech ofert strategicznych – oferty wartości, oferty zysku i oferty dla ludzi – by stworzyły integralny system działający na rzecz zarówno trwałości, jak i niskich kosztów, wspiera trwałość, a tym samym buduje niezwykłą barierę dla naśladownictwa.
- **Bariera poznawcza i organizacyjna.** Innowacja wartości nie wydaje się sensowna z punktu widzenia konwencjonalnej mądrości. Na przykład gdy pojawiła się CNN, firmy takie jak NBC, CBS czy ABC wyśmiały ideę serwisów informacyjnych przez dwadzieścia cztery godziny na dobę i siedem dni w tygodniu bez udziału gwiazd telewizyjnych czy radiowych. CNN nazywano w branży Chicken Noodle News, co w wolnym tłumaczeniu można określić mianem wiadomości dla kurzych móżdżków. Śmieszność nie inspiruje do naśladownictwa. Co więcej, ponieważ naśladownictwo często wymaga od firm wprowadzenia dość zasadniczych zmian w ich aktualnych praktykach biznesowych, często wkracza w to polityka, co o całe lata opóźnia zaangażowanie firmy w powielenie strategii błękitnego oceanu. Na przykład gdy Southwest

Airlines stworzyła usługę łączącą szybkość podróży lotniczej z elastycznością jazdy samochodem, skopiowanie przez innych tej strategii błękitnego oceanu oznaczałoby istotne zmiany w planach lotów, specjalne szkolenie pracowników, zmianę polityki marketingowej i cenowej, nie wspominając już o kulturze – są to zmiany tak istotne, że tylko w niewielu firmach możliwe do zniesienia przez politykę, i to na krótki czas.

- **Bariera marki.** Konflikt wizerunku marki zniechęca firmy do naśladowania strategii błękitnego oceanu. Na przykład strategia błękitnego oceanu firmy The Body Shop – unikania pięknych modelek, obietnic bycia młodym i pięknym i drogich opakowań – sprawiła, że największe światowe firmy kosmetyczne przez długi czas pozostawały bezczynne, ponieważ naśladownictwo oznaczałoby odejście od ich aktualnego modelu biznesowego. Ponadto gdy firma oferuje skok wartości, nagle pojawia się rozgłos wokół jej marki i lojalni zwolennicy na rynku. Nawet wielkie budżety reklamowe agresywnych naśladowców rzadko mają wystarczającą siłę, by przejąć na siebie ten rozgłos, uzyskany przez innowację wartości. Na przykład Microsoft przez całe lata próbował zneutralizować innowację wartości firmy Intuit – pakiet Quicken. Po blisko trzydziestu latach wysiłków i inwestycji firma w roku 2009 ostatecznie rzuciła ręcznik i zrezygnowała ze swojego pretendenta, programu Microsoft Money.
- **Bariera ekonomiczna i prawna.** Naturalny monopol jest blokadą dla naśladownictwa wtedy, gdy rozmiar rynku nie pozwala wejść innemu graczowi. Na przykład belgijska firma branży kinowej Kinepolis stworzyła w Brukseli pierwszy w Europie megapleks, ale mimo wyjątkowego sukcesu przez ponad piętnaście lat nie znalazła naśladowców. Przyczyna była taka, że wielkość Brukseli nie uzasadniała powstania w niej drugiego megapleksu, bo gdyby taki się pojawił, ani jemu, ani Kinepolis nie wyszłoby to na dobre. Co więcej, wielki

> wolumen sprzedaży generowany przez innowację wartości prowadzi do szybkiej przewagi kosztowej, pozostawiając potencjalnych naśladowców na pozycji stale niekorzystnej pod względem kosztów. Na przykład olbrzymia ekonomia skali ujawniająca się w zaopatrzeniu Wal-Mart znacząco zniechęciła inne firmy do naśladowania realizowanej poprzez tę sieć strategii błękitnego oceanu. Również obiektywne okoliczności sieciowe uniemożliwiają firmom łatwe i wiarygodne imitowanie strategii błękitnego oceanu, takiej na przykład, jaką Twitter z powodzeniem realizuje w dziedzinie mediów społecznościowych. Krótko mówiąc, im więcej użytkowników ma jakaś strona internetowa, tym atrakcyjniejsza staje się na ogół dla wszystkich, toteż ludzie nie mają silniejszego bodźca, by przerzucić się na ewentualnego naśladowcę. Poza tymi czynnikami ekonomicznymi ważne są również patenty lub prawne pozwolenia przyznające innowatorowi wartości jakiegoś rodzaju wyłączność gwarantowaną przez prawo.

Rysunek 10-1 to rzut oka na te bariery dla naśladownictwa. Jak na nim widać, bariery te są wysokie i niebanalne. To dlatego w wielu

---

Rysunek 10-1. Bariery dla naśladownictwa strategii błękitnego oceanu

- Innowacja wartości nie ma sensu w konwencjonalnej logice firmy.
- Strategia błękitnego oceanu może się kłócić z wizerunkiem marki innych firm.
- Monopol naturalny: rynek często nie jest w stanie wchłonąć oferty drugiego gracza.
- Patenty lub inne środki prawne blokujące naśladownictwo.
- Duży wolumen prowadzi do uzyskania szybkich korzyści kosztowych dla innowatora wartości, zniechęcając naśladowców do wchodzenia na rynek.
- Sieciowość zniechęca do naśladownictwa.
- Naśladownictwo często wymaga znaczących zmian politycznych, operacyjnych i kulturowych.
- Firmy wprowadzające innowację wartości zyskują rozgłos i lojalnych klientów, co zniechęca naśladowców.

---

branżach firmy, które stworzyły błękitne oceany, przez wiele lat nie muszą odpierać poważnych wyzwań – choć szybkość, z jaką pojawiają się naśladowcy, bywa w rozmaitych branżach różna.

Odnawianie

W końcu jednak każda strategia błękitnego oceanu doczeka się naśladowców. Podczas gdy naśladowcy starają się uszczknąć coś dla siebie z naszego błękitnego oceanu, często mobilizujemy siły, by bronić swojej ciężko zdobytej bazy klientów. Naśladowcy często jednak są uparci. Ogarnięci obsesją utrzymania udziału w rynku możemy wpaść w pułapkę konkurowania, morderczego wyścigu z nowymi konkurentami. Z czasem to konkurencja, a nie nabywca, może zająć centralne miejsce w naszym myśleniu strategicznym i w naszych działaniach. Jeśli utrzymamy taki kurs, podstawowy kształt naszej krzywej wartości zacznie się zbiegać z krzywymi konkurentów.

By uniknąć pułapki konkurowania, potrzebna jest odnowa. Powstają tu pytania: Kiedy firma prowadząca jeden rodzaj działalności powinna ponownie dokonać innowacji wartości? W jaki sposób firma prowadząca wiele różnych rodzajów działalności powinna odnawiać swój portfel strategii błękitnego oceanu, gdy konkurencja zaczyna narastać?

Odnawianie na poziomie jednego rodzaju działalności

Aby uniknąć pułapki konkurowania na poziomie jednego rodzaju działalności, musimy monitorować krzywe wartości na kanwie strategii. Monitorowanie krzywych wartości pozwala uchwycić sygnały, kiedy zacząć poszukiwać innowacji wartości, a kiedy tego nie robić. Kanwa strategii mobilizuje nas, by sięgać po nowy błękitny ocean, gdy nasza krzywa wartości zaczyna się zbiegać z krzywymi konkurencji.

Powstrzymuje nas też przed poszukiwaniami innego błękitnego oceanu, gdy wciąż jeszcze pokaźny strumień zysków jest do zgarnięcia przez naszą aktualną ofertę. Gdy krzywa wartości firmy wciąż jeszcze ma punkt koncentracji, odbiega od krzywych konkurencji i ma chwytliwą puentę, powinniśmy oprzeć się pokusie ponownej innowacji wartości i zamiast tego skoncentrować się na wydłużeniu, poszerzeniu i pogłębieniu strumienia dochodów przez udoskonalenia operacyjne i ekspansję geograficzną dla zapewnienia sobie maksymalnego efektu skali i pokrycia rynku. Trzeba popłynąć możliwie najdalej w istniejącym błękitnym oceanie, stać się ruchomym celem, zdystansować się od pierwszych naśladowców i zniechęcić ich do tego procesu. Celem jest zdominowanie błękitnego oceanu przed swoimi naśladowcami na możliwie najdłuższy czas.

Rywalizacja narasta, gdy całkowita podaż przewyższa popyt. Wedy zaczyna się zacięta konkurencja i ocean tonie we krwi. Gdy krzywe wartości konkurentów zaczynają się zbliżać do naszej krzywej, powinniśmy zacząć poszukiwać następnej innowacji wartości, by stworzyć nowy błękitny ocean. Tak więc rysując na kanwie strategii własną krzywą wartości i równocześnie umieszczając tam krzywe konkurentów, będziemy mogli wizualnie stwierdzić, jak daleko posunęło się naśladownictwo, a stopień zbieżności krzywych powie nam, jak bardzo nasz błękitny ocean zamienił się już w czerwony.

Na przykład The Body Shop przez ponad dekadę dominował w stworzonym przez siebie błękitnym oceanie. Firma znajduje się jednak teraz w samym środku czerwonego oceanu i ma coraz słabsze wyniki. Nie sięgała po następne innowacje wartości, gdy krzywe wartości konkurentów zaczynały się do niej przybliżać. Również [yelow tail] od ponad dekady dominuje na stworzonym przez siebie błękitnym oceanie, z powodzeniem rozwijając działalność na całym globie. Sprawił, że konkurencja stała się nieistotna i w konsekwencji cieszy się silnym, zyskownym wzrostem. Dzisiaj jednak wielu innych graczy wskoczyło już w błękitne wody nowych przestrzeni rynkowych. Testem dla długoterminowego zyskownego wzrostu firmy

Casella Wines będzie jej zdolność do stworzenia innowacji wartości po raz kolejny, zanim naśladowcy zdołają agresywnie i przekonująco powalczyć o zbiegające się krzywe wartości. Również dla innych, jak Cirque du Soleil i Curves, nadszedł czas, by sięgnąć po nowy błękitny ocean. Tak więc niezwykle ważne jest zrozumienie, w jaki sposób należy zarządzać dynamicznym procesem stałego odnawiania.

Dobrego przykładu takiego dynamicznego procesu odnowy dostarcza Salesforce.com. Firma dokonała serii udanych posunięć strategicznych, by odnowić swój błękitny ocean na rynku zarządzania relacjami z klientami biznesowymi. Od początku naszego wieku utrzymuje bezdyskusyjną pozycję lidera na stworzonym przez siebie niemal piętnaście lat temu błękitnym oceanie automatyzacji zarządzania relacjami z klientami. Robi to tym większe wrażenie, że firma działa w szybko zmieniającym się sektorze zaawansowanej technologii. Choć liczni konkurenci – zarówno wielcy, szacowni gracze z wypchanymi kieszeniami, jak i debiutanci – próbowali w minionych latach wyprzeć Salesforce.com, firma raz po raz odrywała się od stawki, wprowadzając innowacje wartości, gdy tylko krzywe wartości innych firm zaczęły się zbliżać do jej wykresu. W ten sposób uniknęła pułapki konkurowania i utrzymała się na błękitnych wodach. Przyjrzyjmy się temu bliżej.

W roku 2001 firma Salesforce.com przedefiniowała tradycyjną branżę oprogramowania wspomagającego zarządzanie relacjami z klientem biznesowym, w gruncie rzeczy całkowicie dezawuując tradycyjne pakiety programów. Znikły takie czynniki jak zapotrzebowanie na kosztowne programy, skomplikowane i czasochłonne instalacje po stronie klienta, trudność i ryzyko zastosowania oraz stała konieczność kosztownej konserwacji i aktualizacji. Zamiast tego firma zaoferowała użytkownikom biznesowym rozwiązania internetowe skoncentrowane na głównych funkcjach, dostępne na warunkach subskrypcji z każdego miejsca i natychmiast oraz wysoce niezawodne i przydatne – a wszystko to za drobny ułamek kosztów tradycyjnego oprogramowania. Stworzyła w ten sposób błękitny ocean nowego popytu ze strony małych i średnich przedsiębiorstw, które tradycyjnie nie zaliczały się do klientów branży.

Z upływem czasu jednak pojawili się konkurenci żądni zysków z nowej przestrzeni rynku stworzonej przez Salesforce.com. Wielcy gracze oferowali rozwiązania hybrydowe, a coraz większa liczba małych wkraczała z ofertą zbliżoną do Salesforce.com. Aby oderwać się od konkurencji, firma dokonała kolejnego posunięcia w strategii błękitnego oceanu, by odnowić swą początkową innowację wartości. Uruchomienie Force.com, ulokowanego w chmurze narzędzia do budowy dodatkowych aplikacji, oraz AppExchange, internetowej giełdy aplikacji, dało korporacyjnym klientom Salesforce.com możliwość uzyskania na żądanie i małym kosztem pewnego wachlarza zindywidualizowanych programów, przy czym zachowane zostały prostota, wygoda, niezawodność i niskie ryzyko, które charakteryzowały pierwotną ofertę; wszystko to zaowocowało zarówno wyróżnieniem się, jak i niskimi kosztami.

Aby zniechęcić do naśladownictwa i pogłębić błękitny ocean, w który konkurenci wciąż się wpatrywali, firma Salesforce.com poszła o krok dalej i podniosła swoją krzywą wartości, uruchamiając Chatter, prywatny serwis społecznościowy umożliwiający współpracownikom z jednego przedsiębiorstwa wysyłanie, otrzymywanie i śledzenie aktualnych informacji w czasie realnym, co oznaczało wzmocnienie współpracy i rozwiązanie problemu fragmentacji, który trapił wdrażanie i wykorzystanie tradycyjnych systemów zarządzania relacjami z klientem. Pozwoliło to jej nie tylko utrzymać pomimo upływu czasu odstęp pomiędzy jej krzywą wartości a wykresami konkurentów, ale także powiększać błękitny ocean, bowiem wielkie korporacje są dziś na równi z innymi przedsiębiorstwami zainteresowane wykorzystaniem aplikacji internetowych na żądanie, ponieważ doceniają kolejne innowacyjne posunięcia Salesforce.com w dziedzinie wartości.

Odnawianie na poziomie korporacji w przypadku firm prowadzących wiele rodzajów działalności

O ile kwestię odnawiania strategii w przypadku jednolitej oferty biznesowej można, jak to opisaliśmy, podjąć poprzez wykreślenie krzywej wartości firmy i porównanie jej z krzywymi konkurencji na kanwie strategii i według osi czasu, to przedsiębiorstwa dysponujące zróżnicowanym portfelem ofert potrzebują jakiegoś narzędzia uzupełniającego, gdyż ich kierownictwa odpowiedzialne za strategię korporacji powinny monitorować i planować odnawianie tych portfeli z punktu widzenia całej korporacji. Dobrze się do tego nadaje dynamiczne rozszerzenie mapy pionier-wędrownik-osadnik (PWO) przedstawionej w rozdziale 4. Ponieważ ukazuje ona stan portfela ofert korporacji w różnych momentach, można ją wykorzystać do wizualnego opisu na jednym rysunku zmian zachodzących w tym portfelu. Nanosząc na dynamiczną mapę PWO elementy portfela z równoczesnym ustaleniem, które z nich odpowiadają pionierom, które wędrownikom, a które osadnikom, kierownictwo może na pierwszy rzut oka ocenić, gdzie znajduje się środek ciężkości aktualnego portfela, jak przesuwa się on z upływem czasu i kiedy zachodzi potrzeba stworzenia nowego błękitnego oceanu w celu odnowienia portfela. Osadnicy generują dziś gotówkę, lecz zwykle mają minimalne możliwości rozwojowe; pionierzy mają wielki potencjał wzrostu, lecz ich ekspansja często oznacza konsumowanie gotówki; możliwości rentownego wzrostu wędrowników leżą gdzieś pośrodku.

Aby zatem maksymalizować perspektywy rozwojowe portfela działalności firmy, trzeba w danym momencie zachować w nim zdrową równowagę pomiędzy pionierami (z uwagi na przyszły wzrost), wędrownikami i osadnikami (z uwagi na przypływ gotówki). Z upływem czasu jednak dawni pionierzy stają się wędrownikami, a ostatecznie – gdy pojawia się i nasila konkurencja – osadnikami. Aby utrzymać solidny rentowny wzrost, dyrektorzy muszą zadbać, by w miarę zamieniania się pionierów w wędrowników firma uruchamiała nowe strategie błękitnego oceanu bądź to regenerując jakąś aktualną działalność, bądź też wprowadzając nową ofertę. Przyjrzyjmy się w związku z tym postępowaniu Apple'a.

Rysunek 10-2 przedstawia portfel działalności Apple'a na dynamicznej mapie PWO. Seria posunięć w ramach strategii błękitnego oceanu w ciągu ledwie dekady wyprowadziła Apple'a na pozycję najbardziej podziwianej i cenionej firmy. Takie produkty jak iMac, iPod, iTunes Store, iPhone oraz iPad były tworzone przez różne jednostki firmy obsługujące różne sektory branżowe, a jednak charakteryzowały się wspólnym podejściem strategicznym – dążeniem do rekonstrukcji istniejących rynków i tworzenia nowego popytu. Choć te posunięcia strategiczne były planowane i realizowane przez poszczególne jednostki, to właśnie Apple Inc. planowała i zestrajała cały swój portfel działalności na poziomie korporacji.

Wielkości podpisanych kół odpowiadają z grubsza względnym przychodom głównych obszarów działalności Apple'a, natomiast

Rysunek 10-2. Portfel działalności Apple'a na dynamicznej mapie PWO

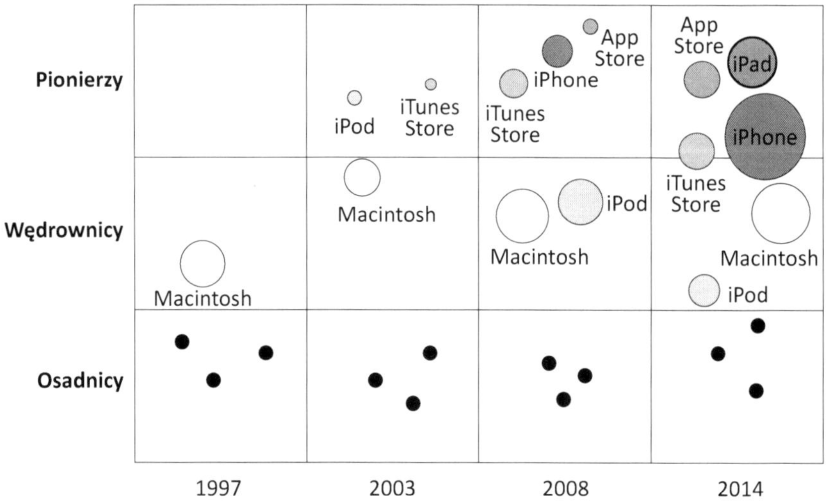

niepodpisane kropki wskazują po prostu na poboczne produkty i usługi firmy.

Apple Store w branży detalicznej uznaje się za błękitny ocean, mapa jednak nie uwzględnia tego obszaru działalności, ponieważ osiągana w nim sprzedaż jest już ujęta we wszystkich pozostałych produktach.

Jak widać na rysunku 10-2, firma Apple odnotowała mocny rentowny wzrost dzięki utrzymywaniu wraz z upływem czasu dobrej równowagi pomiędzy pionierami, wędrownikami i osadnikami – nawet jeśli dawni pionierzy utracili już swój status. Osiągała to, ponieważ uruchamiała nowe rodzaje działalności na błękitnych oceanach, gdy dawni pionierzy zaczynali być naśladowani. Śledząc ewolucję portfela Apple'a z upływem czasu, można zauważyć, że pierwsza fala rentownego wzrostu nastąpiła w roku 1998, kiedy firma drastycznie uprościła swój asortyment produktów Macintosh i wprowadziła innowację wartości w postaci komputera iMac, pierwszego kolorowego, przyjaznego komputera stacjonarnego z łatwym dostępem do internetu. Produkt ten dosłowne skłaniał ludzi do uśmiechu i wprowadził do świata komputerów modę i estetykę. Przekształcił też jednostkę Apple'a odpowiedzialną za komputery Macintosh w wysoko położonego wędrownika, lecz mimo to firma szybko wykonała kolejny ruch, wprowadzając na rynek iPoda. Urządzenie to zrewolucjonizowało rynek muzyki cyfrowej, tworząc niekwestionowany błękitny ocean wzbogacony dwa lata później wraz z debiutem iTunes Music Store. Kiedy zaś iPod zaczęto wreszcie naśladować, co spowodowało jego obsunięcie się w kierunku pozycji wędrownika, firma sięgnęła dalej i otworzyła nowy błękitny ocean za pomocą iPhone'a.

Z upływem czasu firma Apple wciąż tworzyła nowe błękitne oceany – służyły temu na przykład App Store oraz iPad – zapewniając kolejne porcje wzrostu na poziomie korporacji, mimo że inni gracze zaczynali się wdzierać na błękitne oceany stworzone przez poszczególne jednostki. Dynamiczna mapa PWO wyjaśnia również, że wszystko to nie oznacza, iż Apple to same błękitne oceany; w żadnej zresztą firmie portfel działalności nie powinien się do nich ograniczać. Korporacje prowadzące różnorodną działalność, takie jak Apple, General Electric, Johnson & Johnson czy Procter & Gamble, w każdej chwili powinny żeglować zarówno na oceanach czerwonych, jak i błękitnych – i na obu odnosić sukcesy na poziomie korporacji. Oznacza to, że potrzebne jest również zrozumienie i wykorzystanie opartych na konkurowaniu zasad strategii czerwonego oceanu. Na przykład gdy konkurencja zaczęła naśladować iPoda, Apple szybko zareagował kontrposunięciem, wprowadzając cały asortyment różnych odmian iPoda (mini, shuffle, nano, touch itd.) o zróżnicowanych cenach. Pozwoliło to nie tylko utrzymać konkurentów na wyciągnięcie ręki, ale także powiększyło stworzony już ocean, dzięki czemu lwia część zysków i wzrostu na tej nowej przestrzeni rynkowej przypadła właśnie Apple'owi, a nie naśladowcom. Zanim zaś na błękitnym oceanie iPoda stało się tłoczno od imitatorów, firma stworzyła nowy błękitny ocean, wprowadzając iPhone'a.

W ten właśnie sposób firma Apple z powodzeniem zarządzała swym korporacyjnym portfelem dla solidnego rentownego wzrostu. W tym ruchu do przodu wyzwaniem była dla niej konieczność stałego odnawiania portfela w miarę jak pionierzy stawali się wędrownikami i osadnikami, było to jednak konieczne, aby zapewnić zdrową równowagę pomiędzy dzisiejszymi zyskami a jutrzejszym wzrostem. Z dokładnie takim samym problemem od kilku lat boryka się Microsoft. Pomimo stosunkowo dobrych zysków firmie tej nie udało się zachować koniecznej równowagi pomiędzy pionierami, wędrownikami i osadnikami. Choć Microsoft udowodnił swoją biegłość w dziedzinie konkurowania i osiągania zysków z działalności osadników, to nie wprowadził ostatnio żadnych nowych pionierów – ani wyszukiwarki w rodzaju Google'a, ani sieci społecznościowej w rodzaju Facebooka, ani konsoli gier wideo w rodzaju Wii, ani popularnego serwisu internetowego w rodzaju Twittera – by za ich pomocą odnowić portfel korporacji. Głębokie uzależnienie od działalności osadników takich jak Office i Windows, którzy dominują w portfelu Microsofta, jest poważnym obciążeniem dla firmy. Pomijając nawet zyski, zachowanie cen akcji od ponad dekady nie robi szczególnego wrażenia, a co bardziej wymowne, firma straciła swój powab dla najbardziej utalentowanych ludzi. Aby Microsoft wyrwał się z tego zastoju, musi pracować nad lepszym zrównoważeniem portfela w zakresie działalności na czerwonych oceanach, ale także tworzyć błękitne oceany, które odnowią, poszerzą i wzmocnią jego markę.

Osiem reguł strategii błękitnego oceanu zaproponowanych w tej książce powinno być dla każdej firmy drogowskazem w jej myśleniu o przyszłej strategii, jeśli tylko aspiruje ona do wiodącej pozycji w coraz bardziej przepełnionym świecie biznesu. Nie chcemy tu sugerować, by firmy nagle zaprzestały konkurowania, lub twierdzić, że konkurencja zostanie zahamowana. Przeciwnie, konkurencja będzie coraz bardziej wszechobecna i pozostanie krytycznym czynnikiem realiów rynkowych. Jak pokazuje dynamiczna mapa PWO, strategie czerwonego i błękitnego oceanu wzajemnie się uzupełniają, a każda z nich służy odmiennym ważnym celom.

Ponieważ błękitne i czerwone oceany zawsze współistniały ze sobą, praktyczne realia wymagają, by firmy osiągały sukcesy i w jednych, i w drugich i tworzyły zwycięskie strategie dla obu oceanów. Ponieważ jednak firmy już wiedzą, jak konkurować w czerwonych oceanach, muszą się teraz nauczyć, jak sprawić, by konkurencja stała się nieistotna. Celem tej książki jest pomoc w znalezieniu równowagi, tak aby formułowanie i realizacja strategii błękitnego oceanu mogła stać się czymś tak systematycznym i wykonalnym, jak konkurowanie w czerwonych oceanach na znanej przestrzeni rynkowej.

ROZDZIAŁ 11

Unikaj pułapek czerwonego oceanu

W PIERWOTNEJ WERSJI NASZEJ KSIĄŻKI skupiliśmy się na zdefiniowaniu strategii błękitnego oceanu i przedstawieniu ram pojęciowych oraz narzędzi analitycznych ułatwiających tworzenie sensownej ekonomicznie nowej przestrzeni rynkowej, wskazując przy tym na kanwę strategii, cztery schematy działań, sześć ścieżek itd. Wydawało nam się wówczas pewne, że ujęliśmy strategię błękitnego oceanu tak dobitnie i czytelnie, iż wykluczy to wszelkie nieporozumienia i nie wprowadzi w błąd nikogo, kto zechciałby się zagłębić w naszą książkę. W następnych latach przekonaliśmy się jednak, że nasze założenie nie było całkiem poprawne. Modele myślowe uzależnione od edukacji i wcześniejszej wiedzy często skłaniały czytelników do spoglądania na strategię błękitnego oceanu przez okulary starych pojęć, co niezamierzenie prowadziło ich do pułapki czerwonego oceanu. Zidentyfikowaliśmy w szczególności dziesięć rozpowszechnionych pułapek czerwonego oceanu, które przeciwdziałają tworzeniu błękitnych oceanów.

Zrozumienie tych pułapek czerwonego oceanu jest niezmiernie ważne, mają one bowiem ogromne konsekwencje dla praktyki. Jeśli którąś z nich pojawi się w twojej organizacji, musisz ją bezwzględnie zlikwidować. Musisz ustalić schematy myślowe w taki sposób, by prowadziły do tworzenia błękitnych oceanów. Punkt widzenia jest niezmiernie ważny dla końcowego sukcesu. Nastawienie umysłu jest głębiej zakorzenione, niż to sobie uświadamiamy. Dlatego też zakończymy to poszerzone wydanie, przedstawiając dziesięć powszechnie spotykanych pułapek, które zamykają organizacje na czerwonych oceanach, nawet jeśli starają się one wypłynąć na czystsze wody. Aby zrobić najlepszy użytek z wykorzystywanych w praktyce metodologii i narzędzi strategii błękitnego oceanu, konieczne jest dokładne zrozumienie podstawowych koncepcji kierujących właściwą realizacją.

PUŁAPKA PIERWSZA. Przekonanie, że strategia błękitnego oceanu to strategia ukierunkowana na klienta, która przekształca się w strategię prowadzoną przez klienta

Aby stworzyć strategię błękitnego oceanu, potrzebna jest koncepcja rekonstrukcji granic rynku, jednak *nie* należy jej opierać na przyglądaniu się istniejącym klientom, lecz na *badaniu nieklientów*. Kiedy organizacja błędnie zakłada, że strategia błękitnego oceanu sprowadza się do tego, by dać się prowadzić klientom, odruchowo koncentruje się na tym, na czym koncentrowała się zawsze: na obecnych klientach i możliwościach ich zadowalania. Choć podejście takie może rzucić światło na sposoby poprawy wartości oferowanej obecnym klientom branży, nie jest to ścieżka do stworzenia nowego popytu. Aby go stworzyć, organizacja musi bowiem skupić wzrok na nieklientach i na tym, dlaczego unikają oni danej branży. O tym, co w ogólnej ofercie danej branży jest dla ludzi najprzykrzejsze albo co najbardziej ich onieśmiela, najwięcej możemy się dowiedzieć nie tyle od klientów, ile od *nieklientów*. Dlatego właśnie, chcąc stworzyć nowy popyt, trzeba analizować i zrozumieć wszystkie trzy warstwy nieklientów – jest to istotny składnik strategii błękitnego oceanu. Natomiast skupiając się na obecnych klientach, organizacje na ogół kończą na tym, że robią więcej tego samego za mniej, co oznacza zakotwiczenie się na czerwonym oceanie pomimo zamiaru wypłynięcia na błękitny ocean.

PUŁAPKA DRUGA. Przekonanie, że w celu stworzenia błękitnych oceanów trzeba wyjść poza podstawową działalność

Często uważa się błędnie, że stworzenie błękitnego oceanu i rozstanie z czerwonym oceanem wymaga od organizacji podjęcia działalności poza jej podstawową branżą, a to – co zrozumiałe – wydaje się pomnażać ryzyko. Jest to jednak droga, którą podążyli całkiem nieliczni. Klasycznym przykładem jest Virgin; podobnie firma Apple w ostatnich latach przekształciła się z producenta komputerów w giganta elektroniki powszechnego użytku i mediów. Są to jednak wyjątki. Błękitne oceany można równie łatwo i szybciej stworzyć w samym środku obecnej podstawowej działalności organizacji. Pomyślmy tylko o takich firmach jak Casella Wines z [yellow tail] w branży winiarskiej, Nintendo z konsolą Wii, Chrysler z minivanem, Apple z komputerem iMac, Philips ze świetlówką Alto w branży oświetlenia przemysłowego czy choćby o nowojorskiej policji z jej strategią błękitnego oceanu realizowaną pod przewodnictwem Brattona. Wszystkie one przyjęły strategię błękitnego oceanu, zaczynając od czerwonych oceanów swoich branż i nie oddalając się od nich. Spostrzeżenie to pozwala podważyć pogląd, że nowe rynki znajdują się na odległych wodach. Błękitne oceany w każdej branży są tuż obok ciebie. Trzeba to koniecznie zrozumieć. Jeśli firma przyjmuje błędnie, że w celu stworzenia błękitnych oceanów musi się odważyć na wyjście poza podstawową działalność, to zwykle albo boi się oddalić od swojego czerwonego oceanu, albo przeciwnie, szuka bardzo odległych branż, na których jej wiedza, umiejętności i kompetencje są mało przydatne, co ogromnie utrudnia osiągnięcie sukcesu, a nieudane próby zamykają ją na czerwonym oceanie.

PUŁAPKA TRZECIA. Błędne wyobrażenie, że strategia błękitnego oceanu sprowadza się do nowych technologii

Strategia błękitnego oceanu sama w sobie nie sprowadza się do innowacji technologicznej. Przypomnijmy sobie choćby przykłady Comic Relief, [yellow tail], JCDecaux czy Starbucksa – w każdym z tych przypadków posunięcia w dziedzinie strategii błękitnego oceanu nie wymagały żadnych najnowocześniejszych technologii. Nawet tam, gdzie technologia rzeczywiście odgrywa wielką rolę, jak w przypadku Salesforce.com, firmy Intuit i Quicken albo Apple'a i iPhone'a, nabywcy są zachwyceni ofertą błękitnego oceanu nie dlatego, że wykorzystuje ona najnowszą technologię, ale dlatego, że sprawia, że ta technologia w istocie przestaje zaprzątać głowę nabywcy. Te produkty i usługi są tak proste, łatwe w użytkowaniu, zabawne i produktywne, że nabywcy się w nich zakochują. Technologia nie jest zatem wyróżnikiem błękitnego oceanu. Można go stworzyć z jej pomocą albo bez niej. Jeśli jednak rzeczywiście wchodzi ona w grę, trzeba koniecznie powiązać ją z wartością. Zadaj sobie pytanie: Czy twój produkt lub usługa oferują skokowy wzrost produktywności, prostoty, łatwości użycia, wygody, zabawy, ochrony środowiska? Bez tego nawet z najnowocześniejszą technologią nie otworzysz sobie błękitnego oceanu szans komercyjnych. Tym, co otwiera atrakcyjne gospodarczo nowe rynki, nie jest innowacja technologiczna, lecz innowacja wartości. Jeśli firma mylnie zakłada, że strategia błękitnego oceanu zależy od nowych technologii, zmierza zwykle w kierunku produktów lub usług bądź to zbytnio oderwanych od rzeczywistości, zbyt skomplikowanych, bądź pozbawionych odpowiedniego ekosystemu, w którym dopiero mogłyby otworzyć nową przestrzeń rynkową.

PUŁAPKA CZWARTA. Przekonanie, że aby stworzyć błękitny ocean, trzeba być pierwszym graczem na rynku

Strategia błękitnego oceanu nie sprowadza się do pierwszeństwa na rynku. Chodzi raczej o to, by firma jako pierwsza poprawnie powiązała innowację z wartością. Wystarczy tu tylko spojrzeć na Apple'a. Jego iMac nie był pierwszym komputerem osobistym, iPod nie był pierwszym odtwarzaczem mp3, iTunes nie był pierwszym sklepem z muzyką cyfrową, iPhone z pewnością nie był pierwszym smartfonem, nawet iPad nie był pierwszym tabletem. W każdym jednak przypadku Apple z powodzeniem powiązał innowację z wartością. Organizacja, która błędnie zakłada, że strategia błękitnego oceanu sprowadza się do pierwszeństwa na rynku, aż nazbyt często źle ustala swoje priorytety. Nieświadomie kładzie większy nacisk na szybkość niż na wartość. Cmentarzyska przedsiębiorstw pełne są firm, które jako pierwsze pojawiły się na rynku, lecz ich innowacyjna oferta nie była powiązana z wartością[1]. Aby uniknąć tej pułapki, trzeba zawsze pamiętać, że choć szybkość może być ważna, to jeszcze ważniejsze jest powiązanie innowacji z wartością. Żadna firma nie powinna zaznać spokoju dopóty, dopóki nie osiągnie innowacji wartości.

PUŁAPKA PIĄTA. Błędne wyobrażenie, że strategia błękitnego oceanu jest równoznaczna ze strategią wyróżniania się

W warunkach tradycyjnej strategii konkurowania wyróżnianie się zostaje osiągnięte poprzez dostarczanie pierwszorzędnej wartości wyższym kosztem dla firmy i za wyższą cenę dla klienta. Przykładem może być Mercedes-Benz. Wyróżnianie się to wybór strategiczny odzwierciedlający kompromis pomiędzy wartością a kosztami przy danej strukturze rynku. Strategia błękitnego oceanu z kolei sprowadza się do zerwania z poszukiwaniem tego kompromisu w celu otwarcia nowej przestrzeni rynkowej. Chodzi o to, by równocześnie dążyć do wyróżnienia się i do niskich kosztów. Czy [yellow tail] firmy Casella Wines albo „dzień czerwonego nosa" Comic Relief wyróżnia się na tle konkurentów pod względem strategii? Bez wątpienia. A czy charakteryzują się również niskimi kosztami? Znów tak. Strategia błękitnego oceanu to strategia typu „i–i", a nie „albo–albo".

---

[1] Zob. Tellis, Golder (2002).

Kiedy firma błędnie zakłada, że strategia błękitnego oceanu jest równoznaczna z wyróżnianiem się, aż nazbyt często rozmija się z tym właśnie „i–i". Koncentruje się za to na tym, co zwiększyć lub stworzyć, by wybić się z tła, nie poświęcając żadnej niemal uwagi temu, co może wyeliminować lub zmniejszyć, by równocześnie dojść do niskich kosztów. W ten sposób nieświadomie staje się albo jednym z graczy w górnej części rynku, albo wyróżnionym graczem niszowym w istniejącej przestrzeni branżowej, zamiast wytwarzać innowację wartości, wobec której konkurencja straci znaczenie.

PUŁAPKA SZÓSTA. Błędne wyobrażenie, że strategia błękitnego oceanu to strategia niskich kosztów skoncentrowana na niskiej wycenie

Ta pułapka czerwonego oceanu jest oczywiście odwróceniem pułapki piątej i pojawia się równie często. I znów trzeba przypomnieć, że strategia błękitnego oceanu zmierza równocześnie do wyróżniania się i niskich kosztów, czemu służy rekonstrukcja granic rynku. Zamiast skupiać się na niskich kosztach samych dla siebie, dąży do skokowego wzrostu wartości dla nabywcy oraz obniżki kosztów. Co więcej, strategia błękitnego oceanu stara się zawładnąć całą masą docelowych nabywców nie poprzez niską wycenę, lecz dzięki *wycenie strategicznej*. Najważniejsze tutaj jest to, by wycena nie była skierowana przeciw konkurencji w danej branży, lecz by uwzględniała substytuty i alternatywy wykorzystywane obecnie przez nieklientów.

Dzięki strategicznej wycenie nie trzeba tworzyć błękitnego oceanu akurat w dolnej części rynku. Może się on znaleźć w górnej jego części, co pokazują przykłady takich organizacji jak Cirque du Soleil, Starbucks czy Dyson, w dolnej, jak w przypadku Southwest Airlines i Swatch, wreszcie gdzieś pośrodku rynku. Ale nawet jeśli błękitny ocean zostaje stworzony w dolnej części rynku, to co wtedy? Poziomy cen i struktury kosztowe Southwest Airlines i Swatch rzeczywiście zaliczają się do najniższych w branżach (odpowiednio) linii lotniczych i zegarków, ale czy ich oferty kojarzą się nam wyłącznie z niską ceną? Większość klientów odpowiedziałaby, że nie. To prawda, że ceny i koszty są w tych przypadkach niskie, niemniej firmy te wybijają się i są w oczach klientów wyraźnie wyróżnione. Linie Southwest Airlines są przyjazne, szybkie, stwarzają w powietrzu atmosferę transportu lądowego, natomiast stylowe, zabawne wzornictwo Swatcha sprawia, że zegarki tej firmy określają kierunek mody. Tak więc w obu przypadkach ofertę postrzega się jako zarazem wyróżnioną i tanią, choć mieści się ona w dolnej części rynku. Organizacja, która tego nie dostrzega i błędnie sądzi, że strategia błękitnego oceanu jest równoznaczna z niskimi kosztami i cenami, nieświadomie koncentruje się na tym, co mogłaby wyeliminować i ograniczyć w aktualnej ofercie branżowej, by zagwarantować absolutnie najniższe ceny. Tym samym zaś nie udaje się jej skupić na tym, co mogłaby zwiększyć i stworzyć, aby równocześnie wyróżnić ofertę, wybić się z tła i pożeglować na błękitny ocean.

PUŁAPKA SIÓDMA. Przekonanie, że strategia błękitnego oceanu jest tym samym co innowacja

Strategia błękitnego oceanu *nie* jest równoznaczna z innowacją samą dla siebie. Koncepcja innowacji w odróżnieniu od strategii błękitnego oceanu jest bardzo szeroka, a dotyczy oryginalnej i użytecznej idei niezależnie od tego, czy jest ona powiązana ze skokiem wartości mogącym przyciągnąć masy nabywców. Weźmy telefon Iridium Motoroli. Czy stanowił innowację? Oczywiście. Był pierwszym telefonem o zasięgu globalnym i był użyteczny. Czy stanowił innowację wartości? Nie. Jak się przekonała Motorola, przełom technologiczny niekoniecznie oznacza przełom w wartości, który mógłby przyciągnąć docelową masę nabywców. Telefon Iridium był użytecznym dokonaniem technologicznym działającym na całym świecie, nawet w najdalszych zakątkach pustyni Gobi, ale nie pracował w budynkach i samochodach, a więc akurat tam, gdzie podróżujący dyrektorzy na całym świecie najbardziej by go potrzebowali. Nie udało mu się zapewnić skokowego wzrostu wartości dla docelowej masy nabywców – menedżerów z wyższych szczebli zarządzania firm.

Wielu firmom dokonującym innowacji technologicznej nie udało się stworzyć błękitnych oceanów ani zawładnąć nimi właśnie dlatego, że myliły innowację z innowacją wartości stanowiącą kamień węgielny strategii błękitnego oceanu. Strategia ta musi się skupić na innowacji wartości, a nie na innowacji samej dla siebie. Samo stworzenie w drodze innowacji czegoś oryginalnego i użytecznego nie wystarcza, by stworzyć błękitny ocean i nim zawładnąć, nawet jeśli innowacja przynosi firmie entuzjastyczne pochwały, a badaczom – Nagrodę Nobla. Zgarnięcie atrakcyjnego komercyjnie błękitnego oceanu wymaga strategii wyrównującej oferty wartości, zysku i dla ludzi w dążeniu zarówno do wyróżniania się, jak i do niskich kosztów. Jeśli organizacji nie uda się dostrzec różnicy między innowacją wartości a innowacją samą dla siebie, aż nazbyt często pozostaje jej tylko innowacja otwierająca nowe drzwi, lecz niezdolna uwolnić masy docelowych nabywców, którzy pozostają zasadniczo na czerwonym oceanie.

PUŁAPKA ÓSMA. Przekonanie, że strategia błękitnego oceanu jest teorią marketingową i strategią niszową

Schematy pojęciowe i narzędzia strategii błękitnego oceanu niewątpliwie można skutecznie wykorzystać do przeformułowania, analizowania i rozwiązywania problemów marketingowych organizacji dążącej do wyrwania się z czerwonego oceanu. Chodzi tu zwłaszcza o kwestie związane z opracowywaniem oferty wartości błękitnego oceanu, co omówiliśmy w początkowych rozdziałach tej książki. Strategia błękitnego oceanu wymaga jednak czegoś więcej niż przekonująca oferta wartości. Jak wskazywaliśmy w drugiej części książki, firma może osiągnąć trwały sukces tylko wtedy, gdy jej oferta wartości cieszy się poparciem najważniejszych ludzi z wewnątrz organizacji i spoza niej, którzy są zaangażowani w realizację strategii, oraz gdy towarzyszy jej solidna oferta zysku. Tak więc zrównanie strategii błękitnego oceanu z jakąś teorią marketingową maskuje fakt, że stworzenie trwałej i wysoce skutecznej strategii wymaga podejścia holistycznego obejmującego pokonywanie przeszkód organizacyjnych, pozyskiwanie zaufania i zaangażowania ludzi oraz opracowanie właściwych bodźców ujętych w przekonującej ofercie dla ludzi. Takie nieprecyzyjne rozumienie strategii błękitnego oceanu prowadzi często do braku wyrównania trzech ofert strategicznych: oferty wartości, oferty zysku i oferty dla ludzi.

Strategii błękitnego oceanu nie należy też mylić ze strategią niszową. O ile w dziedzinie marketingu kładzie się znaczny nacisk na finezyjną segmentację pozwalającą skutecznie zawładnąć rynkami niszowymi, o tyle kierunek strategii błękitnego oceanu jest przeciwny. Chodzi raczej o desegmentację rynków poprzez skupianie się na najważniejszych cechach wspólnych różnych grup nabywców, by w ten sposób uwolnić możliwie największy zasób popytu i zawładnąć nim. Praktycy, którzy mylą te dwa pojęcia, aż nazbyt często wykazują skłonność do wynajdywania różnic pomiędzy klientami i rynków niszowych w istniejącej przestrzeni branżowej zamiast odkrywać cechy wspólne różnych grup klientów w poszukiwaniu błękitnych oceanów nowego popytu.

PUŁAPKA DZIEWIĄTA. Przekonanie, że strategia błękitnego oceanu postrzega konkurencję jako coś złego, podczas gdy w istocie może być ona korzystna dla firm

Strategia błękitnego oceanu nie uznaje konkurencji za coś złego. Inaczej jednak niż tradycyjna myśl ekonomiczna, nie uważa, że konkurencja zawsze jest dobra. Ekonomiści argumentowali dawniej, że bez konkurencji firmy nie mają żadnych bodźców, by poprawiać swoje produkty lub usługi, natomiast obecność konkurencji zmusza ich do lepszej gry, obniżania cen i poprawy jakości. Na poziomie firmy jednak konkurencja jest dobra tylko do pewnego punktu. Kiedy podaż przekracza popyt, jak to się dzieje w coraz większej liczbie branż, intensywność konkurencji upośledza rentowny wzrost organizacji, ponieważ coraz to więcej firm walczy o cząstkę jakiejś danej puli klientów, wyzwalając wielką presję na ceny, obniżając marże do minimum, ujednolicając oferty i spowalniając wzrost. Jeżeli firmy wciąż rywalizują o większy udział w tym samym placku, nie starając się go powiększyć albo stworzyć nowy, to taka konkurencja musi im przynieść negatywne skutki. Dlatego właśnie koncepcja strategii błękitnego oceanu przekonuje, że firmy muszą wyjść poza konkurowanie i zwykłe poprawianie produktów lub usług na zatłoczonym rynku, dokonując innowacji wartości w celu otwarcia nowej przestrzeni rynkowej odbierającej konkurencji znaczenie. Tak więc trzeba wprawdzie wiedzieć, jak konkurować w istniejącej przestrzeni rynkowej, jednak strategia błękitnego oceanu podejmuje zasadniczo ważne wyzwanie przedefiniowywania granic branży i tworzenia nowej przestrzeni rynkowej w przypadku niesprzyjających warunków strukturalnych. Zajmuje się więc konkurencją jako czynnikiem prowadzącym do stałego odnawiania branż i ich rozwoju.

PUŁAPKA DZIESIĄTA. Przekonanie, że strategia błękitnego oceanu jest równoznaczna z twórczym niszczeniem lub rozrywaniem

Z twórczym niszczeniem lub rozrywaniem mamy do czynienia wtedy, gdy innowacja rozrywa istniejący rynek, zastępując jakąś wcześniejszą technologię, produkt lub usługę. Ważne jest tutaj słowo „zastąpienie", ponieważ bez zastępowania nie dochodziłoby do rozerwania. Przykład fotografii pokazuje, że innowacja w postaci fotografii cyfrowej rozerwała branżę klisz fotograficznych i w istocie ją zastąpiła. Dziś fotografia cyfrowa wyznacza normę, a błon fotograficznych rzadko się używa. Rozerwanie jest zatem w dużym stopniu zbieżne ze sformułowaną przez Schumpetera koncepcją twórczego niszczenia, w wyniku którego to, co stare, jest nieustannie niszczone lub zastępowane przez coś nowego. Strategia błękitnego oceanu nie wymaga jednak zastępowania ani niszczenia. Jest to koncepcja szersza, wykracza poza twórcze niszczenie, obejmując również tworzenie niedestruktywne, na które kładzie główny nacisk.

Weźmy przykład viagry, produktu, który stworzył błękitny ocean „leków stylu życia". Czy viagra rozerwała jakąś istniejącą branżę, zastępując wcześniejszą technologię, produkt lub usługę? Nie. Stworzyła błękitny ocean w drodze niedestruktywnej kreacji. Strategia błękitnego oceanu dokonuje rekonstrukcji obecnych granic rynku, tworząc przez to nową przestrzeń rynkową w istniejących branżach i poza nimi. Kiedy zaś nowa przestrzeń rynkowa zostaje stworzona poza obecnymi branżami, jak stało się to w przypadku viagry, rekonstrukcja prowadzi zwykle do niedestruktywnej kreacji. Jeśli natomiast powstaje w obrębie istniejącej branży, może dochodzić do zastępowania – tak jak w przypadku innowacji rozrywającej. W wielu jednak sytuacjach strategia błękitnego oceanu prowadzi do niedestruktywnej kreacji nawet wtedy, gdy rekonstrukcja przebiega w ramach branży. Na przykład konsola Wii firmy Nintendo stworzyła błękitny ocean w branży gier wideo. Występował przy tym pewien element kreatywnego niszczenia. Jednak nowa przestrzeń rynkowa stworzona przez Wii dla wymagających aktywności fizycznej, rodzinnych gier wideo zawiera bardziej jeszcze istotny element niedestruktywnej kreacji, który w większym stopniu uzupełnił istniejące gry wideo niż zerwał z nimi czy je zastąpił.

Istotne z praktycznego punktu widzenia jest pytanie: Co sprawia, że strategia błękitnego oceanu wykracza poza twórcze niszczenie w kierunku niedestruktywnej kreacji, która jest ważnym celem większości firm, a także rządów pragnących pobudzać rozwój gospodarczy? Istotne tutaj jest to, że strategia błękitnego oceanu nie sprowadza się do wynajdywania lepszych lub tańszych rozwiązań problemów branży, co zawsze uruchamia procesy rozrywania i zastępowania istniejących produktów i usług. Polega natomiast na przedefiniowaniu samego problemu, co zwykle wytwarza nowy popyt lub ofertę raczej uzupełniającą niż zastępującą wcześniejsze oferty. Ogromne znaczenie ma tu omówiony w rozdziale 3 schemat sześciu ścieżek, ponieważ przedstawia systematyczne metody nowego definiowania problemów branży w celu otwarcia nowej przestrzeni rynkowej.

Aby przekształcić zawarte w tej książce idee i metodologie w należytą praktykę, musisz dobrze zrozumieć nie tylko cegiełki strategii błękitnego oceanu, ale także błędne założenia leżące u podstaw pułapek czerwonego oceanu. Niektóre z tych błędnych wyobrażeń wymagają staranniejszego przemyślenia niż inne, wszystkim jednak musisz poświęcić uwagę, jeśli chcesz wykorzystać narzędzia i metodologie strategii błękitnego oceanu z myślą o osiągnięciu w praktyce zamierzonych celów. Dlatego właśnie uznaliśmy za wskazane zakończenie tego poszerzonego wydania książki omówieniem pułapek czerwonego oceanu. Pozwala to nam zrobić kolejny krok w kierunku naszego ostatecznego celu, jakim jest zbliżenie teorii i praktyki strategii błękitnego oceanu.

DODATEK A

Szkic historycznych wzorców tworzenia błękitnych oceanów

RYZYKUJĄC ZBYTNIE UPROSZCZENIE, zaprezentujemy tutaj bardzo skrótowy rys historyczny trzech amerykańskich branż – samochodowej, komputerowej i kinowej – z perspektywy istotnej oferty produktu lub usługi, otwierającej nową przestrzeń rynkową i generującej znaczący nowy popyt. Celem tego przeglądu, obejmującego okres od początków tych branż do roku mniej więcej 2005, nie jest ani obszerność prezentacji, ani wyczerpująca zawartość. Jego cel ogranicza się do identyfikacji wspólnych elementów strategicznych w ofertach błękitnego oceanu. Wybrano branże amerykańskie, ponieważ w okresie objętym badaniami reprezentują one największy i najmniej regulowany wolny rynek.

Przegląd ten jest jedynie szkicem historycznych prawidłowości tworzenia błękitnego oceanu, niektóre z nich występują w każdej z tych trzech reprezentatywnych branż.

- Nie istnieje branża permanentnie doskonała. Atrakcyjność wszystkich branż rośnie i spada w okresie objętym badaniem.

- Nie istnieją permanentnie doskonałe firmy. Firmy, podobnie jak branże, mają swoje lepsze i gorsze czasy. Te dwa pierwsze spostrzeżenia są zarówno potwierdzeniem, jak i dodatkowym dowodem, że nie ma firm i branż permanentnie doskonałych.
- Kluczową dominantą decydującą, czy branża lub firma znajduje się na wznoszącej się trajektorii silnego, zyskownego wzrostu, były posunięcia strategiczne związane z tworzeniem błękitnego oceanu. Tworzenie błękitnych oceanów było kluczowym katalizatorem sprowadzającym branżę na wznoszącą trajektorię wzrostu i zysku. Było to również najważniejszym wyznacznikiem tego, czy firma coraz szybciej realizuje zyskowny wzrost, czy też pogrąża się, podczas gdy inna osiąga wiodącą pozycję i tworzy nowy błękitny ocean.
- Błękitne oceany były tworzone zarówno przez firmy od dawna obecne w branży, jak i przez nowych przybyszów, kwestionujących przekonanie, jakoby nowe, rozpoczynające działalność firmy miały naturalną przewagę nad firmami o ustalonej pozycji w tworzeniu nowej przestrzeni rynkowej. Co więcej, błękitne oceany tworzone przez starych wyjadaczy znajdowały się zazwyczaj wewnątrz ich podstawowej działalności. Faktycznie najwięcej błękitnych oceanów zostało stworzonych z wnętrza, a nie spoza istniejących granic czerwonych oceanów. Problemy kanibalizacji lub kreatywnej destrukcji firm o ustalonej pozycji okazały się wyolbrzymione[1]. Błękitne oceany były źródłem zyskownego wzrostu dla każdej firmy, która je tworzyła, zarówno tej rozpoczynającej działalność, jak i tej mocno okrzepłej.
- W tworzeniu błękitnych oceanów nie chodziło o innowację technologiczną jako taką. Czasami rzeczywiście towarzyszyła temu przełomowa technologia, często jednak nie miała ona

[1] Omówienie „kreatywnej destrukcji" znajduje się w: Joseph A. Schumpeter (1934; 1975).

żadnego wpływu na określenie błękitnego oceanu. Pozostawało to prawdą nawet wtedy, gdy badana branża była silnie uzależniona od technologii, tak jak na przykład branża komputerowa. Kluczowym elementem określającym błękitny ocean była raczej innowacja wartości – innowacja powiązana z tym, co ma wartość dla nabywcy.

- Tworzenie błękitnych oceanów nie tylko przyczyniało się do silnego, zyskownego wzrostu; to posunięcie strategiczne wywierało mocny pozytywny wpływ na tworzenie silnego wizerunku marki w świadomości nabywców.

Przejdźmy teraz do naszych trzech reprezentatywnych branż i pozwólmy historii błękitnych oceanów mówić za siebie. Zacznijmy od branży samochodowej, jako że samochód jest głównym środkiem transportu w rozwiniętym świecie.

Branża samochodowa

Początki amerykańskiej branży samochodowej sięgają roku 1893, kiedy to bracia Duryea zaoferowali w Stanach Zjednoczonych pierwszy samochód, wyposażony w jednocylindrowy silnik. W tamtych czasach głównym środkiem transportu w Ameryce były powozy konne. Krótko po debiucie samochodu w Stanach Zjednoczonych działały setki rzemieślników wytwarzających w całym kraju samochody na zamówienie.

Ówczesne samochody były luksusową nowinką. W pewnym modelu oferowano nawet w tylnym siedzeniu elektryczne lokówki, by w drodze poprawiać sobie urodę. Były zawodne i drogie, kosztowały około 1500 dolarów, czyli dwukrotność rocznych dochodów przeciętnej rodziny. I były wyjątkowo niepopularne. Działacze antysamochodowi blokowali drogi, otaczali zaparkowane samochody drutem kolczastym i organizowali bojkoty biznesmenów i polityków poruszających się samochodami. Publiczna niechęć do samochodów była tak wielka, że nawet przyszły prezydent Woodrow Wilson odniósł się do problemu, mówiąc: „Nic nie doprowadziło do rozpowszechnienia socjalistycznych uczuć bardziej niż samochód (...) przejaw arogancji bogatych"[2]. „Literary Digest" sugerował: „Zwykły »bezkonny powóz« jest dziś luksusem dla bogatych; mimo że w przyszłości jego cena prawdopodobnie spadnie, nigdy zapewne nie wejdzie do tak powszechnego użytku jak rower"[3].

Krótko mówiąc, branża była wąska i nieatrakcyjna. Henry Ford nie wierzył jednak, że tak musi być.

Model T

W roku 1908, gdy pięciuset rzemieślników wytwarzało w Ameryce wyszukane samochody na zamówienie, Henry Ford wprowadził Model T. Nazwał go samochodem „dla ogromnych rzesz ludzi, skonstruowanym z najlepszych materiałów". Pojazd ten był wprawdzie oferowany tylko w jednym kolorze (czarnym) i w jednym modelu, ale za to cechował się niezawodnością, trwałością i łatwością naprawy. I był wyceniony tak, że większość Amerykanów było na niego stać. W roku 1908 Model T kosztował 850 dolarów, była to połowa ceny innych samochodów. W roku 1909 cena spadła do 609 dolarów, a w 1924 do 290 dolarów[4]. Dla porównania, cena powozu konnego, najbliższej ówczesnej alternatywy dla samochodu, wynosiła około 400 dolarów. W broszurze handlowej z 1909 roku deklarowano: „Spójrzcie na Forda, to jakość warta najwyższej ceny za niską cenę".

Sukces Forda opierał się na zyskownym modelu biznesowym. Utrzymując wysoki poziom standaryzacji samochodów i oferując

---

[2] „New York Times" (1906).

[3] „Literary Digest" (1899).

[4] Bruce McCalley (2002).

ograniczoną liczbę opcji oraz części zamienne, Ford wprowadził rewolucyjną linię montażową, która zastąpiła pracę wysoko wykwalifikowanych rzemieślników pracą zwykłych, niewykwalifikowanych robotników, szybciej i efektywniej realizujących małe zadania. Dzięki temu czas montażu Modelu T uległ skróceniu z dwudziestu jeden do czterech dni, a łączna liczba roboczogodzin zmniejszyła się o 60%[5]. Z niższymi kosztami Ford mógł pozwolić sobie na cenę przystępną dla masowego rynku.

Sprzedaż Modelu T eksplodowała. Udział Forda w rynku wzrósł z 9% w roku 1908 do 61% w roku 1921, a już w roku 1923 większość amerykańskich gospodarstw domowych posiadała samochód[6]. Model T Forda przyczynił się do eksplozji branży samochodowej, tworząc olbrzymi błękitny ocean. Był on tak wielki, że Model T wyparł powozy konne, będące niegdyś głównym środkiem transportu w Stanach Zjednoczonych.

General Motors

Do roku 1924 samochód stał się bardzo ważnym sprzętem będącym w posiadaniu gospodarstw domowych, a zamożność przeciętnej amerykańskiej rodziny rosła. Wtedy to firma General Motors (GM) zaoferowała linię samochodów, która stworzyła nowy błękitny ocean w branży samochodowej. W przeciwieństwie do funkcjonalnej, jednokolorowej i jednomodelowej strategii, GM wprowadził „samochód na każdą okazję i w każdym celu". Była to strategia stworzona przez prezesa firmy, Alfreda Sloana, odwołująca się do emocjonalnego wymiaru amerykańskiego rynku masowego, który Sloan nazwał rynkiem „klasy masowej"[7].

---

[5] William J. Abernathy i Kenneth Wayne (1974).

[6] Antique Automobile Club of America (2002).

[7] Alfred P. Sloan (1965), s. 150.

Podczas gdy Ford wciąż trwał przy funkcjonalnej koncepcji „bezkonnego powozu", GM uczynił z samochodu przedmiot radości, ekscytacji, komfortu i mody. Fabryki GM zasypywały rynek całym mnóstwem modeli w nowych kolorach i stylach, co roku unowocześnianych. „Roczny model samochodu" przyczynił się do stworzenia nowego popytu, gdyż nabywcy w swoich wyborach zaczęli zwracać uwagę na modę i wygodę, a ponieważ częściej zaczęli zmieniać samochody, narodził się też rynek samochodów używanych.

Popyt na modne i naładowane emocjami samochody GM po prostu eksplodował. Od roku 1926 do 1950 całkowita liczba samochodów sprzedanych w Stanach Zjednoczonych zwiększyła się z dwóch do siedmiu milionów rocznie, a firma General Motors zwiększyła swój udział w rynku z 20% do 50%, podczas gdy udział Forda spadł z 50% do 20%[8].

Jednak ten szybki wzrost amerykańskiej branży samochodowej wywołany przez ten nowy błękitny ocean nie mógł trwać wiecznie. Widząc ogromny sukces GM, firmy Ford i Chrysler ochoczo wskoczyły w stworzony przezeń błękitny ocean i ta Wielka Trójka zaczęła realizować wspólną strategię corocznego lansowania nowych modeli samochodów i grania na emocjach konsumentów, tworząc szeroką gamę stylów aut, zaspokajających różne potrzeby wynikające z różnych stylów życia. Powoli rozpętała się krwawa konkurencja, w miarę jak każdy z Wielkiej Trójki zaczął naśladować strategię pozostałych i dostosowywać się do niej. Wspólnie posiadali oni ponad 90% amerykańskiego rynku samochodowego[9]. Tak rozpoczął się okres samozadowolenia.

---

[8] Mariana Mazzucato i Willi Semmler (1998).

[9] Lawrence J. White (1971).

Małe, ekonomiczne samochody japońskie

Przemysł samochodowy nie stał jednak w miejscu. W latach siedemdziesiątych Japończycy stworzyli nowy błękitny ocean, rzucając wyzwanie amerykańskiej branży samochodowej i oferując małe, ekonomiczne samochody. Zamiast postępować zgodnie z przyjętą logiką branżową, głoszącą, że „im większe, tym lepsze" i koncentrującą się na luksusach, Japończycy odmienili tę konwencjonalną logikę, stawiając na najwyższą jakość, małe wymiary i nową użyteczność oszczędnych samochodów, cechujących się niskim zużyciem paliwa.

Gdy w latach siedemdziesiątych wystąpił kryzys naftowy, konsumenci amerykańscy przerzucili się na ekonomiczne i mocne samochody japońskie, produkowane przez firmy Honda, Toyota czy Nissan (wówczas Datsun). Niemal z dnia na dzień Japończycy stali się w świadomości konsumentów bohaterami. Ich kompaktowe auta, cechujące się niskim zużyciem paliwa, stworzyły nowy błękitny ocean szans i znów popyt eksplodował. Wielka Trójka wciąż koncentrowała się na śledzeniu wskaźników i wzajemnym porównywaniu się, ale nikt z tej grupy nie wyszedł z inicjatywą wyprodukowania funkcjonalnego, kompaktowego, ekonomicznego auta, choć można było dostrzec potencjał rynkowy na takie pojazdy. Dlatego zamiast stworzyć nowy błękitny ocean, członkowie Wielkiej Trójki byli wciągani w kolejne rundy konkurencyjnego porównywania swoich wskaźników, tym razem z Japończykami; zaczęli intensywnie inwestować w produkcję mniejszych i bardziej oszczędnych samochodów.

Mimo to Wielka Trójka wciąż jednak odczuwała skutki załamania sprzedaży samochodów, a jej łączne straty osiągnęły w roku 1980 poziom 4 miliardów dolarów[10]. Chrysler, najmniejszy z Trzech Wielkich braci, ucierpiał najdotkliwiej i z trudem uratował się przez bankructwem, dzięki subwencji rządowej. Japońscy producenci

[10] „Economist" (1981).

samochodów okazali się tak skuteczni w tworzeniu i zajmowaniu tego błękitnego oceanu, że amerykańscy producenci uznali wejście na ten rynek za niezwykle trudne, a ich konkurencyjność i zdolność do przeżycia w dłuższej perspektywie poważnie zastanawiała ekspertów branżowych na całym świecie.

Minivan Chryslera

Przenieśmy się teraz do roku 1984. Nękany kłopotami Chrysler, znajdujący się na krawędzi bankructwa, wprowadził na rynek minivan, tworząc nowy błękitny ocean w branży samochodowej. Minivan przełamał granice między samochodem osobowym a ciężarówką, tworząc zupełnie nowy typ pojazdu. Mniejszy od tradycyjnej ciężarówki, a równocześnie dysponujący większą przestrzenią niż model kombi, minivan był dokładnie tym, czego potrzebowała dwupokoleniowa rodzina, by zmieścić się w komplecie, razem ze swoimi rowerami, psami i innymi niezbędnymi rzeczami. Ponadto minivan był łatwiejszy w prowadzeniu niż ciężarówka czy samochód dostawczy.

Zbudowany na podwoziu Chryslera K, minivan był w prowadzeniu podobny do samochodu osobowego, ale miał więcej przestrzeni wewnętrznej i wciąż jeszcze mieścił się w rodzinnym garażu. To jednak nie Chrysler jako pierwszy stworzył koncepcję takiego samochodu. Firmy Ford i GM przez wiele lat również miały minivany na swoich deskach kreślarskich, ale obawiały się, że ten model okazałby się kanibalem dla ich własnych modeli kombi. Nie ulega wątpliwości, że oddały tę cudowną szansę Chryslerowi. W ciągu pierwszego roku minivan zajął pozycję najlepiej sprzedającego się samochodu Chryslera, pomagając tym samym firmie w odzyskaniu jej pozycji w Wielkiej Trójce producentów samochodów osobowych. W ciągu trzech lat Chrysler zarobił półtora miliarda dolarów na samym wprowadzeniu minivanów[11].

---

[11] Sanaghoon Ahn (2002).

Sukces minivanów zainicjował w latach dziewięćdziesiątych boom na sportowe samochody użytkowe (SUV), który poszerzył błękitny ocean otwarty przez Chryslera. Zbudowany na podwoziu ciężarówki SUV, stanowił kontynuację przejścia od samochodu osobowego do ciężarówki użytkowej. Początkowo zaprojektowany do jazdy terenowej i holowania wózków z łodziami, SUV stał się samochodem bardzo popularnym wśród młodych rodzin ze względu na łatwość prowadzenia zbliżoną do samochodu osobowego, zwiększoną w stosunku do minivana przestrzeń dla pasażerów i ładunku, komfortowe wnętrze połączone ze zwiększoną funkcjonalnością napędu na cztery koła, możliwości holowania i bezpieczeństwo. W roku 1998 łączna sprzedaż nowych, lekkich ciężarówek (minivanów, SUV-ów i pick-upów) wyniosła 7,5 miliona sztuk, osiągając poziom dość zbliżony do sprzedaży nowych samochodów osobowych[12]. Natomiast w roku 2005 łączna sprzedaż nowych lekkich ciężarówek wyniosła już 9,3 miliona sztuk, co znacznie przewyższało liczbę 7,7 miliona sprzedanych samochodów osobowych[13].

Patrząc na amerykańską branżę samochodową od jej początków do roku 2005, widzimy, że GM, producenci japońscy i Chrysler były w chwili stworzenia błękitnych oceanów firmami o ugruntowanej pozycji. Oceany te w większości nie były jednak wynikiem innowacji technologicznej. Nawet pomysł rewolucyjnej linii montażowej Forda został zaczerpnięty z amerykańskiej branży pakowania mięsa[14]. Atrakcyjność branży samochodowej nieustannie rosła, malała i znów rosła, na co niebagatelny wpływ miały strategiczne posunięcia błękitnych oceanów. To samo jest prawdą w odniesieniu do trendów zyskownego wzrostu firm z branży. Zyski i wzrost firm są bardzo silnie powiązane z błękitnymi oceanami, które stworzyły lub których nie udało im się stworzyć.

---

[12] Walter Adams i James W. Brock (2001), tabela 5.1, rysunek 5-1, s. 116–117.

[13] Dane z National Automobile Dealers Association (wejście 19 czerwca 2014).

[14] Andrew Hargadon (2003), s. 43.

Niemal wszystkie te firmy zostały zapamiętane z powodu błękitnych oceanów, jakie stworzyły na przestrzeni dziejów. Na przykład Ford przeżywał bardzo ciężkie chwile, ale marka wciąż miała swoją renomę z powodu Modelu T stworzonego sto lat temu.

Branża komputerowa

Przejdźmy teraz do branży komputerowej, będącej dostawcą głównego narzędzia pracy na całym świecie. Branża komputerowa w Stanach Zjednoczonych sięga roku 1890, kiedy to Hermann Hollerith wynalazł maszynę liczącą (tabulator) na kartę perforowaną, która miała skrócić proces zapisu i analizy danych amerykańskiego biura statystycznego. Tabulator Holleritha sprawił, że dane ze spisu powszechnego zostały przetworzone w czasie o pięć lat krótszym niż w poprzednim spisie.

Niedługo po tym Hollerith odszedł z biura statystycznego i utworzył firmę Tabulating Machine Company (TMC), sprzedającą tabulatory amerykańskim i zagranicznym agencjom rządowym. Wówczas nie istniał jeszcze prawdziwy rynek na tabulatory Holleritha do zastosowań biznesowych, gdzie przetwarzanie danych odbywało się za pomocą ołówka i zeszytu – narzędzi łatwych w użyciu, niedrogich i dokładnych. Tabulator Holleritha był wprawdzie bardzo szybki i dokładny, ale był też drogi, trudny w użyciu i wymagał nieustannego serwisowania. Stojąc w obliczu konkurencji po wygaśnięciu patentu i przeżywając frustracje z powodu rozwiązania przez rząd kontraktu z TMC wskutek wygórowanych cen, Hollerith sprzedał firmę, która została potem połączona z dwiema innymi. W ten sposób w roku 1911 powstała firma CTR.

Maszyna licząca

W roku 1914 biznes firmy CTR, związany z maszynami liczącymi, wciąż jeszcze był mały i nierentowny. Chcąc ratować firmę, CTR zwróciła się o pomoc do Thomasa Watsona, byłego dyrektora firmy National Cash Register Company. Watson dostrzegł olbrzymi utajony popyt na tabulatory, które miałyby być wsparciem dla przedsiębiorstw w prowadzeniu ich inwentaryzacji i ksiąg handlowych. Uświadomił sobie też, że nieporęczna nowa technologia była zbyt droga i skomplikowana dla przedsiębiorców w sytuacji, gdy ich ołówki i zeszyty świetnie się sprawdzały.

W posunięciu strategicznym, które doprowadziło do powstania branży komputerowej, Watson połączył zalety tabulatora z łatwością użycia i niskim kosztem ołówka i zeszytu. Pod okiem Watsona tabulatory firmy CTR zostały uproszczone i zmodularyzowane, a firma zaczęła oferować serwis w miejscu użytkowania, szkolenia dla użytkowników i nadzór. Klienci mogli zyskać szybkość i efektywność tabulatora bez potrzeby zatrudniania specjalistów do wyszkolenia pracowników lub techników do naprawy zepsutych maszyn.

Następnie Watson zarządził, że tabulatory będą dzierżawione, a nie sprzedawane. Ta innowacja pozwoliła stworzyć nowy model kalkulacji ceny dla branży maszyn liczących, co dla przedsiębiorstw oznaczało uniknięcie znacznych nakładów kapitałowych z równoczesną możliwością elastycznej rozbudowy w miarę jak maszyny były doskonalone. Z drugiej strony CTR zyskał odnawialny strumień dochodów, gdyż nowi klienci nie mogli nabywać używanych maszyn od ich dotychczasowych użytkowników.

W ciągu sześciu lat dochody firmy wzrosły ponad trzykrotnie[15]. W połowie lat dwudziestych dwudziestego wieku CTR posiadał 85-procentowy udział w rynku maszyn liczących w Stanach Zjednoczonych. W roku 1924, dla podkreślenia rosnącej obecności CTR na rynku międzynarodowym, Watson zmienił nazwę firmy na International Business Machines Corp. (IBM). Błękitny ocean maszyn liczących został otwarty.

---

[15] International Business Machines (2002).

Komputer elektroniczny

Przemieśćmy się w czasie o trzydzieści lat naprzód, do roku 1952. Remington Rand dostarczył wówczas biuru statystycznemu pierwszy na świecie komercyjny komputer elektroniczny UNIVAC. W tamtym roku sprzedano jedynie trzy maszyny UNIVAC. Błękitny ocean wciąż był poza zasięgiem, dopóki Watson z IBM – tym razem syn, Thomas Watson Jr. – nie zauważył utajonego popytu w miejscu, które wydawało się małym i nieciekawym rynkiem. Watson Jr. zrozumiał, jaką rolę może odegrać komputer elektroniczny w biznesie, i sprawił, że firma IBM podjęła to wyzwanie.

W roku 1953 firma IBM wprowadziła pierwszy średniej wielkości komputer do zastosowań biznesowych – IBM 650. Wiedząc, że jeśli świat biznesu zechce używać komputera elektronicznego, to nie może on być skomplikowaną maszyną, i że biznes będzie gotowy płacić tylko za moc obliczeniową, którą będzie wykorzystywał, firma IBM zadbała o to, by IBM 650 był maszyną dużo prostszą w użyciu i mocniejszą niż UNIVAC, i wyceniła go na 200 000 dolarów, w porównaniu z milionem dolarów za UNIVAC. W konsekwencji do końca lat pięćdziesiątych IBM zagarnął 85% rynku komputerów elektronicznych do zastosowań biznesowych. Przychody w latach 1952–1959 niemal się potroiły, wzrastając z 412 milionów dolarów do 1,16 miliarda[16].

Ekspansja błękitnego oceanu IBM wyraźnie zaznaczyła się w roku 1964 wraz z wprowadzeniem Systemu/360, pierwszej wielkiej rodziny komputerów wykorzystujących wymienne oprogramowanie, urządzenia peryferyjne i pakiety usług. Było to zdecydowane odejście od monolitycznego komputera głównego (mainframe), mającego być rozwiązaniem na każdą okoliczność. Później, w roku 1969, IBM zmienił sposób sprzedaży komputerów. Zamiast oferować sprzęt, serwis i oprogramowanie wyłącznie w pakietach, IBM rozdzielił

---

[16] Regis McKenna (1989), s. 24.

te komponenty i zaoferował ich indywidualną sprzedaż. Takie rozwiązanie przyczyniło się do narodzin obracających miliardami dolarów branż oprogramowania i serwisu z firmą IBM będącą największą na świecie firmą oferującą usługi komputerowe.

Komputer osobisty

Branża komputerowa przeżywała swoją dalszą ewolucję w latach sześćdziesiątych i siedemdziesiątych dwudziestego wieku. Firmy takie jak IBM, Digital Equipment Corporation (DEC), Sperry i inne, które tylko co wskoczyły do branży, realizowały globalną ekspansję swojej działalności, doskonaląc i rozbudowując swoje linie produktowe, dodając nowe urządzenia peryferyjne i usługi. Jednak w roku 1978, gdy najwięksi producenci komputerów starali się budować coraz większe i mocniejsze maszyny dla rynku biznesowego, firma Apple Computer, Inc., stworzyła zupełnie nową przestrzeń rynkową, wprowadzając swój komputer domowy Apple II.

Jednak, wbrew konwencjonalnym opiniom, Apple nie był pierwszym komputerem osobistym na rynku. Dwa lata wcześniej firma Micro Instrumentation and Telemetry Systems (MITS) przedstawiła propozycję Altair 8800. Komputer zadebiutował na rynku w atmosferze wielkich oczekiwań w kołach pasjonatów komputerowych. „Business Week" szybko określił MITS mianem „IBM komputerów domowych".

Firma ta nie stworzyła jednak błękitnego oceanu. Dlaczego? Maszyna nie posiadała monitora ani stałej pamięci, pamięć dynamiczna obejmowała tylko 256 znaków, nie było też oprogramowania ani klawiatury. W celu wprowadzania danych użytkownicy musieli manipulować przełącznikami umieszczonymi na frontowej ścianie urządzenia, a wyniki działania programu były wyświetlane w formie układu migoczących lampek na panelu frontowym. Trudno się dziwić brakowi wielkiego rynku na takie trudne w użytkowaniu komputery domowe. Oczekiwania były tak niskie, że w tym samym roku

Ken Olsen, prezes DEC, wygłosił swoje sławne stwierdzenie „Nie ma powodów, by ktokolwiek miał komputer w domu".

Dwa lata później Apple wcisnął mu te słowa do gardła, tworząc błękitny ocean domowych zastosowań komputera. Bazując w znacznym stopniu na istniejącej technologii, Apple II zaoferował rozwiązanie polegające na umieszczeniu wszystkiego w jednej plastikowej obudowie: klawiatury, zasilacza, urządzenia graficznego. I wszystko to było łatwe w użyciu. Apple II wszedł na rynek wraz z oprogramowaniem obejmującym zarówno gry, jak i programy dla biznesu takie jak edytor tekstu Apple Writer czy arkusz kalkulacyjny VisiCalc. Dzięki temu komputer stał się dostępny dla masowych nabywców.

Firma Apple zmieniła sposób myślenia o komputerach. Przestały one być produktami „technologicznych maniaków"; stały się, podobnie jak kiedyś Model T, podstawowym sprzętem w gospodarstwie domowym. Dwa lata po narodzinach Apple II jego sprzedaż przekroczyła 200 000 sztuk rocznie, a trzy lata po publicznym debiucie firma Apple trafiła na listę Fortune 500, co było wyczynem bez precedensu[17]. W roku 1980 dwadzieścia parę firm sprzedało łącznie 724 000 komputerów osobistych, co przyniosło im ponad 1,8 miliarda dolarów[18]. W następnym roku na rynek wkroczyło dwadzieścia następnych firm, a sprzedaż podwoiła się do 1,4 miliona sztuk, osiągając poziom niemal 3 miliardów dolarów[19].

IBM strategicznie odczekał kilka pierwszych lat, by przeanalizować dogłębnie rynek i technologię i zaplanować wejście ze swoim komputerem domowym. W roku 1982 firma spektakularnie poszerzyła ten błękitny ocean komputerów domowych, oferując zdecydowanie bardziej otwartą architekturę, umożliwiającą innym podmiotom pisanie programów i budowę urządzeń peryferyjnych. Dzięki stworzeniu standardowego systemu operacyjnego, dla którego inni

---

[17] „A+ Magazine" (1987), s. 48–59; „Fortune" (1982).

[18] Otto Friedrich (1983).

[19] Ibid.

mogli tworzyć oprogramowanie i komponenty urządzeń peryferyjnych, IBM mógł utrzymać na niskim poziomie koszty i cenę, oferując klientom większą użyteczność. Skala firmy i szeroki zakres jej działania pozwoliły na zaoferowanie ceny przystępnej dla masowych nabywców[20]. W ciągu pierwszego roku IBM sprzedał 200 000 „pecetów", co odpowiadało planowi na niemal pięć lat, a do roku 1983 konsumenci nabyli aż 1,3 miliona komputerów osobistych IBM[21].

Serwery PC firmy Compaq

Wraz ze zjawiskiem masowego zakupu i instalacji komputerów przez korporacje w całych Stanach Zjednoczonych, rosła potrzeba łączenia komputerów w sieci, by możliwe były proste, ale niezwykle ważne czynności takie jak wymiana plików czy wspólne korzystanie z drukarek. Branża komputerów dla biznesu, która urosła na gruncie IBM 650 – i przyciągnęła choćby takie firmy jak HP, DEC czy Sequent – oferowała najwyższej jakości systemy dla przedsiębiorstw, pozwalające im wypełniać ich ważne misje, jak również całe mnóstwo systemów operacyjnych i aplikacji. Maszyny te były jednak zbyt drogie i zbyt skomplikowane, by potrzeba spełnienia tak prostej, choć ważnej funkcji, jak udostępnianie plików i drukarek, uzasadniała ich użycie. Szczególnie dotyczyło to małych i średnich firm, w których istniała potrzeba wspólnego użytkowania drukarek i plików, ale które nie były zainteresowane wielkimi inwestycjami w skomplikowaną architekturę minikomputerów.

W roku 1992 firma Compaq podjęła to wyzwanie i otworzyła błękitny ocean dla branży serwerów komputerów osobistych, wprowadzając na rynek ProSignia – radykalnie uproszczony serwer, zoptymalizowany ze względu na najczęściej wykorzystywane funkcje

---

[20] Komputer IBM został wyceniony nieco wyżej niż Apple (1565 dolarów przy 1200 dolarach za Apple'a), ale zawierał monitor, którego nie miał Apple.

[21] History of Computing Project (czerwiec 2002).

wymiany plików i współużytkowania drukarek, w którym wyeliminowano interoperacyjność obejmującą różne systemy operacyjne, od SCO poprzez UNIX, OS/3 po DOS, gdyż nie miała ona znaczenia dla tych podstawowych funkcji. Nowy serwer PC pozwolił użytkownikom podwoić zdolność i szybkość wymiany plików i współużytkowania drukarek po cenie trzykrotnie niższej od dotychczasowej. Dla firmy Compaq tak znaczne uproszczenie oznaczało niższe koszty produkcji. Stworzenie ProSignia i trzech następnych ofert w branży serwerów PC było nie tylko siłą napędową dla sprzedaży PC, lecz również dla wzrostu samej branży serwerów, w której sprzedaż w ciągu niespełna czterech lat osiągnęła poziom 3,8 miliarda dolarów[22].

Dell

W połowie lat dziewięćdziesiątych firma Dell Computer Corporation stworzyła kolejny błękitny ocean w branży komputerowej. Tradycyjnie producenci komputerów konkurowali ze względu na szybkość komputerów, większy wybór funkcji i oprogramowania. Dell podważył jednak logikę branży, zmieniając sposób zakupu i dostawy. Prowadząc bezpośrednią sprzedaż dla klientów, Dell był w stanie sprzedawać komputery osobiste o 40% taniej niż dilerzy IBM-u i wciąż jeszcze na tym zarabiać.

Sprzedaż bezpośrednia przyciągnęła nabywców, gdyż Dell oferował dostawę w bezprecedensowo krótkim czasie. Na przykład czas od przyjęcia zamówienia od klienta do chwili dostawy wynosił u Della cztery dni, podczas gdy u konkurentów było to przeciętnie ponad dziesięć tygodni. Co więcej, dzięki systemowi zamówień przez internet i telefon klienci zyskali możliwość dostosowania wybranej maszyny do swoich upodobań. Równocześnie system produkcji na zamówienie pozwolił firmie Dell znacznie obniżyć koszty zapasów.

---

[22] „Financial Times" (1999).

Dzięki stworzeniu tego błękitnego oceanu firma Dell stała się niekwestionowanym liderem na rynku sprzedaży komputerów osobistych, a jej dochody wzrosły w zawrotnym tempie z 5,3 miliarda dolarów w roku 1995 do 43 miliardów dolarów w roku 2006[23]. Od tego czasu w branży komputerowej wciąż powstawały nowe błękitne oceany: pojawił się iPad – tablet firmy Apple, stworzono usługi operacji w chmurze, a wszystko to sprawiło, że inni prześcignęli firmę Dell, która nie chcąc utracić swojej pozycji, musi podołać wyzwaniu i znów stworzyć jakiś błękitny ocean, który podziała na wyobraźnię nabywców i sprawi, że znów sięgną do swoich portfeli. Bez tego trudno będzie Dellowi uciec z czerwonego oceanu zaciekłej konkurencji, w którym obecnie się znalazł.

Podobnie jak w branży samochodowej, błękitne oceany w branży komputerowej pojawiały się nie dzięki innowacjom technologicznym samym z siebie, lecz przez połączenie technologii z elementami wartości dla nabywców. Tak jak w przypadku IBM 650 i serwera PC Compaq, innowacja wartości polegała raczej na uproszczeniu technologii. Widać też, że firmy od dawna obecne w branży – CTR, IBM, Compaq – tworzyły błękitne oceany na równi z firmami nowymi, takimi jak Apple czy Dell. Każdy błękitny ocean przyczynił się do umocnienia marki i przełożył się na zyskowny wzrost nie tylko samej firmy, ale również całej branży komputerowej.

Branża kinowa

Zajmijmy się teraz branżą kinową, oferującą wielu z nas rozrywkę po pracy i w weekendy. Amerykańska branża kinowa sięga roku 1893, kiedy to Thomas Edison wynalazł kinetoskop, drewnianą skrzynkę, wewnątrz której światło przechodziło przez film. Widzowie poje-

[23] „Hoovers Online" (14 marca 2003).

dynczo oglądali obraz przez otwór zwany po angielsku „peephole", stąd też przedstawienie zyskało nazwę „peep show".

Dwa lata później pracownicy Edisona stworzyli kinetoskop w formie projektora, umożliwiający rzucanie ruchomych obrazów na ekran. Projektor ten nie odegrał jednak znaczącej roli. Kilkuminutowe klipy były pokazywane w przerwach w przedstawieniach rewiowych i teatralnych. Ich celem było podwyższenie wartości rozrywki na żywo, i raczej właśnie to, a nie wprowadzenie nowej, samodzielnej formy rozrywki było intencją teatrów. Technologia była więc gotowa, ale idea błękitnego oceanu w branży „kinoteatrów" wciąż jeszcze pozostawała niezaszczepiona.

Nickelodeon

Wszystko zmieniło się za sprawą Harry'ego Davisa, który w roku 1905 otworzył w Pittsburghu w stanie Pensylwania swoje pierwsze kino (ang. *nickelodeon*). Nickelodeon jest często uważany za prekursora branży kinowej w Stanach Zjednoczonych, który otworzył bramę do ogromnego błękitnego oceanu. Przyjrzyjmy się różnicom między teatrem i kinem. Większość Amerykanów na początku dwudziestego wieku należała do klasy robotniczej, a ówczesna branża teatralna koncentrowała się na oferowaniu rozrywki na żywo – przedstawień teatralnych, operetki, rewii dla elit społecznych.

Przeciętna rodzina zarabiała tygodniowo 12 dolarów, więc taka forma rozrywki na żywo nie była dla niej odpowiednią propozycją. Była zbyt droga. Cena biletu do opery wynosiła średnio 2 dolary, a na rewię 50 centów. Dla większości teatr był zbyt poważny. Dla niewykształconej klasy robotniczej teatr czy opera nie wydawały się pociągające. Były też mało dogodne. Sztuki były wystawiane tylko kilka razy w tygodniu, a większość teatrów była zlokalizowana w najbardziej ekskluzywnych częściach miasta, trudno dostępnych dla przeciętnych ludzi z klasy robotniczej. Jeśli chodzi o rozrywkę, większość Amerykanów nie miała w czym wybierać.

W przeciwieństwie do przedstawień na żywo, bilet do kina Davisa kosztował tylko pięć centów. Stąd wzięła się też nazwa nickelodeon – od pięciocentówki, zwanej w Ameryce „nickel". Davis utrzymał cenę na tym poziomie, ograniczając do niezbędnego minimum wystrój wnętrza – tylko ławki i ekran – i lokalizując swoje „teatry" w tańszych dzielnicach, gdzie zamieszkiwała klasa robotnicza. Następnie skoncentrował się na wolumenie i wygodzie, otwierając swoje „teatry" o ósmej rano i grając w nich bez przerwy aż do północy. Nickelodeon dostarczał lekkiej rozrywki; wystawiał komedie slapstickowe, przystępne dla większości ludzi bez względu na poziom wykształcenia, język czy wiek.

Robotnicy tłumnie garnęli się do niej – codziennie w nickelodeonach bawiło się około siedmiu tysięcy osób. W roku 1907 „Saturday Evening Post" doniósł, że dzienna widownia przekroczyła liczbę dwóch milionów[24]. Bardzo szybko ta forma kina rozprzestrzeniła się w całym kraju. W roku 1914 w Stanach Zjednoczonych działało już osiemnaście tysięcy nickelodeonów, a codziennie odwiedzało je siedem milionów widzów[25]. Błękitny ocean rozrósł się w branżę o wartości trzech miliardów dolarów w przeliczeniu na aktualną wartość tych pieniędzy.

Palace Theater

Gdy błękitny ocean nickelodeonów sięgał swoich szczytów, w roku 1914 Samuel „Roxy" Rothapfel postanowił wyjść z ruchomymi obrazami do wzrastającej klasy średniej i wyższej, otwierając pierwszy w kraju Palace Theater w Nowym Jorku. W tym czasie Rothapfel był już właścicielem kilku nickelodeonów w Stanach Zjednoczonych i zasłynął z ratowania upadających teatrów rozrzuconych po całym kraju. W przeciwieństwie do nickelodeonów, traktowanych

---

[24] Digital History (2004).

[25] Screen Source (2002).

jako rozrywka niskich lotów zaspokajająca najprostsze gusta, Palace Theater był przedsięwzięciem wyszukanym, a na jego wystrój składały się ekstrawaganckie kandelabry, pełne luster hole i wielkie drzwi wejściowe. Parkowanie samochodów przez służbę, pluszowe kanapy „dla zakochanych", dłuższe filmy z elementami teatralnymi – to wszystko sprawiło, że wyjście do takiego kina było wydarzeniem porównywalnym z wizytą w teatrze czy operze, ale po przystępnej cenie.

Takie kinowe pałace okazały się wielkim komercyjnym sukcesem. W latach 1914–1922 otwarto w Stanach Zjednoczonych cztery tysiące kin typu Palace Theater. Chodzenie do kina stawało się coraz ważniejszą formą rozrywki dla Amerykanów o każdym statusie majątkowym. Jak zauważył Roxy: „Dawanie ludziom tego, czego chcą, jest fundamentalnie złe i prowadzi do klęski. Ludzie nie wiedzą, czego chcą... [Dajcie] im coś lepszego". Palace Theater stanowił efektywne połączenie atmosfery opery z istotą kina – filmem – co otworzyło błękitny ocean w branży kinowej i przyciągnęło całą masę nowych kinomanów z klasy średniej i wyższej[26].

W miarę bogacenia się narodu Ameryka zaczęła przenosić się na przedmieścia, by spełnić swoje marzenia o domu z parkanem, kurczaku w garnku i samochodzie w garażu, i już u schyłku lat czter-

---

[26] Co ciekawe, gdy w roku 1924 w trakcie badania zapytano kinomanów o to, jakie aspekty kina najbardziej do nich przemawiają, 28% wymieniło muzykę, 19% uprzejmość obsługi, 19% komfort wnętrz, a 15% atrakcyjność porównywalną do teatru. Tylko 10% wymieniło filmy (R. Koszarski 1990). Ponadto 24% badanych w 1922 roku stwierdziło, że jakość fabuły filmu „nie miała zupełnie żadnego znaczenia" dla sukcesu kasowego; ich zdaniem liczyła się otoczka programu (ibidem). Faktycznie, ówczesne reklamy filmowe miały tyle wspólnego z muzyką co i z samymi filmami. Wraz z udźwiękowieniem filmów w roku 1926 znaczenie muzyki na żywo w kinach (zespół lub orkiestra po odpowiednich kosztach) drastycznie spadło. Lokale Palace Theater z wyszukanym wystrojem, luksusowymi wnętrzami i obsługą obejmującą odprowadzanie samochodów na parking mogły na tym korzystać przez ponad dziesięć lat, zanim po II wojnie światowej Amerykanie nie zaczęli przenosić się do małych miasteczek i na przedmieścia.

dziestych dały się odczuć ograniczenia dalszego wzrostu rozrywki Palace Theater. Przedmieścia, w przeciwieństwie do centrów największych miast i metropolii, nie mogły sobie pozwolić na wielkie i pełne przepychu wnętrza istotne dla koncepcji Palace Theater. W konsekwencji powstały małe kinoteatry w podmiejskich lokalizacjach, wystawiające jeden film w tygodniu. W porównaniu z Palace Theater były one wprawdzie „liderami kosztowymi", nie potrafiły jednak pobudzić wyobraźni. Nie dawały poczucia wyjątkowości wieczoru spędzonego poza domem, a ich sukces zależał wyłącznie od jakości wyświetlanego filmu. Jeśli film nie odnosił sukcesów, nikt nie znajdował powodów do przyjścia i kino traciło pieniądze. Branża coraz bardziej odchodziła w przeszłość, a jej zyskowny wzrost ulegał zahamowaniu.

Multipleks

Jednakże branża po raz kolejny trafiła na nową trajektorię zyskownego wzrostu – dzięki stworzeniu nowego błękitnego oceanu. W roku 1963 Stan Durwood wykonał strategiczny ruch, który postawił branżę do góry nogami. Jego ojciec otworzył w latach dwudziestych dwudziestego wieku pierwsze należące do tej rodziny kino w Kansas City, a Stan dokonał rewitalizacji branży, tworząc pierwszy multipleks w centrum handlowym Kansas City.

Multipleks okazał się natychmiastowym przebojem. Z jednej strony zapewniał widzom większy wybór filmów, a z drugiej strony, dysponując salami różnej wielkości zlokalizowanymi w jednym miejscu, właściciele mieli większą możliwość dostosowania oferty do zmieniającego się popytu na filmy, rozpraszając w ten sposób ryzyko i obniżając koszty. W rezultacie firma Durwooda, American Multi-Cinema (AMC), rozrosła się z małego prowincjonalnego kina w drugą pod względem wielkości firmę branży kinowej w kraju, a błękitny ocean multipleksów rozlał się na całą Amerykę.

Megapleks

Powstanie multipleksów stworzyło błękitny ocean nowego zyskownego wzrostu w branży, ale rosnąca w latach osiemdziesiątych popularność sprzętu wideo oraz telewizji kablowej i satelitarnej zmniejszyła widownię kin. Co gorsza, w pogoni za udziałem w kurczącym się rynku właściciele kin dzielili je na coraz mniejsze sale projekcyjne, aby móc równocześnie wyświetlać coraz więcej filmów. W ten sposób mimowolnie działali na szkodę największej przewagi kina nad rozrywką domową: dużego ekranu. W sytuacji, gdy najpopularniejsze filmy były dostępne w telewizji kablowej i na kasetach wideo już kilka tygodni po premierze, korzyść z płacenia wyższej ceny za to, by zobaczyć film na ekranie niewiele większym od domowego była marginalna. Branża kinowa zaczęła więc podupadać.

W roku 1995 firma AMC doprowadziła do ponownego odrodzenia branży, wprowadzając w Stanach Zjednoczonych pierwszy dwudziestoczteroekranowy megapleks. W przeciwieństwie do multipleksów, często ciasnych do granic możliwości, obskurnych i szarych, megapleksy były wyposażone w wygodne fotele w układzie amfiteatralnym, co umożliwiało lepsze widzenie ekranu, i oferowały więcej filmów o lepszej jakości wizji i dźwięku. Pomimo tak udoskonalonej oferty koszty operacyjne megapleksów i tak były niższe niż w multipleksach. Działo się tak dlatego, że megapleksy były zlokalizowane poza centrami miast – a wynajem lokalu był kluczowym czynnikiem kosztowym – w miejscach dużo tańszych; ich wielkość sprawiała, że opłacało się lokal kupić i taniej było go utrzymać, a dodatkowo z racji skali megapleks miał większe możliwości negocjowania cen z dystrybutorami filmów. Gdy na dwudziestu czterech ekranach wyświetlano wszystkie dostępne na rynku filmy, to miejsce, a nie film, stawało się atrakcją samą w sobie.

Pod koniec lat dziewięćdziesiątych przeciętne dochody AMC w przeliczeniu na klienta były o 8,8% wyższe niż podobnie liczone dochody multipleksu. Zasięg kin, czyli promień obszaru, z którego ludzie byli gotowi przyjść do kina, zwiększył się z dwóch mil w połowie lat dziewięćdziesiątych do pięciu mil w przypadku megapleksu AMC[27]. W latach 1995–2001 frekwencja w kinach wzrosła z 1,26 miliarda do 1,49 miliarda. Magapleksy stanowiły tylko 15% wszystkich ekranów kinowych w Stanach Zjednoczonych, ale zgarniały 38% wszystkich wpływów do kasy.

Sukces błękitnego oceanu stworzonego przez AMC skłonił innych graczy w branży do naśladownictwa. W krótkim czasie zbudowano jednak zbyt dużo megapleksów i wiele z nich do roku 2000 zostało zamkniętych z powodu zwalniającej gospodarki. I znów branża dojrzała do stworzenia nowego błękitnego oceanu. Ludzie uwielbiają wychodzić z domu i na ogół chętnie uczestniczą w różnych rozrywkach. Wobec rosnącej popularności łatwych w użyciu opcji ściągania filmów przez Netflix, iTunes czy Amazon mamy do czynienia z presją na kina, by znów na nowo się odkryły i dostrzegły dla siebie szanse w ludzkim zamiłowaniu do rozrywki.

To tylko szkicowy obraz historii amerykańskiej branży kinowej, jednak pewne ogólne prawidłowości pojawiają się w niej tak samo jak w innych przykładach. Nie była to branża stale atrakcyjna. Nie było w niej stale doskonałej firmy. Tworzenie błękitnych oceanów było główną siłą napędową na trajektorii zyskownego wzrostu firmy i branży, a oceany te były tworzone głównie przez firmy obecne już w branży, czyli AMC i Palace Theater. Jak pokazuje historia, firma AMC najpierw stworzyła w amerykańskiej branży kinowej pierwszy multipleks, a potem megapleks, dwukrotnie zmieniając kierunek rozwoju całej branży i dwukrotnie zapewniając sobie zyskowność i wzrost do nowych poziomów. W sercu tych błękitnych oceanów nie znajdowała się innowacja technologiczna jako taka, lecz innowacja stymulowana wartością, czyli to, co nazywamy innowacją wartości.

[27] Screen Source (2002).

Przyglądając się tym szkicom trzech branż, zauważamy, że to, czy firma może osiągnąć trwały, zyskowny wzrost, zależy w dużej mierze od tego, czy jest w stanie bez przerwy stawiać czoła wyzwaniom związanym z tworzeniem coraz to nowych błękitnych oceanów. Nieustanna doskonałość jest bardzo trudno osiągalna dla każdej firmy; jak dotychczas żadna firma nie potrafiła nieustannie i na dłuższą metę zajmować wiodącej pozycji w podróżach na wody błękitnych oceanów. Jednak firmy o znanych markach okazują się często tymi, które potrafią na nowo się odkrywać, wciąż na nowo kreując nową przestrzeń rynkową. W tym sensie nie było jak dotąd nieustannie doskonałych firm, ale firmy mogą liczyć na utrzymanie doskonałości, jeśli zaadaptują doskonałą praktykę strategiczną. Z niewielkimi odchyleniami prawidłowości w tworzeniu błękitnych oceanów ukazane na przykładach tych trzech reprezentatywnych branż są spójne z tym, co zaobserwowaliśmy w innych branżach, będących przedmiotem naszych badań. Wyrażając logikę strategii błękitnego oceanu i dostarczając systematycznych narzędzi i schematów działania, stawiamy sobie w tej książce za cel uczynienie z tworzenia błękitnego oceanu systematycznego i powtarzalnego procesu.

DODATEK B

Innowacja wartości

Rekonstrukcjonistyczna wizja strategii

ISTNIEJĄ DWA ZASADNICZO RÓŻNE POGLĄDY na to, w jaki sposób struktura branży związana jest z działaniami strategicznymi graczy branżowych.

Strukturalistyczna wizja strategii ma swoje korzenie w ekonomice organizacji przemysłowej (ang. *industry organization*, w skrócie IO)[1]. Model analizy organizacji przemysłowej opiera się na postulacie paradygmatu struktura-zachowanie-wyniki, sugerującym swobodny przepływ od struktury rynku do zachowania i wyników. *Struktura rynku*, zadana przez warunki podaży i popytu, kształtuje *zachowanie* sprzedawców i nabywców, co z kolei determinuje

[1] Szkoła strukturalistyczna ekonomiki organizacji przemysłowej czerpie swoje początki w paradygmacie struktura-prowadzenie-wyniki autorstwa Joego S. Baina. Wykorzystując schemat obejmujący różne gałęzie przemysłu, Bain koncentrował się głównie na wpływie struktury na wyniki. Szersze omówienie tego tematu można znaleźć w: Bain (1956, 1959).

ostateczne wyniki[2]. Przemiany obejmujące cały system są wywoływane przez czynniki zewnętrzne w stosunku do struktury rynku, takie jak fundamentalne zmiany podstawowych warunków gospodarczych czy przełomy technologiczne[3].

Z drugiej strony *rekonstrukcjonistyczna* wizja strategii opiera się na teorii wzrostu endogenicznego. Teoria ta odwołuje się do pierwszych obserwacji Josepha A. Schumpetera, stwierdzających, że zmiany struktury gospodarczej i kształtu branży są wywoływane przez czynniki *wewnętrzne* systemu[4]. Schumpeter twierdzi, że innowacja może powstawać endogenicznie i że jej głównym źródłem jest kreatywny przedsiębiorca[5]. Innowacja schumpeteriańska jest jak gdyby czarną skrzynką i jako wynik pomysłowości przedsiębiorców nie może podlegać systematycznej reprodukcji. Innowacja schumpeteriańska zakłada też destrukcję, postrzegając nowe jako coś, co nieustannie niszczy stare.

Ostatnio postępy na tym froncie poczyniła *teoria nowego wzrostu*, pokazująca, że innowacja może podlegać endogenicznej reprodukcji przez zrozumienie prawidłowości lub receptur stojących za tą innowacją[6]. W swej istocie ta postępowa teoria oddzieliła recepturę dla innowacji – lub wzorzec wiedzy i idei, które za nią stały – od schumpeteriańskiego samotnego przedsiębiorcy, otwierając drogę dla systematycznej reprodukcji innowacji. Jednakże pomimo tego znaczącego postępu wciąż brakuje nam zrozumienia, czym są te receptury lub prawidłowości. Wobec takiego braku wiedza i idee nie

---

[2] F.M. Scherer, opierając się na pracy Baina, starał się znaleźć normalną drogę między „strukturą" i „wynikami", wykorzystując „zachowanie" jako zmienną łączącą. Szersza dyskusja została zawarta w: Scherer (1970).

[3] Ibid.

[4] Zob. Joseph A. Schumpeter (1975).

[5] Ibid.

[6] Szersze omówienie teorii nowego wzrostu i wzrostu endogenicznego znajduje się w: Paul Romer (1990, 1994) i G.M. Grossman i E. Helpman (1995).

mogą zostać wprzęgnięte w działania skutkujące innowacją i wzrostem na poziomie firmy.

Pogląd rekonstrukcjonistyczny zaczyna się tam, gdzie kończy się teoria nowego wzrostu. Opierając się na teorii nowego wzrostu, pogląd rekonstrukcjonistyczny pokazuje, w jaki sposób wiedza i idee są angażowane w proces tworzenia prowadzący do endogenicznego wzrostu firmy. W szczególności zawiera on postulat, zgodnie z którym taki proces tworzenia może pojawić się w każdej organizacji w każdym czasie dzięki poznawczej odbudowie istniejących danych i elementów rynku w fundamentalnie nowy sposób.

Te dwa poglądy – strukturalistyczny i rekonstrukcjonistyczny – mają ważne implikacje dla sposobu, w jaki firmy podejmują działania strategiczne. Pogląd strukturalistyczy (lub determinizm środowiskowy) często prowadzi do myślenia strategicznego bazującego na konkurencji. Przyjmowanie struktury rynku za zadaną z góry skłania firmy do usiłowania zajęcia pozycji obronnej wobec konkurencji w obrębie istniejącej przestrzeni rynkowej. Aby utrzymać się na rynku, praktycy strategii koncentrują się na budowie przewagi nad konkurencją. Czynią to zazwyczaj, analizując działania konkurencji i starając się robić to lepiej. W tym wypadku zagarnięcie większego udziału w rynku jest postrzegane jako gra o sumie zerowej, w której to, co zyskuje jedna firma, inna musi stracić. Zatem konkurencja, strona podażowa równania, staje się zmienną definiującą całą strategię.

Takie myślenie strategiczne prowadzi firmy do dzielenia branż na atrakcyjne i nieatrakcyjne i na tej podstawie podejmowania decyzji o wejściu lub powstrzymaniu się. Gdy firma znajdzie się już w branży, wybiera sobie własną pozycję kosztową lub różnicującą, która najlepiej odpowiada jej systemowi wewnętrznemu i zdolnościom przebicia konkurencji[7]. Tak więc koszt i wartość są pojmowane jako przed-

[7] Szczegółowe omówienie strategii konkurencji można znaleźć w: Porter (1980, 1985, 1996).

miot kompromisu. Ponieważ poziom całkowitego zysku w branży jest determinowany również egzogenicznie przez czynniki strukturalne, firmy z reguły starają się gromadzić i redystrybuować bogactwo zamiast je tworzyć. Koncentrują się na dzieleniu czerwonego oceanu, w ramach którego wzrost staje się coraz bardziej ograniczony.

Zupełnie inaczej wyglądają wyzwania strategiczne widziane oczyma rekonstrukcjonistów. Uznając, że struktura i granice rynku istnieją tylko w umysłach menedżerów, praktycy wyznający ten pogląd nie pozwalają, by istniejąca struktura rynku ograniczała ich myślenie. Dla nich większy popyt znajduje się poza nią i jest w większości utajony. Sednem problemu jest to, jak go stworzyć. To z kolei wymaga przeniesienia uwagi z podaży na popyt, odejścia od koncentracji na konkurencji na rzecz koncentracji na innowacji wartości – czyli na tworzeniu innowacyjnej wartości, uwalniającej nowy popyt. Koncentrując się na tym nowym celu, firmy mogą liczyć na szczęśliwy koniec swojej odkrywczej podróży w systematycznych poszukiwaniach poza ustalonymi granicami konkurencji i zmienianiu porządku istniejących elementów różnych rynków, tak aby na nowo ułożyć je – zrekonstruować lub przebudować – w nową przestrzeń rynkową, na której zostaje wygenerowany nowy poziom popytu[8].

W wizji rekonstrukcjonistycznej nie ma branż atrakcyjnych i nieatrakcyjnych jako takich, ponieważ poziom atrakcyjności branży może się zmieniać poprzez świadome działania rekonstrukcjonistyczne firm. Tak jak zmienia się struktura rynku w procesie przebudowy, zmieniają się też reguły dobrych praktyk w grze. Konkurencja ze starej gry staje się zatem nieistotna. Stymulując popytową stronę gospodarki, strategia innowacji wartości poszerza istniejące rynki i tworzy nowe. Innowatorzy wartości uzyskują skok wartości przez tworzenie nowego bogactwa, a nie kosztem konkurentów w sensie tradycyjnym. W ten sposób innowacja wartości wykracza poza twórczą

[8] Zob. Kim i Mauborgne (1997a, 1999a, 1999b, 2009).

destrukcję, która eliminuje, a więc niszczy graczy na istniejących rynkach. Pojawia się równocześnie kreatywność niedestrukcyjna, poprzez którą albo rozszerzają się granice istniejącego rynku, albo wytwarza się zupełnie nowa przestrzeń rynkowa. Taka strategia umożliwia zatem firmom rozgrywanie gry o sumie niezerowej, z dużymi możliwościami wygranych.

Czym zatem różni się rekonstrukcja, jaką możemy zaobserwować w Cirque du Soleil, od „kombinacji" i „rekombinacji", omawianej w literaturze poświęconej innowacji?[9] Schumpeter, na przykład, postrzega innowację jako „nową kombinację czynników produktywnych".

W przykładzie Cirque du Soleil widzieliśmy koncentrację po stronie popytowej, podczas gdy rekombinacja odnosząca się do istniejącej technologii lub czynników produktywnych często koncentruje się po stronie podażowej. Podstawowymi elementami budulcowymi dla rekonstrukcji są *elementy wartości dla nabywcy* przenikające poza istniejące granice branży. Nie są to ani *technologia*, ani *metody produkcji*.

Koncentrując się na stronie podażowej, rekombinacja wykazuje tendencję do poszukiwania innowacyjnych rozwiązań istniejących problemów. Gdy już rozwiązanie zostanie znalezione, następuje wyeliminowanie konkurencji, a więc kreatywna destrukcja. Jednak patrząc na stronę popytową, rekonstrukcja pozwala przełamać ograniczenia poznawcze narzucone przez istniejące reguły konkurencji. Koncentruje się na redefinicji samego problemu, co pozwala na połączenie kreatywnej destrukcji z kreatywnością niedestruktywną[10]. Na przykład w Cirque du Soleil nie chodzi o to, że był on *lepszym cyrkiem* dzięki rekombinacji istniejącej wiedzy i technologii odnoszącej się do przedstawień. Chodzi tu raczej o przebudowę elementów

---

[9] Zob. Joseph Schumpeter (1934) i Andrew Hargadon (2003).

[10] Pełniejsze omówienie tego tematu – zob. dziesięć pułapek czerwonego oceanu w rozdziale 11.

wartości dla nabywcy w celu stworzenia nowej formy rozrywki, oferującej zabawę i emocje charakterystyczne dla cyrku, połączone z wyszukaniem intelektualnym charakterystycznym dla teatru.

Rekonstrukcja zmienia kształt granic i strukturę branży, stwarzając błękitny ocean nowej przestrzeni rynkowej. Z drugiej zaś strony rekombinacja dąży do maksymalizacji możliwości technologicznych, pozwalających znajdować innowacyjne rozwiązania zadanych i znanych problemów[11].

---

[11] Wprawdzie te dwa pojęcia są od siebie odległe, ale metody z nimi związane mogą być wykorzystywane w sposób komplementarny. Na przykład, gdy dokonamy przedefiniowania problemu przez przebudowę strategii błękitnego oceanu, metody rozwiązywania problemów takie jak Teoria Odkrywczego Rozwiązywania Problemów (zwana też teorią rozwiązywania innowacyjnych zagadnień), określana rosyjskim akronimem TRIZ, może zostać wykorzystana do identyfikacji innowacyjnych rozwiązań przedefiniowanego problemu poprzez badanie wielu możliwych rekombinacji zasobów. Metoda TRIZ została stworzona przez G. Altshullera i jego kolegów z byłego Związku Radzieckiego. W oparciu o ponad trzy miliony patentów, metodą TRIZ dokonano kodyfikacji prawidłowości pozwalających przewidzieć innowacyjne rozwiązania zadanych problemów.

DODATEK C

Dynamika rynku w innowacji wartości

DYNAMIKA RYNKU W INNOWACJI WARTOŚCI pozostaje w jaskrawym kontraście z konwencjonalną praktyką innowacji technologicznej. Ta ostatnia na ogół wiąże się z wysokimi cenami, ograniczonym dostępem i początkowo z zawyżaniem cen w celu jak najszybszej realizacji zysku z innowacji. Dopiero później koncentruje się na obniżaniu cen i kosztów w celu zachowania udziału i zniechęcenia naśladowców.

Jednakże w świecie dóbr niekonkurencyjnych i niewyłącznych, takich jak wiedza czy idee, które są nierozerwalnie związane z potencjalnym efektem skali, uczeniem się i rosnącymi zyskami, znaczenie wolumenu, ceny i kosztów rośnie w sposób bezprecedensowy[1]. Pod tymi warunkami firmy z powodzeniem mogą przechwytywać masowych nabywców docelowych i poszerzać rynek, oferując radykalnie wyższą – najwyższą – wartość po przystępnej dla nich cenie.

[1] Dalsza dyskusja na temat dynamiki rynku innowacji wartości: zob. Kim i Mauborgne (1999b).

Rysunek C-1. Dynamika rynku w innowacji wartości

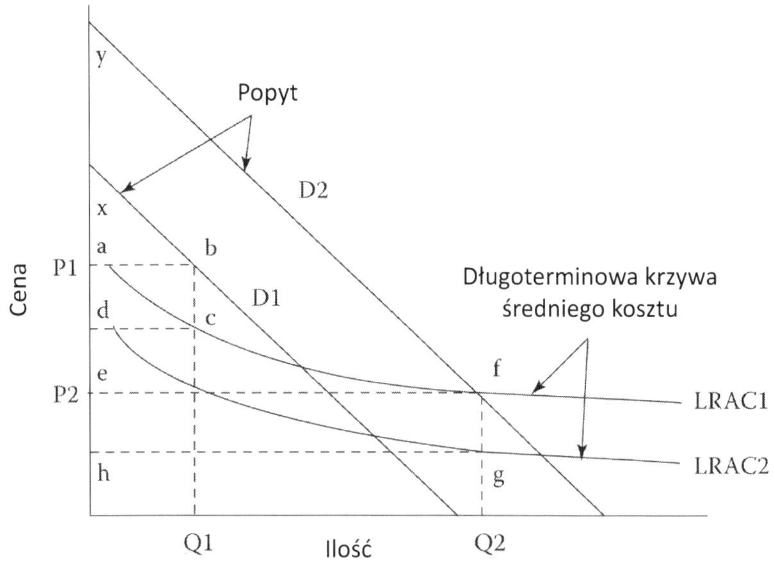

Jak pokazujemy na rysunku C-1, innowacja wartości radykalnie zwiększa atrakcyjność dobra, przesuwając krzywą popytu z D1 do D2. Cena jest ustalana na poziomie strategicznym i – tak jak na przykład w przypadku Swatcha – przesuwana z punktu P1 do P2 w celu przechwycenia masowych nabywców na poszerzonym rynku. To zwiększa ilość sprzedanych produktów z Q1 do Q2 i prowadzi do budowy silnej rozpoznawalności marki przy bezprecedensowej wartości.

Firma stara się jednak osiągnąć zakładany poziom kosztów docelowych, aby równocześnie przesunąć w dół długoterminową krzywą średniego kosztu z LRAC1 do LRAC2, zwiększając w ten sposób swoją zdolność osiągania zysku i zniechęcając innych do jazdy na gapę i do naśladownictwa. Nabywcy otrzymują zatem skok wartości, co oznacza przesunięcie korzyści konsumenta z axb do eyf.

Firma zyskuje również skok zysku i wzrostu, przesuwając swoją strefę zysku z abcd do efgh.

Szybka budowa rozpoznawalności marki przez firmę w wyniku bezprecedensowej wartości oferowanej na rynku, połączona z równoczesnym dążeniem do obniżania kosztów, sprawia, że konkurencja staje się niemal nieistotna i trudno jej dogonić firmę, gdy do głosu dochodzą efekt skali, uczenie się i wzrost zysków[2]. Konsekwencją tego jest powstanie dynamiki rynku, na którym są sami wygrani – na którym firmy zyskują dominującą pozycję, a jednocześnie nabywcy są również wielkimi wygranymi.

Tradycyjnie firmy mające pozycję monopolistyczną łączone są z dwoma rodzajami działań prowadzących do ubożenia społeczeństwa. Po pierwsze, firmy w dążeniu do maksymalizacji zysku ustalają ceny na wysokim poziomie. To blokuje klientów, którzy, mimo że pragną jakiegoś produktu, nie mogą go kupić, bo ich na niego nie stać. Po drugie, przy braku istotnej konkurencji firmy zajmujące pozycję monopolistyczną często nie skupiają się na efektywności i ograniczaniu kosztów, a tym samym zużywają więcej dóbr deficytowych. Jak pokazuje rysunek C-2, w przypadku konwencjonalnych praktyk monopolistycznych poziom cen wzrasta z P1 w warunkach idealnej konkurencji do P2 w warunkach monopolu. W konsekwencji popyt spada z Q1 do Q2. Na takim poziomie popytu monopolista zwiększa swoje zyski o obszar R, w porównaniu z sytuacją idealnej konkurencji. Ponieważ sztucznie zawyżona cena jest przerzucana na konsumentów, ich korzyść zmniejsza się z obszaru C+R+D do obszaru C. Równocześnie praktyki monopolistyczne pochłaniające coraz więcej zasobów społeczeństwa prowadzą do utraty obszaru D przez szeroko rozumiane społeczeństwo. Zyski monopolistyczne są zatem osiągane kosztem konsumentów i szeroko pojętego społeczeństwa.

---

[2] Omówienie potencjału wzrostu zysków zobacz w: Paul Romer (1986) i W.B. Arthur (1996).

Rysunek C-2. Od idealnej konkurencji do praktyk monopolistycznych

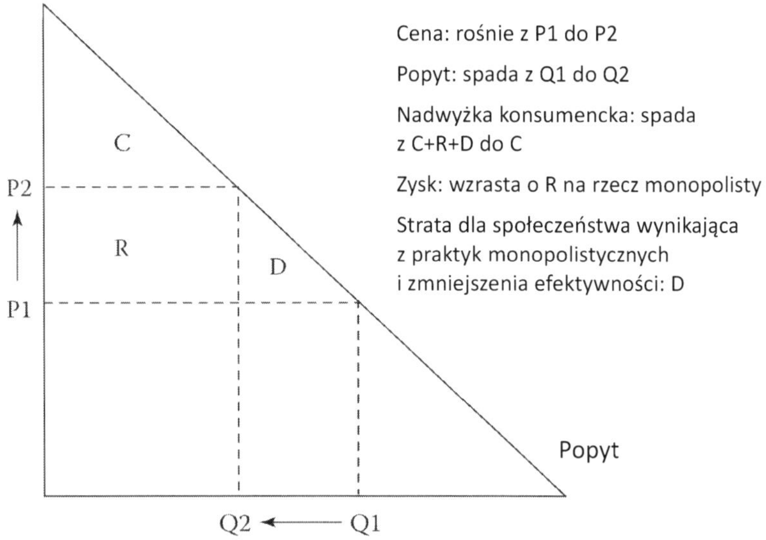

Z kolei strategia błękitnego oceanu działa przeciwnie do tego rodzaju presji cenowej, typowej dla tradycyjnego monopolu.

Strategia błękitnego oceanu nie skupia się na ograniczeniu produkcji przy wyższej cenie, lecz raczej na tworzeniu nowego popytu całkowitego przez skok wartości dla nabywcy po przystępnej cenie. Stanowi to silny pozytywny bodziec nie tylko do redukcji kosztów do najniższego możliwego poziomu już od samego początku, lecz również do utrzymania takiego nastawienia przez cały czas, w celu zniechęcenia „dzikich" naśladowców. W ten sposób wygrywają nabywcy, a społeczeństwo zyskuje dzięki lepszej efektywności. Tak powstaje scenariusz, w którym wszyscy wygrywają. Następuje przełom w wartości dla nabywców, dla firmy i dla szeroko pojmowanego społeczeństwa.

Bibliografia

„A+ Magazine", 1987, *Back In Time*, luty, s. 48–49.

Abernathy William J. i Kenneth Wayne, 1974, *Limits to the Learning Curve*, „Harvard Business Review" 52, s. 109–120.

Adams Walter i James W. Brock, 2001, *The Structure of American Industry*, wyd. 10, Princeton, NJ: Prentice Hall.

Ahn Sanghoon, 2002, *Competition, Innovation, and Productivity Growth: A Review of Theory and Evidence*, OECD Working Paper 20.

Air Force Association, 2013, *F-35 Program Update*, Air and Space Technology Exposition, Washington, DC, 17 września – *http://www.af.mil/Portals/1/documents/af%20events/AFALtGenBogdan.pdf*, wejście 20 stycznia 2014.

Altshuller Genrich, 1999, *The Innovation Algorithm: TRIZ, systematic innovation, and technical creativity*, Worcester, MA: Technical Innovation Center.

Andrews Kenneth R., 1971, *The Concept of Corporate Strategy*, Homewood, IL: Irwin.

Ansoff H. Igor, 1965, *Corporate Strategy: An Analytic Approach to Business Policy for Growth and Expansion*, New York: McGraw Hill.

Antique Automobile Club of America, 2002, *Automotive History – A Chronological History – http://www.aaca.org/history*, wejście 18 czerwca 2002.

Arrow Kenneth J., 1962, *Economic Welfare and the Allocation of Resources for Inventions*, w: *The Rate and Direction of Inventive Activity*, pod red. R.R. Nelsona, Princeton, NJ: Princeton University Press, s. 609–626.

Arthur W.B., 1996, *Increasing Returns and the New World of Business*, „Harvard Business Review" 74, lipiec–sierpień, s. 100–109.

Auerbach Paul, 1988, *Competition: The Economics of Industrial Change*, Cambridge: Basil Blackwell.

Baddely A.D., 1990, *Human Memory: Theory and Practice*, Needham Heights, MA: Allyn & Bacon.

Bain Joe S., 1956, *Barriers to New Competition: Their Character and Consequences in Manufacturing Industries*, Cambridge, MA: Harvard University Press.

Bain Joe S., ed., 1959, *Industrial Organization*, New York: Wiley.

Baird Inga S. i Howard Thomas, 1990, *What Is Risk Anyway? Using and Measuring Risk in Strategic Management*, w: *Risk, Strategy, and Management*, pod red. Richarda A. Bettisa i Howarda Thomasa, Greenwich, CT: JAI Press Inc.

Balmer J., 2001, *The New Jet Set*, „Barron's", 19 listopada.

Bettis Richard A. i Howard Thomas, eds., 1990, *Risk, Strategy, and Management*, Greenwich, CT: JAI Press Inc.

Birkler J. et al., 2001, *Assessing Competitive Strategies for the Joint Strike Fighter: Opportunities and Options*, Santa Monica, CA: Rand Corporation.

Blau P.M., 1964, *Exchange and Power in Social Life*, New York: Wiley.

Borzak L., ed., 1981, *Field Study: A Source Book for Experiential Learning*, Beverly Hills, CA: Sage Publications.

Breen Bill, 2002, *High Stakes, Big Bets*, „Fast Company", kwiecień.

Chandler Alfred, 1962, *Strategy and Structure: Chapters in the History of the Industrial Enterprise*, Cambridge, MA: The MIT Press.

Christensen Clayton M., 1997, *The Innovator's Dilemma: When New Technologies Caused Great Firms to Fail*, Boston: Harvard Business School Press.

Collins Jim i Jerry Porras, 1994, *Built to Last*, New York: Harper Business.

Ciralsky Adam, 2013, *Will It Fly?*, „Vanity Fair", 16 września.

Committee on Defense Manufacturing in 2010 and Beyond, 1996, *Defense Manufacturing in 2010 and Beyond*, Washington, DC: National Academy Press.

Copernicus and Market Facts, 2001, *The Commoditization of Brands and Its Implications for Marketers*, Auburndale, MA: Copernicus Marketing Consulting.

D'Aveni Richard A. i Robert Gunther, 1995, *Hypercompetitive Rivalries: Competing in Highly Dynamic Environments*, New York: Free Press.

Day George S., David J. Reibstein oraz Robert Gunther, eds., 1997, *Wharton on Dynamic Competitive Strategy*, New York: John Wiley.

Department of Defense Press Conference, 1993, *DOD Bottom Up Review*, „Reuter's Transcript Report", 1 września.
Digital History, 2004, *Chronology of Film History – http://www.digital-history.uh.edu/historyonline/film_chron.cfm*, wejście 4 lutego 2004.
Drucker Peter F., 1985, *Innovation and Entrepreneurship: Practice and Principles*, London: William Heinemann.
———, 1992, *Managing for the Future: The 1990s and Beyond*, New York: Dutton.
„Economist", 2000, *Apocalypse Now*, 13 stycznia.
———, 1981, *Detroit Moves the Metal*, 15 sierpnia.
———, 2001, *A New Orbit*, 12 lipca.
Fallows James, 2002, *Uncle Sam Buys an Airplane*, „Atlantic Monthly", czerwiec.
Federation of Atomic Scientists, 2001, *F-35 Joint Strike Fighter – http://www.fas.org/man/dod-101/sys/ac/f-35.htm*, wejście 21 października 2002.
„Financial Times", 1999, *Compaq Stays Top of Server Table*, 3 lutego.
Ford Motor Company, 1924, *Factory Facts from Ford*, Detroit.
„Fortune", 1982, *Fortune Double 500*, czerwiec.
———, 2005, *The Secrets of Samsung's Success*, 5 września.
Foster Richard i Sarah Kaplan, 2001, *Creative Destruction*, New York: Doubleday.
Freedman David H., 2002, *Inside the Joint Strike Fighter*, „Business 2.0", luty.
Friedrich Otto, 1983, *1982 Person of the Year: The Personal Computer*, „Time" – *http://www.time.com/time/poy2000/archive/1982.html*, wejście 30 czerwca 2002.
Gasiorek-Nelson Sylvia, 2003, *Acquisition and Logistics Excellence*, „Program Manager", maj.
Gladwell Malcolm, 2000, *The Tipping Point: How Little Things Can Make a Big Difference*, New York: Little Brown & Company.
Grodzins Morton, 1957, *Metropolitan Segregation*, „Scientific American" 197, październik.
Grossman G.M. i E. Helpman, 1995, *Innovation and Growth*, Cambridge, MA: The MIT Press.
Hamel Gary i C.K. Prahalad, 1994, *Competing for the Future*, Boston: Harvard Business School Press.
Hamel Gary, 1998, *Opinion: Strategy Innovation and the Quest for Value*, „MIT Sloan Management Review" 39, no. 2, s. 8.
———, 2000, *Leading the Revolution*, Boston: Harvard Business School Press.

„Hankyung Business", 2011, *Value Innovation and Goal-Oriented Management Made Samsung TV the Global No. 1*, 21 grudnia.
Hargadon Andrew, 2003, *How Breakthroughs Happen*, Boston: Harvard Business School Press.
Herbst Kris, 2002, *Enabling the Poor to Build Housing: Cemex Combines Profit and Social Development*, „Changemakers Journal", wrzesień/październik.
Herzberg F., 1966, *Work and the Nature of Man*, Cleveland, OH: World Publishing.
Hill Charles W.L., 1988, *Differentiation versus Low Cost or Differentiation and Low Cost*, „Academy of Management Review" 13, lipiec, s. 401–412.
Hindle T., 1994, *Field Guide to Strategy*, Boston: The Economist Books.
History of Computing Project, *Univac – http://www.thocp.net/hardware/univac.htm*, wejście 28 czerwca 2002.
Hofer Charles W. i Dan Schendel, 1978, *Strategy Formulation: Analytical Concepts*, St. Paul, MN: West Publishing.
„Hoovers Online", *http://www.hoovers.com/*, wejście 14 marca 2003.
Interbrand, *Best Global Brands 2013 – http://www.interbrand.com/Libraries/Branding_Studies/Best_Global_Brands_2013.sflb.ashx*, wejście 1 lipca 2014.
International Business Machines, 2002, *IBM Highlights: 1885–1969 – http://www-1.ibm.com/ibm/history/documents/pdf/1885-1969.pdf*, wejście 23 maja 2002.
Kanter Rosabeth Moss, 1983, *The Change Masters: Innovation for Productivity in the American Corporation*, New York: Simon & Schuster.
Katz D., 1964, *The Motivational Basis of Organizational Behavior*, „Behavioral Science" 9, s. 131–146.
Katz Michael i Carl Shapiro, 1994, *Systems Competition and Network Effects*, „Journal of Economic Perspectives" 8, no. 2, s. 93–115.
Kim W. Chan i Renée Mauborgne, 1993, *Procedural Justice, Attitudes and Subsidiary Top Management Compliance with Multinational's Corporate Strategic Decisions*, „The Academy of Management Journal" 36, no. 3, s. 502–526.
———, 1995, *A Procedural Justice Model of Strategic Decision Making: Strategy Content Implications in the Multinational*, „Organization Science" 6, luty, s. 44–61.
———, 1996, *Procedural Justice and Manager's In-role and Extra-role Behavior*, „Management Science" 42, kwiecień, s. 499–515.
———, 1997a, *Value Innovation: The Strategic Logic of High Growth*, „Harvard Business Review" 75, styczeń–luty, s. 102–112.

———, 1997b, *Fair Process: Managing in the Knowledge Economy*, „Harvard Business Review" 75, lipiec–sierpień, s. 65–76.
———, 1997c, *On the Inside Track*, „Financial Times", 7 kwietnia.
———, 1997d, *When 'Competitive Advantage' Is Neither*, „Wall Street Journal", 21 kwietnia.
———, 1998a, *Procedural Justice, Strategic Decision Making, and the Knowledge Economy*, „Strategic Management Journal", s. 323–338.
———, 1998b, *Building Trust*, „Financial Times", 9 stycznia.
———, 1998c, *Value Knowledge or Pay the Price*, „Wall Street Journal Europe", 29 stycznia.
———, 1998d, *A Corporate Future Built With New Blocks*, „New York Times", 29 marca.
———, 1999a, *Creating New Market Space*, „Harvard Business Review" 77, styczeń–luty, s. 83–93.
———, 1999b, *Strategy, Value Innovation, and the Knowledge Economy*, „MIT Sloan Management Review" 40, no. 3, wiosna.
———, 1999c, *The Bright Idea that Conquered America*, „Financial Times", 6 maja.
———, 2000, *Knowing a Winning Business Idea When You See One*, „Harvard Business Review" 78, wrzesień–październik, s. 129–141.
———, 2002, *Charting Your Company's Future*, „Harvard Business Review" 80, czerwiec, s. 76–85.
———, 2003, *Tipping Point Leadership*, „Harvard Business Review" 81, kwiecień, s. 60–69.
———, 2004, *Blue Ocean Strategy*, „Harvard Business Review" 82, październik, s. 75–84.
———, 2005, *Blue Ocean Strategy: From Theory to Practice*, „California Management Review" 47, marzec, s. 105–121.
———, 2009, *How Strategy Shapes Structure*, „Harvard Business Review" 87, wrzesień, s. 72–80.
Kolb D.A., 1983, *Experiential Learning: Experience as the Source of Learning and Development*, New York: Prentice Hall Press.
„Korea Economic Daily", 2004, 20, 22, 27 kwietnia, 4, 6 maja.
Koszarski R., 1990, *An Evening's Entertainment: The Age of the Silent Feature Picture, 1915–1928*, New York: Scribner and Sons.
Kuhn Thomas S., 1996, *The Structure of Scientific Revolutions*, Chicago: University of Chicago Press.
Larkin J. i H. Simon, 1987, *Why a Diagram Is (Sometimes) Worth 10,000 Words*, „Cognitive Science" 4, s. 317–345.
Ledoux Joseph, 1998, *The Emotional Brain: The Mysterious Underpinnings of Emotional Life*, New York: Simon & Schuster.

Lester P., 2000, *Visual Communication Images with Messages*, 2nd ed., Belmont, CA: Wadsworth Publishing Company.
Lind E.A. i T.R. Tyler, 1988, *The Social Psychology of Procedural Justice*, New York: Plenum Press.
„Literary Digest", 1899, 14 października.
Markides Constantinos C., 1997, *Strategic Innovation*, „MIT Sloan Management Review", wiosna.
Mazzucato Mariana i Willi Semmler, 1998, *Market Share Instability and Stock Price Volatility during the Industry Life-cycle: US Automobile Industry*, „Journal of Evolutionary Economics" 8, no. 4, s. 10.
McCalley Bruce, 2002, *Model T Ford Encyclopedia, Model T Ford Club of America*, maj – *http://www.mtfca.com/encyclo/index.htm*, wejście 18 maja 2002.
McKenna Regis, 1989, *Who's Afraid of Big Blue?*, New York: Addison-Wesley.
Miller Jerry, 2003, *JSF Sets the Standard for Aircraft Acquisition*, „Proceedings Magazine", czerwiec.
Mintzberg H., 1994, *The Rise and Fall of Strategic Planning: Reconceiving Roles for Planning, Plans, and Planners*, New York: Free Press.
Mintzberg H., B. Ahlstrand i J. Lampel, 1998, *Strategy Safari: A Guided Tour through the Wilds of Strategic Management*, New York: Prentice Hall.
Moore James F., 1996, *The Death of Competition: Leadership and Strategy in the Age of Business Ecosystems*, New York: HarperBusiness.
Morris J.S. et al., 1998, *Conscious and Unconscious Emotional Learning in the Human Amygdala*, „Nature" 393, s. 467–470.
National Automobile Dealers Association, *State-of-the-Industry Report 2012 – http://www.nada.org/NR/rdonlyres/C1C58F5A-BE0E-4E1A-9B56-1C3025B5B452/0/NADADATA2012Final.pdf*, wejście 19 czerwca 2014.
NetJets, 2004, *The Buyers Guide to Fractional Aircraft Ownership* – http://www.netjets.com, wejście 8 maja 2004.
„New York Post", 1990, *Dave Do Something*, 7 września.
„New York Times", 1906, *'Motorists Don't Make Socialists,' They Say*, 4 marca, s. 12.
Norretranders T., 1998, *The User Illusion: Cutting Consciousness Down to Size*, New York: Penguin Press Science.
North American Industry Classification System: United States 1997, 1998, Lanham, VA: Bernan Press.
„Nova", 2003, *Battle of the X-Planes*, PBS, 4 lutego.

Ohmae Kenichi, 1982, *The Mind of the Strategist: The Art of Japanese Business*, New York: McGraw-Hill.
———, 1990, *The Borderless World: Power and Strategy in the Interlinked Economy*, New York: HarperBusiness.
———, 1995a, *End of the Nation State: The Rise of Regional Economies*, New York: HarperCollins.
Ohmae Kenichi, ed., 1995b, *The Evolving Global Economy: Making Sense of the New World Order*, Boston: Harvard Business School Press.
O'Reilly C. i J. Chatman, 1986, *Organization Commitment and Psychological Attachment: The Effects of Compliance Identification, and Internationalization on Prosocial Behavior*, „Journal of Applied Psychology" 71, s. 492–499.
Pascale Richard T., 1990, *Managing on the Edge*, New York: Simon & Schuster.
Peters Thomas J. i Robert H. Waterman Jr., 1982, *In Search of Excellence: Lessons from America's Best-Run Companies*, New York: Warner Books.
Phelps Elizabeth A. et al., 2001, *Activation of the Left Amygdala to a Cognitive Representation of Fear*, „Nature Neuroscience" 4, kwiecień, s. 437–441.
Porac Joseph i Jose Antonio Rosa, 1996, *Rivalry, Industry Models, and the Cognitive Embeddedness of the Comparable Firm*, „Advances in Strategic Management" 13, s. 363–388.
Porter Michael. E., 1980, *Competitive Strategy*, New York: Free Press.
———, 1985, *Competitive Advantage*, New York: Free Press.
———, 1996, *What Is Strategy?*, „Harvard Business Review" 74, listopad–grudzień.
Prahalad C.K. i Gary Hamel, 1990, *The Core Competence of the Corporation*, „Harvard Business Review" 68, no. 3, s. 79–91.
Rohlfs Jeffrey, 1974, *A Theory of Interdependent Demand for a Communications Service*, „Bell Journal of Economics" 5, no. 1, s. 16–37.
Romer Paul M., 1986, *Increasing Returns and Long-Run Growth*, „Journal of Political Economy" 94, październik, s. 1002–1037.
———, 1990, *Endogenous Technological Change*, „Journal of Political Economy" 98, październik, s. S71–S102.
———, 1994, *The Origins of Endogenous Growth*, „Journal of Economic Perspectives" 8, zima, s. 3–22.
Schelling Thomas C., 1978, *Micromotives and Macrobehavior*, New York: W.W. Norton and Co.
Scherer F.M., 1970, *Industrial Market Structure and Economic Performance*, Chicago: Rand McNally.

———, 1984, *Innovation and Growth: Schumpeterian Perspectives*, Cambridge, MA: The MIT Press.
Schnaars Steven P., 1994, *Managing Imitation Strategies: How Later Entrants Seize Markets from Pioneers*, New York: Free Press.
Schumpeter Joseph A., 1934, *The Theory of Economic Development*, Cambridge, MA: Harvard University Press.
———, 1975, *Capitalism, Socialism and Democracy*, New York: Harper (pierwsza publikacja w 1942).
Screen Source, 2002, *US Movie Theater Facts – http://www.amug.org/~scrnsrc/theater_facts.html*, wejście 20 sierpnia 2002.
Sloan Alfred, 1965, *My Years with General Motors*, London: Sidgwick & Jackson.
Standard Industrial Classification Manual, 1987, Paramus, NJ: Prentice Hall Information Services.
Tellis G. i P. Golder, 2002, *Will and Vision*, New York: McGraw Hill.
Thibault J. i L. Walker, 1975, *Procedural Justice: A Psychological Analysis*, Hillsdale, NJ: Erlbaum.
Tufte E.R., 1982, *The Visual Display of Quantitative Information*, Cheshire, CT: Graphics Press.
United Nations Statistics Division, 2002, *The Population and Vital Statistics Report.*
United States Air Force, 2002, *JSF Program Whitepaper* – http://www.jast.mil, wejście 21 listopada 2003.
von Clausewitz Carl, 1993, *On War*, redakcja i przekład Michael Howard i Peter Paret, New York: Knopf.
von Hippel Eric, 1988, *The Sources of Innovation*, New York: Oxford University Press.
White Harrison C., 1981, *Where Do Markets Come From?*, „American Journal of Sociology" 87, s. 517–547.
White Lawrence J., 1971, *The Automotive Industry after 1945*, Cambridge, MA: Harvard University Press.
White R.E., 1986, *Generic Business Strategies, Organizational Context and Performance: An Empirical Investigation*, „Strategic Management Journal" 7, s. 217–231.
Wilson James Q. i George L. Kelling, 1982, *Broken Windows*, „Atlantic Monthly" 249, no. 3, 29 marca.
Zook Chris, 2004, *Beyond the Core: Expand Your Market Without Abandoning Your Roots*, Boston: Harvard Business School Press.

O autorach

W. CHAN KIM jest jednym z dyrektorów Instytutu Strategii Błękitnego Oceanu w INSEAD oraz pełni funkcję The Boston Consulting Group Bruce D. Henderson Chair Professor w dziedzinie strategii i zarządzania międzynarodowego w INSEAD we Francji (druga co do wielkości szkoła biznesu na świecie). Przed podjęciem współpracy z INSEAD był profesorem w Business School na Uniwersytecie Michigan. Udzielał się w radach wielu międzynarodowych korporacji w Europie, Stanach Zjednoczonych, w regionie Azji i Pacyfiku oraz pełnił funkcję doradcy dla takich firm. Jest członkiem organów doradczych w Unii Europejskiej oraz doradcą kilku krajów. Urodził się w Korei.

Kim pełni funkcję Fellow of the World Economic Forum. Opublikował wiele artykułów na temat strategii i zarządzania, które można znaleźć między innymi w „Academy of Management Journal", „Management Science", „Organization Science", „Strategic Management Journal", „Administrative Science Quarterly", „Journal of International Business Studies", „Harvard Business Review" oraz „MIT Sloan Management Review". Kim został uznany przez „Journal of International Management" za jednego z najbardziej wpływowych autorów publikujących w prasie akademickiej artykuły na temat strategii globalnej. Opublikował również wiele artykułów w „Wall Street Journal", „Wall Street Journal Europe", „New York Times", „Financial Times", „Asian Wall Street Journal" i w innych czasopismach.

Kim jest współautorem książki *Strategia błękitnego oceanu: Jak stworzyć niekwestionowaną przestrzeń rynkową i sprawić, by konkurencja stała się nieistotna* (wyd. oryginalne Harvard Business School Press, wyd. polskie MT Biznes). Książka została sprzedana w ponad trzech i pół miliona egzemplarzy i jest publikowana w rekordowej liczbie czterdziestu trzech języków. Na wszystkich pięciu kontynentach stała się bestsellerem. *Strategia błękitnego oceanu* otrzymała liczne nagrody, w tym nagrodę „Najlepsza książka biznesowa 2005 roku" na Frankfurckich Targach Książki. Została również wybrana jedną z „Dziesięciu najlepszych książek biznesowych 2005 roku" przez Amazon.com oraz znalazła się na liście czterdziestu najbardziej wpływowych książek w historii Chińskiej Republiki Ludowej (1949–2009) wśród takich pozycji jak *Bogactwo narodów* Adama Smitha czy *Wolny wybór* Miltona Friedmana.

Kim plasuje się na drugiej pozycji na liście The Thinkers50 (Pięćdziesiątka czołowych myślicieli) Światowych Guru Zarządzania. W roku 2014 Kim wspólnie ze swoją koleżanką Renée Mauborgne otrzymał nagrodę Carla S. Solana „Award for Excellence", przyznawaną przez Stowarzyszenie Firm Doradczych w Dziedzinie Zarządzania (Association of Management Consulting Firms) za zasługi, jakie poczynił dla globalnej branży doradczej dzięki swoim badaniom nad zarządzaniem. W roku 2011 otrzymał również nagrodę Thinkers50 Strategy Award. Kim został też wybrany przez czasopismo „Fast Company" do grona 2011 Leadership Hall of Fame i był wymieniany wśród pięciu najlepszych profesorów szkół biznesowych w rankingu MBA z roku 2013.

W roku 2008 Kim otrzymał nagrodę Nobel Colloquia w dziedzinie przywództwa w biznesie i myśli ekonomicznej oraz nagrodę

Eldridge Haynes przyznawaną przez Academy of International Business i Eldridge Haynes Memorial Trust of Business International za najlepszy oryginalny artykuł w dziedzinie biznesu międzynarodowego. Jest laureatem Prix DCF 2009 (Prix des Dirigeants Commerciaux de France 2009) w kategorii „Strategia przedsiębiorstwa". Czasopismo „L'Expansion" nazwało Kima i jego koleżankę Renée Mauborgne „guru przyszłości numer jeden". Czasopismo „Sunday Times" (Londyn) nazwało tych dwoje „dwojgiem najświatlejszych europejskich myślicieli biznesowych" i podkreśliło, że „Kim i Mauborgne rzucają poważne wyzwanie menedżerom i ich sposobowi myślenia i praktykowania strategii". „Observer" nazwał Kima i Mauborgne „następnymi wielkimi guru, którzy podbiją świat biznesu". Kim jest laureatem kilku nagród Case Centre, między innymi „All-Time Top 40 Bestselling Cases" w roku 2014, „Best Overall Case" w roku 2009 we wszystkich dyscyplinach i „Best Case in Strategy" w roku 2008.

Kim jest współtwórcą Blue Ocean Strategy Network (BOSN), globalnej społeczności praktyków koncepcji strategii błękitnego oceanu stworzonej przez niego i Renée Mauborgne. BOSN skupia nauczycieli akademickich, konsultantów, menedżerów i przedstawicieli rządów.

RENÉE MAUBORGNE pełni funkcję Distinguished Fellow i jest profesorem strategii w INSEAD, drugiej pod względem wielkości szkole biznesu na świecie. Jest również jednym z dyrektorów Instytutu Strategii Błękitnego Oceanu w INSEAD. Urodziła się w Stanach Zjednoczonych. Mauborgne jest członkiem Grupy Doradców Prezydenta Baracka Obamy w Historically Black Colleges and Universities (HBCU – organizacja skupiająca szkoły wyższe, mające w przeszłości służyć przede wszystkim czarnoskórej społeczności, a obecnie przyjmujące studentów bez względu na przynależność rasową – *przyp. tłum.*). Pełni też funkcję Fellow of the World Economic Forum.

Mauborgne opublikowała liczne artykuły na temat strategii i zarządzania, które można znaleźć między innymi w „Academy of Management Journal", „Management Science", „Organization Science", „Strategic Management Journal", „Administrative Science Quarterly", „Journal of International Business Studies", „Harvard Business Review" oraz „MIT Sloan Management Review". Opublikowała też wiele artykułów w „Wall Street Journal", „Wall Street Journal Europe", „New York Times", „Financial Times" i w innych czasopismach.

Mauborgne jest współautorką książki *Strategia błękitnego oceanu: Jak stworzyć niekwestionowaną przestrzeń rynkową i sprawić, by konkurencja stała się nieistotna* (wyd. oryginalne Harvard Business School Press, wyd. polskie MT Biznes). Książka została sprzedana w ponad trzech i pół miliona egzemplarzy i jest publikowana w rekordowej liczbie czterdziestu trzech języków. Na wszystkich pięciu kontynentach stała się bestsellerem. *Strategia błękitnego oceanu* otrzymała liczne nagrody, w tym nagrodę „Najlepsza książka biznesowa 2005 roku" na Frankfurckich Targach Książki. Została również wybrana jedną z „Dziesięciu najlepszych książek biznesowych 2005 roku" przez Amazon.com oraz znalazła się na liście czterdziestu najbardziej wpływowych książek w historii Chińskiej Republiki Ludowej (1949–2009) wśród takich pozycji jak *Bogactwo narodów* Adama Smitha czy *Wolny wybór* Miltona Friedmana.

Mauborgne plasuje się na drugiej pozycji na liście The Thinkers50 (Pięćdziesiątka czołowych myślicieli) Światowych Guru Zarządzania. Jest kobietą zajmującą najwyższą pozycję w historii na liście Thinker50. W roku 2014 Mauborgne wspólnie ze swoim kolegą W. Chan Kimem otrzymała nagrodę Carla S. Solana „Award for Excellence", przyznawaną przez Stowarzyszenie Firm Doradczych w Dziedzinie Zarządzania (Association of Management Consulting Firms) za zasługi, jakie poczyniła dla globalnej branży doradczej dzięki swoim badaniom nad zarządzaniem. W roku 2011 otrzymała również nagrodę Thinkers50 Strategy Award. Mauborgne została też zaliczona przez czasopismo „Fast Company" do grona 2011 Leadership Hall of Fame i była wymieniana wśród pięciu najlepszych profesorów szkół biznesowych w rankingu MBA z roku 2013.

W roku 2008 Mauborgne otrzymała nagrodę Nobel Colloquia w dziedzinie przywództwa w biznesie i myśli ekonomicznej oraz nagrodę Eldridge Haynes przyznawaną przez Academy of International Business i Eldridge Haynes Memorial Trust of Business International za najlepszy oryginalny artykuł w dziedzinie biznesu międzynarodowego. Jest laureatką Prix DCF 2009 (Prix des Dirigeants Commerciaux de France 2009) w kategorii „Strategia przedsiębiorstwa". Czasopismo „L'Expansion" nazwało Renée Mauborgne i jej kolegę W. Chan Kima „guru przyszłości numer jeden". Czasopismo „Sunday Times" (Londyn) nazwało tych dwoje „dwojgiem najświatlejszych europejskich myślicieli biznesowych" i podkreśliło, że „Kim i Mauborgne rzucają poważne wyzwanie menedżerom i ich sposobowi myślenia i praktykowania strategii". „Observer" nazwał Kima i Mauborgne „następnymi wielkimi guru, którzy podbiją świat biznesu". Mauborgne jest laureatką kilku nagród Case Centre, między innymi „All-Time Top 40 Bestselling Cases" w roku 2014, „Best Overall Case" w roku 2009 we wszystkich dyscyplinach i „Best Case in Strategy" w roku 2008.

Mauborgne jest współtwórczynią Blue Ocean Strategy Network (BOSN), globalnej społeczności praktyków koncepcji strategii błękitnego oceanu stworzonej przez nią i W. Chan Kima. BOSN skupia nauczycieli akademickich, konsultantów, menedżerów i przedstawicieli rządów.